中國歷史上，那些

消失的古國

1000年前，
這30個國家怎麼突然消失了？

它們在歷史上存在著，卻從此在地圖上消失……沉睡千年的樓蘭美女到底是誰？聞名於世的汗血寶馬出自何方？龜茲王朝的霓裳仙曲，金庸小說的段氏大理，為何被人們視為神話和傳說？

張超 著

前言

　　生與死，一直以來都是自然界永恆的話題。對於自然界來說，過去的事物不會再被提起；但是對於人類來說，有別於動物的最大一個特點就是在不斷催生新事物的同時，還會不斷追尋消逝的歷史。

　　中國的神話故事中，有鳳凰涅槃的故事，與其說它是神話，不如說這是人類社會真實的寫照——誕生與消逝是相結合的，人類可以在消失的歷史中得到新生。自從盤古開天闢地以來，在這片人類賴以生存的土地上，不知道出現過多少古老的民族與國家。伴隨時間的流逝，一個又一個的國家消逝在歷史的塵埃中，一個又一個新生的政權重新屹立在這片土地上。

　　人們總是把時間比喻為河流，這條綿延萬里的河流，沖刷太多古老的城池，匯集太多古老的文明。有一些已經沉入歷史長河的河底，有一些已經被奔騰的河水帶到現代人的面前，還有一些在千百年的流淌中已經蒸發得無影無蹤。

　　從古至今，人類從來都沒有放棄過尋找祖先的痕跡——在支離破碎的殘片中，在意外發現的洞窟中，在古人留下的書籍裡，在埋葬千年的古墓中……

　　當我們的目光在關注亞特蘭提斯、馬雅、特洛伊、龐貝等消逝的外國古文明時，我們卻忽略在擁有五千餘年文化的中國境內也曾經出現過許多的小國，有些創造輝煌的文化，有些留下不朽的傳奇。這些華夏文明中的重要篇

章，為我們講述沉澱千年的中華文化，給我們留下豐富多彩的回憶。

然而可悲的是，由於傳統思想的桎梏，由於一些人的愚昧，華夏大地的許多文明遲遲未被我們發現，反而是那些西方人頻繁地到中國的土地上考古、挖掘、掠奪。斯文·赫定、斯坦因……這些赫赫有名的考古人員正是憑藉中華大地上的珍貴文物而被後人永遠地銘記。有些中國人稱他們是強盜，然而也正是他們幫我們找到那些只在歷史文獻中出現過的古國。這對於我們來說既是諷刺也是恥辱，但是同時也喚醒我們沉睡的民族意識。

中國是一個有史學傳統的國家，至少從春秋戰國時期開始，史家就寫出《尚書》、《國語》、《春秋》、《左傳》、《戰國策》等著作，記述大量珍貴的歷史資料，使我們可以對祖先的生活有所瞭解。自從司馬遷寫下《史記》以後，中原王朝歷代都有史書傳世。

然而可惜的是，由於古代中原人的偏見以及交流不便的限制，有關古國的記載非常少，而且殘缺不全。在君主社會和封建社會，史書是專門為中原王朝而編纂的。每一部史書，都長篇累牘而細緻入微地記述當時的統治王朝的每位國王和每位名臣的生平。對周邊的附屬古國，史官們不瞭解，也不屑於瞭解。對於那些古國的記述是非常粗略的，很不全面的。正因為如此，有些古國已經完全消失，根本不為人所知，讓今天的人們形成很大的誤解，以為中國僅僅是「中國」。實際上，現今的中國不僅包括中原國家，還包括那些先後出現的古國。現在的中國，正是由古代中原王朝及其周邊國家連接而成。

對古代中原王朝周邊古國的不瞭解，直接導致我們對那些古國文明的無知和輕視。這正是20世紀初期文物盜賊可以輕易地從中國境內的古國遺址中盜取寶藏的原因。

外國人盜走的不僅是古國遺址中的文物，更是中華民族文化的精髓。中國自古就是一個多民族的國家，每一個曾經在中華大地上出現過的部落、種族、政權，都是中華文明的重要組成部分，我們有責任去保護、瞭解、記錄

它們。

　　本書力圖糾正歷史的「勢利眼」，還原那些曾經在中華大地上出現過的邊陲小國。摘掉歷史的有色眼鏡，還原許多曾經在中華文明史上真正存在過的和中原文明同樣璀璨的文明。在本書的編撰中，編著者試圖將中國歷史上有文獻記載或是考古發現的邦國和部落介紹給讀者，讓讀者在瞭解它們的歷史的同時，感受它們的文化，豐富自己的見聞。

　　難道你不想知道沉睡千年的樓蘭美女到底是何人？難道你不想知道聞名於世的汗血寶馬出自何方？難道你不為龜茲的天籟之音所陶醉？難道你不為金庸小說中的大理而著迷？難道你不想品嘗甘甜精絕的美酒？難道你不想觀賞敦煌壁畫上的飛天……所有這些，本書都將為你一一呈現。

　　本書按照地理位置的不同，將這些出現在中華大地上的文明古國分為四個區域：西域、西南、漠北、南方，共計30個，這或許還不是全部，但是一定可以讓你眼前一亮，成為營養豐富的精神食糧。

　　五千餘年的文明遷延至今，殘存的遺跡和古老的傳說在講述曾經的燦爛輝煌。古國的一切都是那樣陌生，血脈相連卻讓我們彼此關注。打開古國歷史，千年的歎息將在你心中迴盪。

　　歷史，絕對不是枯燥無味的，那些過往的曾經，那些有血有肉的歷史人物，那些曾經燦爛一時的文化，一定可以讓你的心靈為之震撼，甚至讓你產生一種想要親自去尋找的衝動。歷史就是擁有這樣的魅力，讓你沉醉其中，讓你為之瘋狂。所以我相信，在閱讀本書的時候，你收穫的絕對不僅是歷史知識，還可以在繪聲繪色的歷史介紹中獲得閱讀的愉快和精神世界的充實。

前言

第一篇

西域古國全知道：昔日大漠孤煙中的繁華

大漠孤煙顯蒼茫，西域古城放光芒；

樓蘭美女現人間，東方龐貝引端詳；

西夏帝國振中原，車師小國戰連連；

汗血寶馬今何在，龜茲音樂伴耳旁；

高昌貫穿吐魯番，烏孫外交女兒郎；

于闐奏起萬方樂，千年古國現輝煌。

第二篇

西南古國全知道：邊陲映射不朽的傳奇

硝煙四起，風吹去，千年悠悠古國。

金庸筆下，大理國，南詔精神延續。

夜郎自大，口出狂言，令後人汗顏。

文成入藏，力保盛世大唐。

遙想古格當年，繁榮昌盛，獨霸一方。

西南庸國，百年間，風雲瞬息萬變。

歷史重溫，古蜀象雄，歲月無情，多少繁盛埋葬！

第三篇

漠北古國全知道：草原上傳來鐵蹄聲

匈奴鐵騎出草原，靺鞨民族站海邊。

契丹建國開疆域，東胡遺址顯神奇。

烏桓引得曹操恨，夾縫之中難生存。

鮮卑命運今何在，且聽漠北鐵蹄聲。

第四篇

南蠻古國全知道：荒茫之地誕生的文明

九黎大聯盟，聯盟出三皇；

東夷穿梭夏商周，融為華夏族。

良渚玉放光，閩越何處藏？

南越王墓多豪華，故地見端詳。

第一篇

西域古國全知道：昔日大漠孤煙中的繁華

大漠孤煙顯蒼茫，西域古城放光芒；
樓蘭美女現人間，東方龐貝引端詳；
西夏帝國振中原，車師小國戰連連；
汗血寶馬今何在，龜茲音樂伴耳旁；
高昌貫穿吐魯番，烏孫外交女兒郎；
于闐奏起萬方樂，千年古國現輝煌。

樓蘭古國：大漠舊影今何在

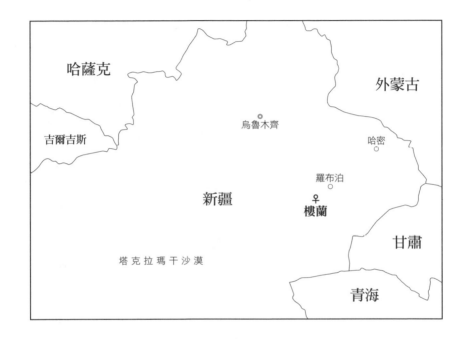

　　在綿延的天山山脈南麓，廣闊的塔克拉瑪干沙漠東部的邊緣，曾經有一個新疆境內最大的湖泊——羅布泊。兩千多年以前，在這裡流傳一個美麗的傳說：有一位國王和七位美麗的公主生活在這片富饒的土地上，然而有一天夜裡狂風驟起，黃沙瀰漫天地之間，當第二天的太陽如往日一般升起時，這個美麗的王國卻永遠地消失……這裡再也沒有炊煙裊裊，再也沒有駝鈴聲聲，只有一片沉睡的大漠。從此再也沒有人記得這裡，只是偶爾有人翻起長長的史卷，才會發現一個陌生而神祕的名字——樓蘭。

斯文‧赫定發現古城樓蘭

斯文‧赫定，1865年出生於瑞典斯德哥爾摩一個中產階級家庭，1891年在德國柏林大學留學期間受教於著名的地理學家李希霍芬，並且在其影響指導下學習歷史地理學和古生物學，逐漸成為一位著名的探險家兼考古者。後來在一次來中國救援杜特雷依的行動中，他被塔克拉瑪干深深地吸引。

斯文‧赫定曾經先後六次到塔克拉瑪干沙漠和藏北無人區探險，1899年9月的那次探險過程中，在找尋遺失鐵鏟的時候，嚮導奧爾德克發現一些房屋和雕著美麗花紋的木板，這引起斯文‧赫定極大的興趣。但是由於補給的限制，那次他並沒有立即發掘那座古城。

1900年，在做出充分的準備之後，斯文‧赫定帶著他的哥薩克保鏢切爾諾夫和維吾爾族嚮導奧爾德克等人重返羅布泊荒漠，向著那些神祕的房屋和那座神祕的古城出發。

他們首先考察奧爾德克，發現木雕殘片的廢墟，在那個廢墟中，他們發掘出佛塔和周圍的三個殿堂。這讓斯文‧赫定一行人非常興奮，在接下來的挖掘中他們先後挖出：中亞希臘化藝術風格的木雕建築構件、木雕塔剎刻有帶翼獸的木雕板、蓮花紋木雕板、金剛像木浮雕、小陶碗、五銖錢以及一封佉盧文書信。在挖掘的過程中，斯文‧赫定發現這是一所寺院，而且還是一個大寺院群中的一所。

在後來的挖掘中，果然驗證斯文‧赫定說的話，他們在這個佛寺遺址的附近接連又發現三座寺院的遺跡，也發掘出更多的文物。除了寺院、文物之外，這支探險隊還在這片廢墟東南一線發現許多烽火台，它們構成一條戍守古代東西交通要道的烽燧線，一直向東延伸，直到羅布泊西岸一座被風沙半沒的古城。

隨著挖掘的進展，逐漸重見天日的還有錢幣、陶片、毛氈、髮辮。除了這些物品之外，還有大批的韓文和佉盧文木簡。斯文‧赫定既興奮又好奇，

他不知道這些都是誰留下來的，也不知道這些東西的背後隱藏著怎樣不為人知的祕密。但是，有一點他非常清楚——這些廢墟和物品的背後，一定有輝煌的歷史和複雜的過去。

斯文・赫定把他挖掘的文書帶回德國，交給德國威斯巴登的語言學教授卡爾・希萊姆做研究，希萊姆經過數月研究，終於確認這個古城就是漢代史書中所提到的樓蘭。不久希萊姆去世，德國萊比錫大學的其他考古教授繼續對這批文書進行研究，並且在1920年將其公諸於世，一時之間轟動世界的學術界和考古界，清末中國學者羅振玉、王國維就是根據這批文書寫出傳世之作《流沙墜簡》。

最初的樓蘭古國

雖然樓蘭是古代西域地理位置非常重要的國家，但是在中原的歷史文獻中對它的記載到了西元前2世紀才出現，而且資料相當少。最早提到樓蘭的是匈奴王冒頓單于西元前176年寫給漢文帝的一封書信，這封信被司馬遷抄錄於《史記・匈奴列傳》中。信中冒頓單于向漢文帝炫耀武功，他說：匈奴軍隊大敗北方草原的大月氏人，「定樓蘭、烏孫、呼揭及其旁二十六國，皆以為匈奴」。其中，樓蘭就是地處水草豐美的羅布泊地區。

由於樓蘭地處東西交通要道，不僅中國的史家提到樓蘭，而且西方的古典作家也對樓蘭有所記述。西元2世紀，希臘地理學家托勒密的名作《地理志》將樓蘭稱作khauranai。這個名稱來自活躍於絲綢之路的粟特商人，粟特語文書將樓蘭拼作krwr'n，粟特商人及漢代史家所謂的「樓蘭」大概都來自這個樓蘭語地名，其名屬於樓蘭土著居民講的原始吐火羅語方言，但是沒有人知道這個名字的意義是什麼。

當冒頓單于寫信給漢文帝的時候，漢朝君臣還不知道樓蘭在什麼地方，樓蘭的具體位置是出使西域的使者張騫最先報告的。張騫的西域見聞錄被司馬遷和班固分別抄入正史。司馬遷在《史記・大宛列傳》中寫道：「樓蘭、

姑師邑有城郭，臨鹽澤。」這就是說，由於樓蘭和姑師國差不多，都有城郭，位置靠近羅布泊，而樓蘭國國都就在羅布泊沿岸的樓蘭城裡，所以稱為「樓蘭國」。

其統治地域主要是在今天新疆東南部的羅布泊荒原上，離河西走廊最近。具體位置就是在今天的敦煌以西、阿爾泰山以北、庫魯克山之南，西至尉犁一帶，差不多有20萬平方公里的土地，也算相當遼闊。

經考古學家的發掘和研究，發現早在7,000年以前的石器時代，羅布泊地區就有人類存在。這個古老的地方先後經歷新舊石器時代、青銅器時代，並且還出現半耕半牧的小部落。羅布泊地區發現的數以百計的細石器也證明樓蘭人過著游牧生活。

直到西漢年間，樓蘭人放棄游牧生活，開始定居生活。漢時的樓蘭國，有時候成為匈奴的耳目，有時候歸附於漢，介於漢和匈奴兩大勢力之間，巧妙地維持著其政治生命。由於樓蘭地處漢與西域各國的交通要道，漢朝不能越過這個地區攻打匈奴，匈奴不借助樓蘭的力量也不能威脅漢王朝，所以漢朝和匈奴對樓蘭都盡力實行懷柔政策。

西漢勢力的滲入

張騫前後三次出使西域，極大地促進中原與西域的文化交往和貿易交流，此時強大的匈奴國為了隔絕漢朝與西域各國的往來，命令樓蘭國王出兵劫殺漢朝使臣。面對強悍的匈奴，樓蘭國王只有唯命是從，但是他對於匈奴的「聽命」卻激怒更加強大的漢王朝。

在漢朝使節不斷遭到匈奴及其附屬國的劫掠和殺戮後，漢帝國為了保證通往西域的道路暢通無阻，派出從驃侯趙破奴率領屬國騎兵及從邊境各軍抽調來的數萬軍隊，打得匈奴節節敗退。作為嚮導而且吃盡西行苦頭的漢使節王恢率700輕騎攻破樓蘭國。為了表示對大漢朝的臣服，樓蘭國王將其長子送到長安做人質。

但是匈奴並沒有善罷甘休，在漢軍撤走後迅速捲土重來。為了自保，樓蘭國王把第二個兒子送到匈奴國做人質。

後來，漢武帝為了大宛國的汗血寶馬舉兵進入西域，此時樓蘭國王通知匈奴在國內屯駐的伏兵，激怒漢朝廷。漢武帝再次派兵討伐樓蘭，並且將樓蘭國王押解至長安。當漢武帝質問樓蘭國王的背叛時，樓蘭國王坦率地回答：「小國在大國間，不兩屬無以自安。」漢武帝覺得樓蘭國王言之有理，就沒有過多地苛責他，只是讓他提供匈奴的情報並對其進行監視。

西元前92年樓蘭國王死去，召在漢朝做人質的王子回去繼位，但是由於王子在漢朝犯法，被處以宮刑，所以未能回樓蘭即位。因此，由在匈奴國做人質的二王子即位，新樓蘭國王也是將兩子分別送到漢、匈做人質。不久，新國王病死，又是由在匈奴當人質的王子即位，這就是樓蘭歷史上第一位有確切名字的樓蘭國王——安歸。安歸因受到匈奴的禮待，由此願意效忠匈奴。漢武帝聞此非常震驚，就派使者前往勸誘安歸至漢朝廷，欲扣為人質，但是未能成功。

此後兩三年間，漢與匈奴沒有發生重大衝突，表面上非常安定。樓蘭國境接近玉門關，漢使者經常通過這個關門前往西域各國，要經過樓蘭境內名為白龍堆的沙漠，沙漠中經常有風，將流沙捲入空中，形狀如龍，迷失行人，漢朝遂經常命令樓蘭王國提供嚮導和飲用水，卻因漢使屢次虐待嚮導，所以樓蘭拒絕服從其命令，兩國之間關係惡化。

漢昭帝即位之後，在西元前77年派傅介子刺殺安歸。後來漢朝廷立在長安城做人質的樓蘭之子——安歸的弟弟屠尉耆為新的樓蘭王，並婚配一名美姬做夫人，還派遣大量漢朝士卒為其護駕，並派部隊駐屯樓蘭境內，進而為討伐匈奴和西域各國獲得主動權。

從樓蘭國到鄯善國

新即位的樓蘭國王尉屠耆看到自己處境的艱難，以前幾代樓蘭國王都是

身處漢、匈兩強之間尋求平衡，結果卻賠上性命。唯一可以使自己擺脫困境的辦法就是兩強之間選其一，尉屠耆雖然想要依附漢朝，但是由於其特殊的地理位置——遠漢而近匈，而且是漢朝和西域的交通路口，所以十分忌憚強大的匈奴國。

離開長安之前，尉屠耆對自己的地位、形勢和應對措施都做出實在的分析。在面見漢朝天子的時候，他坦率地說明自己的想法：他說自己離開樓蘭已經很久，一直身在長安，在樓蘭沒有自己的勢力，現在回去恐怕是孤身犯險。所以他請求將樓蘭的都城遷到阿爾金山腳下的扞泥城，並改國名為鄯善，重新開始樓蘭人的生活。這個請求得到漢王朝的允准。

扞泥城在遼闊而又交通困難的羅布荒漠的南端，匈奴騎兵難以到達，憑藉優越的地理位置，很快就成為鄯善的政治中心，這裡的土地雖然比不上樓蘭城土地肥沃，但也有若羌河可以灌溉，有許多沙漠也可以開墾出來，從阿爾金山東行可以到達河西走廊；向東北方向沿著羅布泊的東岸行走，進入疏勒河谷後，就可以直達敦煌；由扞泥城進入阿爾金山，經過南羌，進入祁連山，也可以到河西走廊。扞泥城仍是絲綢之路南道的重要交通樞紐。

扞泥城東面緊鄰源自阿爾金山的米蘭河的出山口處，因為處於米蘭河下游，所以這裡地勢比較平坦，土壤較為肥沃，可以開發耕種。漢朝的時候稱這裡為伊循，漢廷在此駐軍、屯田，這個做法充分顯示漢朝對鄯善國的重視，所以許多原來搖擺不定的人逐漸倒向樓蘭新國王——尉屠耆。

伊循屯田的士兵後來逐漸增加，漢朝就開始設置都尉，經過一段時間的發展，伊循城不僅是一處屯田基地和農業生產中心，還成為一個新的政治軍事中心。

雖然樓蘭國改了國號，遷了都，但是不可否認，樓蘭舊城仍然是一片肥沃的土地，漢王朝沒有讓匈奴占便宜，在此地另駐紮一支新的軍隊，並且進行屯田生產。這種做法不僅解決漢朝使節路過羅布泊地區糧草供應的困難，還使此地的駐軍與伊循城的駐軍相呼應，可謂一舉兩得。

在漢朝的鼎力支持下，鄯善國的政局逐漸穩定，各項發展進展得很順利，經濟實力有所增強。可是好景不長，隨著漢朝政治危機的出現，無暇西顧，鄯善國受到野心膨脹的莎車國攻打，在向東漢光武帝求救無果後，走投無路的鄯善國又依附於匈奴。

後來又經過班超、班勇父子兩代人的努力，漢朝終於打敗匈奴，使鄯善國歸附漢朝，並且穩定西域的政治格局，鄯善國也被放在首要的位置上，這種局面一直到三國時期都沒有大的變化。

消逝在塔克拉瑪干沙漠的鄯善國

東漢結束以後，中原出現四分五裂的局面，先後經歷三國、兩晉、南北朝，各地豪強割據，因此中原與西域的交往再次被迫中斷，但是因為鄯善國較為靠近河西走廊，所以仍舊與中原保持關係。到了西元5世紀，鄯善國開始走向衰敗，並最終在這個世界上永遠地消失。

鄯善國的衰敗起先是受到由漢化的匈奴建立的北涼政權與北魏政權戰爭的禍及。這場戰爭後，北涼政權慘敗，為了重組政權，原北涼王沮渠牧犍的弟弟沮渠無諱派兵攻擊鄯善國，雖然鄯善國在這場生死之戰中取得勝利，但是鄯善王比龍卻棄國逃跑。後來沮渠無諱在高昌重建政權，並封鄯善世子真達為鄯善王。後來鄯善王真還因聽從沮渠政權的命令，關閉絲綢之路的南道，此舉激怒北魏政權，派兵攻打鄯善國。鄯善國不打自敗，投降北魏。

自此之後，雖然絲綢之路的貿易達到高潮，塔里木盆地的沙漠綠洲變成東方最為富庶的地方之一，但是鄯善國的國力卻不斷下降，進而成為周邊國家掠奪的對象，其中以北方草原的柔然人和高車人為甚。

西元470年，柔然人大舉南下塔里木盆地，北魏被迫從西域撤軍，並把原來設在鄯善國的軍鎮遷往西平郡（今青海省樂都），仍然稱鄯善鎮。西元490年，高車王阿伏至羅派使者到北魏，表示願意代替北魏把柔然人趕出西域，替北魏奪回這個地區的統治權。西元492年，高車人首先攻占柔然統治

下的高昌，然後從高昌南下，向柔然發動爭奪塔里木盆地的戰爭。鄯善國的災難在所難免，南朝益州刺史劉悛派去西域的使者江景玄，正好看到鄯善國在高車軍隊的攻擊下敗亡的場面，並記錄在《南齊書・芮芮虜傳》中，其中有這樣的描述：「道經鄯善、于闐。鄯善為丁零所破，人民散盡……丁零僭稱天子，勞接景玄使，反命。」此後，鄯善國不復存在，只是一個歷史的名詞而已。

後來，來自青藏高原的吐谷渾人兼併鄯善國的原有疆域。從西元6世紀初以後，無論是古國樓蘭還是鄯善國都走出中國史籍，難覓它們的蹤跡。樓蘭城變成一片廢墟，鄯善國人民四散飄零，後來考古學家發現，樓蘭遺民曾經在一個叫做阿不旦的漁村生活大概兩個世紀。後來由於河道乾枯，阿不旦村成為無人領養的「棄嬰」。

在20世紀初，衰敗至極的阿不旦村只剩下十幾戶人家，絲路古國樓蘭最後的遺民只得再次遷到米蘭等地。今天的阿不旦漁村已經是一片廢墟，羅布泊早已乾涸，這片大地也早已變成一片沒有生命的荒漠，樓蘭人的後代更不知道再去何方，才可以找到他們夢中的家園。

古國遺址面面觀

樓蘭古城遺址西元6世紀後，中國的史籍中再難覓樓蘭、鄯善人的蹤跡，人們逐漸把它遺忘。但是從斯文・赫定發現樓蘭遺址起，整整一個世紀，探險家和考古學家在樓蘭、鄯善地區的浩瀚沙海中發現多處古城遺址，正是有這些遺址，我們才可以窺見昔日絲路明珠的繁華。

在這些遺址中，最具規模的有樓蘭古城、米蘭遺址和尼雅遺址。

樓蘭古城：樓蘭古城位於羅布泊西岸，確切位置為東經89度55分22秒，北緯40度29分55秒。在今天中國新疆巴音郭楞蒙古族自治州若羌縣北境，羅布泊以西，孔雀河道南岸7公里處，整個遺址散布在羅布泊西岸的雅丹地形之中。1900年，斯文・赫定最早將其公諸於世。今天的樓蘭古城已經是一片

高低不平、坑坑窪窪的風蝕地。既有隆起的土丘，還有深溝，城牆也只剩下斷垣殘壁。城郭是一個不太規則的正方形，東面牆長333.5公尺，南面牆長329公尺，西面和北面同長，為327公尺，總面積105,240平方公尺。樓蘭城中的東北角有一座烽燧，雖然經過歷代不同時期的修補，但是依舊可以從它身上看出漢代的建築風格。古城四處的城牆厚達8公尺。雖然已經多處坍塌，但是仍然可以看出它曾經堅固的程度。

米蘭遺址：米蘭是一個面積廣大的區域，遺址主要包括米蘭城郭、兩座佛寺及墓地。在沿城牆、佛寺的牆基處，東一個西一個刨挖的大坑隨處可見。米蘭，屬古樓蘭國的地域，中國漢代曾經在這裡屯田，一種有爭議的說法認為這裡是樓蘭國遷都後的新國都。這裡曾經發現過具有「印度文化特徵的絕妙壁畫」——帶翼天使，尼雅遺址以及西元8～9世紀的吐蕃藏文木牘；這裡是揭示樓蘭古國神祕興衰的重要史蹟，是佛教東傳由新疆進入內地的重要地域，也是史記中少見的吐蕃與西域交流的證明。

尼雅遺址：尼雅遺址位於民豐縣城以北150公里的尼雅河尾閭的一片已經被黃沙埋沒的古綠洲上。這裡有眾多的房屋廢墟分布在乾涸的尼雅河兩岸。尼雅遺址是在1901年首先被英國人斯坦因發掘的，他先後四次來到這裡，盜走無數的出土文物。尼雅遺址是漢晉時期絲路南道上一處交通要塞，經多數學者考證是《漢書‧西域傳》中記載的「戶480、口3,360、勝兵500人」的「精絕國」故地，東漢後期為鄯善國所併，後來受魏晉王朝節制。

重現樓蘭人的生活

考古專家透過對遺址、墓葬和古屍的研究，勾勒出距今四千多年以前樓蘭人的生活圖景。當時，樓蘭人用火和石器作為生產工具，粗陋的生活用具都由木頭鑿成。男人們結伴狩獵捕魚，漁獵淡季用樹木和泥蓋成木屋和泥屋；女人們在房前屋後用草枝編織簍筐、用毛紡線織網。雖然那個時候已經懂得紡織，但是還不會裁剪衣服。定居下來的樓蘭人，開始發展種植業和畜

牧業，隨著與中原的不斷往來，他們逐漸學會製陶和牛耕，並且比中原人先學會釀製葡萄酒。

絲綢之路的開通不僅對樓蘭的經濟、文化和生產生活發展產生重大影響，也深深地影響樓蘭的政治文明，古樓蘭國的最高統治者是國王，國王下設「諸執政官」。王國內還設有稅吏，他們是國王直接派遣到各地負責徵收賦稅的官吏，在王國中掌握實權，是各地王權利益的代表。他們不僅收取賦稅，而且還掌管地方上的土地糾紛、穀物播種、民間借貸、男女婚嫁等事務。樓蘭國有自己的法律，它不僅包括稅收、水利、土地、狩獵、保護樹木森林等法規，還有刑法和遺產處理法。

古樓蘭人在漫長的時間裡堅強地生活在這片荒漠上，他們創建自己的家園，建立自己的國家，尤其是絲綢之路開通後，樓蘭文明迅速發展，東往西來的商旅帶來不同於樓蘭的飲食服飾習慣，樓蘭人的物質生活也越來越豐富，也帶來更完備的政治體制，使得樓蘭的國家建設更加完善。然而樓蘭還是一個不平等的社會，有壓迫，也有奴役，直到鄯善國為丁零所滅，樓蘭仍是一個使用奴隸的國家。

考古工作者在樓蘭的很多遺址中發現佛寺遺址，由此可見，佛教曾經在此盛行，並成為樓蘭人的信仰。佛教不僅影響樓蘭（鄯善）人的精神信仰，對樓蘭（鄯善）國的佛教藝術也產生很大的影響。

對於樓蘭人的生活，除了在考古發掘中初見端倪，剩下的就只能參照古代的書籍材料。有人在曹植的〈辯道論〉中發現樓蘭人關於醫學方面的記載，其中麻黃這種藥材在樓蘭地區被廣泛使用。後來與麻黃有關的醫藥傳到中原，成為中醫學中非常重要的一部分。雖然樓蘭醫學中摻雜迷信和巫術，但是不可否認的是，這些醫學的發現和技術，反映樓蘭人高超的智慧。

多元的樓蘭文化藝術

自從絲綢之路開通以後，直到後來的鄯善國亡國，這段期間無論是樓蘭

國還是後來的鄯善國，都是東西方的交通要道。隨著中原與西域商業往來的與日俱增，樓蘭的經濟得到空前的繁榮。在海上貿易到來之前，中國與西方的所有貿易往來都要經過這條沙漠之路。經濟的繁榮推動樓蘭文化藝術的發展，樓蘭成為世界各種古典藝術流派爭奇鬥豔的舞台。所以，樓蘭是東西方文化交流的橋樑，同時也薈萃著中西文化的精華。

說到樓蘭文化，首先要說的就是文字。在絲綢之路開通之初，樓蘭是沒有文字的。在絲綢之路開通後的一段時間裡，樓蘭開始流行漢語。考古學家曾經在樓蘭的疆域中發現大量的漢字文書，其中有木簡，也有紙本手稿。

東漢末年，中原戰亂，各地豪強爭雄割據，東漢官兵退出西域，貴霜帝國勢力趁此滲入塔里木盆地。貴霜王朝在鄯善國也有相當的勢力。兩漢經營西域時，塔里木盆地各國曾經以漢字作為書面語言，東漢勢力退出西域後，鄯善國改用佉盧文作為書面語言。

除了文字，樓蘭地區的繪畫藝術已經達到很高的境界，並且被廣泛應用於生活的各個層面，佛教壁畫是今天我們可以看到最普遍的藝術表現形式。樓蘭各地都發現佛教壁畫，其中米蘭佛寺遺址的壁畫保存較好，米蘭壁畫最為世人矚目的內容是「有翼天使」壁畫。除了佛教壁畫，考古學家還在這裡發現布畫，並從繪畫風格中確定鄯善國境內的畫師們已經將外來的藝術風格吸收到自己的作品之中，還可以看出藝術家們把來自不同國家的文明融合在一起。

在今天樓蘭地區的古遺址上，我們最常見的藝術品可能就是樓蘭人的木雕工藝。塔里木盆地的古代居民自古以來就有精湛的木雕藝術傳統，約在西元前2000年，樓蘭人已開始從事木雕手工藝，在孔雀河古墓溝墓地就發掘出土許多木雕人像。此外，在樓蘭、尼雅等地還發掘出土木桶、木碗、木盤、木勺等大批木器。

當絲綢之路開通後，伴隨佛教傳入大夏的希臘化藝術和犍陀羅藝術，則賦予樓蘭的木雕藝術新的活力。在中亞犍陀羅和大夏，石板浮雕被普遍用來

裝飾寺院的牆壁和佛塔，但是在樓蘭、米蘭及尼雅等地的佛教寺院中，這種石板浮雕被木雕取代。樓蘭、尼雅建築構件上精美的木雕和雕花傢俱，堪稱樓蘭藝術的代表作。

樓蘭的木雕工藝不僅融合多種藝術手法，是藝術珍品，而且木器傢俱的使用對中原地區人民的生活也產生巨大的影響，一直延續到現在。絲綢之路開通後，受到西域文化影響，中原地區的人們才開始注重傢俱。樓蘭人的藝術、技術，都是在絲綢之路的發展中相繼壯大成長起來的，它們薈萃中西文化、藝術、技術和技巧，並融進本地的民族特色，形成獨有的光輝燦爛的文化與經濟。

千奇百怪的雅丹地貌

在羅布泊地區，有一種特殊的地貌形態很少為世人所知，但它的魅力絲毫不亞於吸引萬千遊客的許多世界名勝。這就是神奇的雅丹地貌。它淋漓盡致地展現米蘭壁畫大自然神奇的塑造力，為神祕的羅布泊增添奇光異彩。

雅丹地貌是一種典型的風蝕性地貌。「雅丹」在維吾爾語中的意思是「具有陡壁的小山包」。由於風蝕作用，小山包的下部往往遭受較強的剝蝕作用，並逐漸形成向裡凹的形態。如果小山包上部的岩層比較鬆散，在重力作用下就容易垮塌形成陡壁，進而形成雅丹地貌，有些地貌的外觀如同古城堡，俗稱魔鬼城。

關於雅丹地貌的形成有一個傳說：相傳在遙遠的年代，羅布泊附近有一個國家，百姓們衣不遮體，食不果腹，而國王卻花天酒地。玉皇大帝得知此事，就扮作和尚下凡「化緣」，昏庸無道的國王僅施捨一點鹽巴，玉皇大帝大怒，就施展法力，使羅布泊忽然冒出滔天洪水，轉瞬之間淹沒這個國家。洪水退去之後，這個國家變成一片白茫茫的鹽鹼之地。在這片鹽鹼地上遍布土丘與溝谷，形同一座座古堡，鱗次櫛比，經常使訪問者如入迷宮，沙漠中頻頻出現的沙暴和海市蜃樓至今令人眼花撩亂。古往今來，不知多少人在此

迷路喪生，所以又有「鬼域」之稱。

19世紀末，瑞典人斯文・赫定在其撰文中最先提到「雅丹」一詞，此後一些赴羅布泊地區考察的學者，都採用「雅丹」這個詞來形容這種土丘和凹地相間的地貌形態，從此「雅丹」成為地貌學上的一個專有名詞。但是由於環境艱險，對雅丹地貌瞭解的人很少。

羅布泊地區的雅丹地貌面積約3,000平方公里，主要分布在以下地區：

一是位於羅布泊東部的三壟沙雅丹地貌。三壟沙雅丹地貌群位於玉門關以西的戈壁荒漠中，由於地處三壟沙，因此被稱為三壟沙雅丹地貌。三壟沙是一條橫亙於羅布泊東部地區的流動沙丘帶，至今仍受東北風的影響，隨時游動。

二是位於羅布泊東北岸的白龍堆雅丹地貌。白龍堆雅丹地貌為羅布泊三大雅丹地貌群之一，在歷史書籍上常被提及，它位於羅布泊東北部，是一片鹽鹼地土台群，綿亙近百公里。由於白龍堆的土台以砂礫、石膏泥和鹽鹼構成，顏色呈灰白色，有陽光時還會反射點點銀光，似鱗甲般，所以古人將這片廣袤的雅丹群稱為「白龍」。從遠處望去，白龍堆就像一群群在沙海中游弋的白龍，白色的脊背在波浪中時隱時現，首尾相銜，無邊無際，氣勢雄偉。

三是分布在龍城和樓蘭古城一帶的孔雀河雅丹地貌。義大利旅行家馬可・波羅曾經路過龍城，他在記錄中寫道：「沿途盡是沙山沙谷，無食可覓，行人夜中騎行，則聞鬼語。」而每當月白風清之夜，宿營「龍城」中，頗覺眼前景物，不是古城，勝似古城。

雅丹地貌

雅丹地貌並不是一開始就有的，它有一個逐步生成的過程。雅丹地貌的成因，可歸納為以下三種類型：

1. 以風的吹蝕作用為主的雅丹地貌類型。平原地區分布的雅丹地貌，距

山地較遠，山區的暴雨和洪水不易到達。風蝕形成的雅丹地貌，溝谷長軸走向與當地的主風向一致。例如：孔雀河以南樓蘭古城一帶。

2. **以流水的侵蝕作用為主的雅丹地貌類型。** 鄰近山地或湖濱附近的雅丹地貌，溝谷長軸走向與附近的山地洪水溝走向一致，並且在雅丹的土丘上留有洪水沖刷的痕跡。例如：龍城的北部和三壟沙一帶。

3. **在流水作用的基礎上，再經風的吹蝕作用雅丹地貌類型。** 目前流水作用不甚明顯，但發育的最初階段和流水作用有關，首先是洪水作用，將平坦的地表沖刷成無數條溝谷，使疏鬆的沙層直接暴露在地表，然後再經風的吹蝕作用，有時候風和流水作用交替進行。溝谷長軸走向既與洪水走向一致，也和當地的主風向一致。例如：白龍堆北部的雅丹。

是誰毀了樓蘭？

樓蘭，這個溝通中原與西域的中樞，這顆曾經在絲綢之路上綻放璀璨光芒的沙漠明珠，在塔克拉瑪干狂風的席捲下，在各個強國的鐵蹄蹂躪下，永遠消失在茫茫的沙漠之中，被掩埋在滾滾的黃沙之下。那些耀眼的光芒、燦爛的文化，連同古城的建築一起深埋，與世隔絕。

西元前77年，樓蘭遷都鄯善河流域的抒泥城，同時更改國名為鄯善國，漢朝軍隊開始在樓蘭屯田。西元492年，「鄯善為丁零所破，人民散盡」。鄯善國從此滅國。西元518年，宋雲、惠生出使西域，看到的鄯善城仍然是城郭儼然，可是到了西元645年唐玄奘西行歸來，看到的且末、納縛波等樓蘭、鄯善城郭早已荒廢。

一百年來無論是來樓蘭的探險者還是科學考察者，心中都有一個疑問，到底是什麼原因使曾經繁華一時的樓蘭成為一片廢墟？對於樓蘭古國的滅亡一直是眾說紛紜，這始終是縈繞世界各國考古學家心中的一個謎。關於樓蘭消失之謎，流傳以下幾種說法：

第一，樓蘭毀於戰爭和瘟疫

有人認為，是戰爭把樓蘭城給滅了，樓蘭人民被迫離開自己的家園。樓蘭一直受到很多強悍民族的侵擾——匈奴、鮮卑、柔然、漢。為了尋求一個祥和的家園，他們離開這片世代生存的土地。也有人說，是瘟疫給樓蘭人最後一擊。歷史上的樓蘭是否毀滅於瘟疫，我們不得而知，可是確實曾經有一場瘟疫幾乎使生活在羅布泊地區的原住民遭受滅頂之災，新疆若羌地方誌上記載，這場瘟疫就是天花。

第二，絲綢之路改道

西元4世紀絲綢之路的改道，使得樓蘭在中西交通通道上的重要地位發生轉變，經過哈密（伊吾）、吐魯番的絲綢之路北道開通後，經過樓蘭的絲綢之路——沙漠古道被廢棄，樓蘭也隨之失去往日的光輝。

第三，羅布泊的乾涸

羅布泊是樓蘭文明的搖籃，其湖水的盈虧造成樓蘭文明的凋落。隨著氣候的變化，羅布泊的水面縮小，處於塔里木河、孔雀河下游的樓蘭居民引水灌溉發生困難。水是生命之源，沒有水，一切生命將走向死亡。

第四，人為原因

無論是異族入侵、絲路改道、瘟疫傳播、河流改道，還是氣候乾燥都有合理之處，不應該忽略的是，生活在樓蘭這片土地上的居民長久以來對樓蘭周邊環境的影響。

中原王朝在這裡屯田、開墾，造成植被的大量減少，破壞這裡的生態環境。風沙肆虐，河流枯竭，當樓蘭國終於意識到生態的重要性，並且為之立法的時候卻為時已晚，樓蘭這片沙漠上的綠洲徹底消失。

其實，樓蘭城的毀滅並不是哪一種原因單獨造成的，而是多種因素綜合造成的，但是人在這些因素中扮演至關重要的角色。樓蘭這片廢墟的歷史是沉重的，它留給我們的是教訓，是慘痛。其實不僅是樓蘭，多少個活生生

的例子告訴我們，在乾旱地區的建設中，我們應該善待自然，切不可急功近利，否則樓蘭的歷史將會重演。

樓蘭美女再現人間

1980年早春，新疆考古所的考古工作者在樓蘭古城附近鐵板河南面的土丘上，一片乾枯的蘆葦下面，發現一具距今已經有4,000年的古屍。

樓蘭美女這具完整的乾屍周身裹著毛朝外的黃牛皮，牛皮的邊緣縫合成一個整體。屍體頭東腳西，仰臥在地，面部扣著一個簸箕型的編織物，它的原材料似藤、似荊條，又似去皮的柳枝，現在已經難以分辨清楚。在面罩的下面，還有一塊紋理粗糙的灰色毛織物掩蓋著，毛織物的周圍有許多七八公分長，狀如牙籤一樣的木籤插著。

當考古隊員揭開面紗時，出現在他們面前的是一個五官清秀的女子。屍體保存完好，這個女子大概有四十幾歲，瘦削的臉龐，皮膚黝黑發亮，長長的睫毛和完整的雙眉，雙目微閉，高高的鼻樑，嘴唇微啟，好像還在甜睡之中，頭上裹著一塊土灰色毛織頭巾，黃褐色的頭髮披散到肩上，從腦後伸出三根翎毛，中間淺黃，邊緣發白，似鶴翎，又似雁翎。

她全身都裹著毛織物，也用木籤插著。抽掉木籤，掀起毛織物，露出雙肩和兩臂。肩頭和胳膊同樣也是黝黑發亮，並且還有很大的彈性。左手半握，胳膊稍稍彎曲，而右手則是五指並排順伸，胳膊直直地緊貼著身體，其身長約1.5公尺。在她頭部上方，是一個小筐，裡面裝著幾顆麥粒。小筐的原材料和編織面罩的材料相同。

這就是後來轟動世界的「樓蘭美女」。根據碳14的鑑定，這位女子生活在距今約4000年的時代。從屍體中考古學家們發現很多資訊——古代樓蘭人死後要葬在土丘的高處，周身裹著翻毛牛皮下葬，翻毛的牛皮告訴我們，古樓蘭人早已有畜牧業。幾顆麥粒告訴我們古樓蘭人已經開始原始農業的經營。毛織物雖然粗糙，但是它帶給我們的資訊是古樓蘭人已經有自己的紡織

業。但是陪葬物品的簡陋，告訴我們的是古代樓蘭人生活的艱辛。

　　見過或是聽過樓蘭美女的人們不禁會問：她是誰？為什麼會孤獨一人躺在這片浩瀚的沙漠中？曾經的文明古國早已消失在滾滾黃沙之中，這個孤寂的人，讓原本就像謎一樣的樓蘭又籠上一層薄紗，帶給人們更多的遐想。

精絕古國：滄海一粟的小國

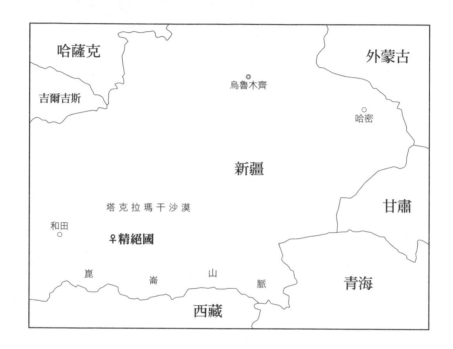

在浩瀚的塔克拉瑪干沙漠中，沉睡著許多鮮為人知而神祕的古國、部落遺址，尼雅就是其中之一。尼雅古城遺址位於尼雅河下游地帶，是古時西域三十六國之一的精絕國所在地，其中心位於塔里木盆地南部地區，因為其遺址保存完整，房屋和一些生活物品保存完好，因而被稱作「東方龐貝」。精絕國曾經是絲綢之路的重要樞紐，與中原往來密切，但是在西元3世紀以後突然就消失。為了探尋尼雅遺址的祕密，考古學家們開始漫長而艱苦的研究。

幸運的斯坦因

發現精絕古國的是飽受爭議的斯坦因，崇拜他的人說他是偉大的探險家、考古學家；厭惡他的人說他是可恥的強盜。匈牙利籍的斯坦因一直想要加入英國國籍，劍橋大學畢業後更是堅定這個想法。隨後他放棄匈牙利國籍，並開始瘋狂地探險發掘，他將大批的文物送到大英博物館，並因此達成心願。

斯坦因不同於其他的探險家，他除了具備強壯的體格和堅韌的毅力以外，還受過良好的教育。他在劍橋大學所學的考古學、語言學、歷史學，讓他對文物有靈敏的嗅覺，每次探險都不會空手而歸。

1901年1月，斯坦因來到和闐以東的克里雅，在這裡他遇到一個年輕人，並從年輕人的手中得到兩片刻有佉盧文的木板，他立刻意識到自己這次又要有大發現。隨後斯坦因高價買下這兩塊木板，並且讓年輕人為他做嚮導，帶著他的探險隊向神祕的古城走去。

但是對於嚮導描述的那樣大的遺址來說，探險隊的這些人顯然不夠用。於是斯坦因打算雇用一些當地人，起初沒有人敢受雇，因為在當地人眼中深入大漠就是去找死。

斯坦因的雇傭金一再提高，最後又透過當地官府的催逼，終於湊夠人數。斯坦因率領著這支考察探險隊沿尼雅河向北進發，一連走了幾天。正當斯坦因對這個傳說中的古城有所懷疑的時候，嚮導終於找到它。斯坦因覺得這座古城遺址的價值要在丹丹烏里克遺址之上，他趕忙把這一天記在筆記本上：1901年1月27日。

就這樣，斯坦因憑藉運氣和敏銳的嗅覺發現沙漠中的古城，由於古城位於尼雅河下游岸邊，斯坦因給他定名為尼雅遺址。斯坦因當時還不知道自己打開一個古國的大門，這個發現此後讓他名聲大振。

死亡之海中的「東方龐貝」

初入這座古城的時候，其完整的保存讓斯坦因和他的探險隊都甚為震驚，這裡似乎從來都沒有被遺棄過，千百年過去了，一切都恍如隔日。

只見路邊的房門都敞開著或是半敞著，彷彿隨時都有可能走出人來。在一間房子裡，一架紡車被安放在土台上，上面還搭著一條線，讓人感覺女主人還會回來把這條線繼續紡完。斯坦因還在一個糧倉裡，發現橙黃色的穀子。有一堆書簡被整齊地擺放在牆邊，彷彿正等待著主人的翻閱。這裡的一切都給人一種人們剛離開的感覺，又好像是整個城市突然進入睡夢中，一切都被定格在入睡前的一刻。所有的人都放慢腳步，害怕驚醒這座古城。

這裡的情形不禁讓斯坦因想起歐洲的龐貝城。龐貝是義大利沿海地區的一座著名古城，位於維蘇威火山西南麓。西元79年8月24日，維蘇威火山突然爆發，大量的火山灰鋪天蓋地地將龐貝城吞沒。直到1748年一位農民在給葡萄地除草時才意外地將其發現。當考古學家把這座古城清理出來展現在人們面前時，人們發現龐貝城彷彿被定格在被岩漿掩埋的那個瞬間。

於是，斯坦因稱呼尼雅遺址為「東方的龐貝城」。這座古城的中心有一座高大的佛塔，其餘的建築都分散在佛塔周圍，整個遺址呈帶狀南北延伸25公里，東西布展5～7公里。在這片遺址中，除了房屋和佛塔之外，還有墓地、果園、畜圈、渠系、池塘、陶窯和冶煉遺址。

短短16天的發掘，斯坦因和他的探險隊一共挖出12箱珍貴的文物，這些文物全部被運往倫敦。和斯坦因預計的一樣，這批文物首先震驚英國，接著轟動歐洲。最後，全世界的人們都被斯坦因所說的「東方的龐貝城」所迷住了。

斯坦因前後共四次來到尼雅遺址挖掘。在尼雅共記錄、發掘遺址41處；帶走佉盧文和漢文書約1,012件；金、銀、玻璃、漆器、木製品、紡織品若干；工具、生活用具、文具和樂器若干。

精絕古城

當時法國探險家戈厄納在尼雅河流域的盡頭探險考察，他要尋找一個叫做精絕國的西域古國，但是沒有找到。斯坦因從地理位置和文物年代推測，尼雅遺址應該就是戈厄納苦苦尋找的精絕國遺跡。

斯坦因回國後，把自己從尼雅遺址中盜走的文獻整理發表，其中的漢文簡牘被國學大師王國維看到。王國維根據簡牘上的「秦始五年」字樣以及自己豐富的學識，並參照中國歷史記載的蛛絲馬跡，以及古時的于闐國（今新疆和田市）與各國的地理位置、路程，認真梳理考釋後斷定：尼雅古國就是古代西域三十六國之一的精絕國。隨後王國維發表論文《流沙墜簡》，其中稱尼雅遺址在漢朝的時候被稱作精絕國，這個論斷肯定斯坦因的推斷。

1931年，斯坦因再次來到尼雅，並偷挖26枚漢代木簡。其中一枚木簡中有這樣的記載：「漢精絕王承書從……」這七個字清晰地肯定木簡出土的廢墟確實就是漢書精絕王的駐地，而尼雅遺址也就是《漢書·西域傳》中記載的精絕國故址。

據《漢書·西域傳》記載，精絕國位於崑崙山下，塔克拉瑪干大沙漠南緣，接受漢王朝西域都護府統轄。國王屬下有將軍、都尉、驛長。共480戶，3,360人，軍隊500人。精絕國雖然是一個如滄海一粟的小國，但是它位於絲綢之路的咽喉要地，地理位置十分重要，成為東西方文化的交匯之所。當時，尼雅城叫做尼壤，是精絕國最繁華的城市。精美的絲綢、犍陀羅藝術和佉盧文木牘，以及至今仍保存完好的民居和佛塔都顯示「精絕國」的經濟文化水準相當高。

精絕國後來被鄯善國吞併，精絕人成為鄯善子民。尼雅河流域被納入鄯善王國的版圖，變成它的一個行政區，精絕國改名為精絕州。後來精絕復國，在故土上仍然延續著自己的文明。西晉以後，尼雅文明逐漸衰落下去，變為沒有人煙、流沙肆虐的荒漠。

西元前3世紀前後，精絕國就銷聲匿跡，神祕地消失。直到1901年斯坦

因初探遺跡，擄走大量文物之後，這座在沙海裡掩埋千年的古城才又重新為人所關注。

書簡中的世界

精絕古城已經消失，留給我們的只有一片遺跡。如果說這些房屋、墓葬、陶罐、佛塔都是歷史見證，佉盧文書簡就是這些歷史的解說詞，我們透過佉盧文瞭解到一個豐富多彩的精絕古國。這是一種什麼樣的語言？它又向我們透露尼雅的什麼祕密？

佉盧文最早起源於古代的犍陀羅，是西元前3世紀印度孔雀王朝的阿育王時期的文字，剛開始是在印度西北部和今巴基斯坦一帶使用，後來傳到中亞地區。西元4世紀中葉隨著貴霜王朝的滅亡，佉盧文也逐漸成為一種無人可識的死文字，直至1837年才被英國學者普林謝普探明佉盧文的奧祕。由於佉盧文字形彎曲，讀法從右至左，發音無定準，所以它也被人們叫做「驢唇文」。

尼雅遺址中出土的佉盧文書簡內容包羅萬象，政治、法律、日常生活、占卜等各方面都有涉及，就像一部尼雅歷史的百科全書。借助文字專家的破解，我們可以得知一些當年精絕人民生活的畫面。

在尼雅，國王擁有絕對的權威。由於精絕國面積小，人口少，每個人都可以直接向國王申訴，國王也事無巨細，都要親自處理。其中，在木簡中就有關於一個叫萊比亞的農民因為兩頭牛而向國王申訴的記錄，並且國王接受他的申訴，懲罰偷牛的士兵。

在木簡中還有關於賣身契的內容，由此可見處在封建社會的精絕國同樣無法擺脫強權和不平等的現象。除了官辦的檔案以外，佉盧文書簡中還記載很多有意思的事，其中一對情侶私奔的事情最為人們津津樂道，並且從這個故事的介紹中我們也可以看出，在對待私通和私奔的問題上，尼雅人與當時的中原地區顯然不同。既像原始社會沒有封建禮儀約束，又像當今戀愛自

由、開放。

尼雅佉盧文書簡就像當年歷史的一面鏡子，為我們原汁原味地展示當時的社會百態。難怪斯坦因在所有的出土文物中最中意這種書簡，原來整個精絕古國的歷史都凝縮在裡面。

三千年以前的葡萄酒

提到葡萄酒，人們首先想到的就是法國，但是考古學家們卻在出土的文獻及遺址中發現早在法國出現葡萄酒幾百年以前，尼雅人就已經開始享用自己釀造的美酒。尼雅人釀造葡萄酒，無論是在一百多年以前斯坦因從這裡挖掘走的佉盧文書簡上，還是後來進入的考察隊在這裡出土的印花布上，都有記載和反映。

當斯坦因首次發現這裡有大量種植葡萄的遺跡時，還感到很疑惑。但是後來隨著他帶回歐洲的佉盧文書簡不斷地被翻譯出來，尼雅人大量種植葡萄的真相也逐漸浮出水面。書簡記載當時的尼雅人不僅釀出葡萄酒，而且還有分類，顯然證明當時的釀酒技術已經十分高超。

在一塊尼雅遺址出土的印花棉布上，人們也發現葡萄酒的影子。雖然這塊印花棉布出土時已經殘缺不全，但是左下角的一幅小型菩薩像卻完整地保存下來。這位菩薩背後有佛光，上半身赤裸，戴有項鍊和手鐲，更引人矚目的是菩薩手中的牛角杯。菩薩左手扶著杯頸，右手端住杯底，在牛角杯的杯口畫著一串葡萄，這就是在告訴人們，他手裡端的是葡萄酒。當年尼雅推崇佛教，菩薩擁有至高無上的地位，在畫中讓菩薩端著葡萄酒杯，也展現出當時葡萄酒在尼雅是多麼重要。

除此之外，在尼雅遺址的一些墓葬中也發掘出作為陪葬品的葡萄酒。葡萄酒與織錦等其他的珍貴物品一起陪葬，證明葡萄酒當時是比較珍貴的。在佉盧文書簡中也提到，葡萄酒當時是上流社會的奢侈品，只有王公貴族能消費得起。精絕國當時曾經頒令以葡萄酒為稅收上繳國庫，專供王公貴族享

用。佉盧文書簡上還記載，當時的女子出嫁會用男方家中的葡萄園大小來衡量其家庭的富有程度。難怪尼雅遺址中會有大片的葡萄園，這在當時是納稅的保證和財富的象徵。

確認尼雅遺址中葡萄酒的存在，也就確定尼雅地區是全世界最早的葡萄酒發源地，而尼雅人就是最早的葡萄酒釀造者。透過那些書簡的記載，我們彷彿可以看見，在面積不大的精絕國卻有大片大片的農作物和葡萄園，人們男耕女織，閒暇時還釀造美味、甘醇的葡萄酒。

但是，隨著精絕國的消失，這座古城也慢慢地被黃沙所吞噬、掩埋，他們那精湛的葡萄酒釀造技術也失傳了，留給後人的只是在殘缺的隻言片語中找尋那曾經燦爛的葡萄酒文化。

這裡是國王墓嗎？

1995年10月的一天，中日尼雅考察隊在前往尼雅遺址的路上發現一個古墓群。經過初步考察，他們發現這裡一共有八個古墓，編號後確定3號墓最大。

3號墓中有一具長方形的木棺，約1公尺多寬、2公尺多長。在開棺的一剎那，現場所有的考察隊員都被棺內的景象嚇到了。人們首先看到的是一塊錦被，顏色為深藍色，上面還帶有紅、白、綠、黃各色精美的花紋。如此完整的錦被，很多人還是第一次見。人們隱約可以看見錦被裡面包裹著兩具屍體，看樣子是一座合葬墓。拿開錦被上的陪葬品，就露出上面的漢字「王侯合昏（婚）千秋萬代宜子孫」。「王侯合昏（婚）」這幾個字不禁讓人聯想到這會不會是國王的墓？墓地現場一片沸騰。

後來，專家將棺木帶回實驗室進行研究。他們在棺木中發現一男一女兩具屍體，並透過兩人的著裝判斷他們的身分十分特殊。兩人都穿著色彩斑斕的錦袍、錦褲、絲棉襖、綢衣、錦鞋及皮底勾花鞋。這些衣物的面料上有許多不同的圖案紋樣。有些織品上面還配有文字，例如：「廣山」、「世極錦

宜二親傳子孫」、「毋極錦宜二親傳子孫」、「世毋極宜二親傳子孫」。這些織錦無論從風格、樣式還是上面的漢字來看，都應該是中原所產。這樣規格的織錦，不會是商品。從織錦上面漢字內容的別有所指，我們可以猜測，這是當時中原王朝贈送給精絕國的禮品，是中原王朝與當時精絕國友好相處的表現。接受中原禮品並且將其陪葬的是什麼人？

人們自然想到了國王。

據文獻記載，尼雅地區的喪葬制度有明顯的高低貴賤之分。一般的老百姓死後會被火化，而貴族則是直接將屍體放入棺中入土。如此說來，3號墓中的兩具屍體一定是貴族，而且不排除是國王和王后。

從尼雅遺址上的住房和出土的日用品來看，精絕國並不是一個富裕的國家，與中原地區更是無法相比。但是3號墓中的這些珍貴織錦就算在中原的高級墓葬中也極為罕見，墓主人的身分絕對不是一般的普通貴族。這麼多的線索都指向國王墓，所以人們也就有這個方面的猜想。

但是猜想終究不是事實，如果要知道這個墓主人的確切身分還需要考古學家和歷史學家們的進一步研究。

「五星出東方利中國」

1995年10月，中日尼雅聯合考察隊在先前的3號墓的旁邊又發掘另一個墓，這個墓被編為8號。

在8號墓中，考古工作者發現一些陶罐和織物，其中一件藍色的織錦引起在場人員的注意。這塊織錦長16.5公分，寬11.2公分，四個角都是圓角。四周用白織物縫邊，上下各縫出3根長條帶。這塊織錦不僅色彩鮮豔，而且還織有幾個隸書漢字，出土織錦有人從右向左唸出這幾個字：「五星出東方利中國」。現場的工作人員都震驚了，怎麼會有如此的巧合，「五星」、「東方」、「中國」這些字怎麼會組合在一起，跑到古代的織錦上？

後來專家給出解釋，原來早在《史記‧天官書》中就有「五星分天之

中，積於東方，中國利」的句子。在古代，「中國」這個詞的含義與今天不同，「中國」一詞所指的是黃河流域的中原地區。尼雅遺址出土的這塊「五星出東方利中國」織錦產於漢晉時期，這其中的「中國」應該是指中原地區。

再說「五星」二字，古代的「五星」指辰星、太白、熒惑、歲星和鎮星，分別為現代天文學中的水星、金星、火星、木星和土星。古人常用這幾顆星的位置變幻做占卜，來預測禍福。

在古代，這五顆星出現在同一個方向上被稱作是「五星連珠」，而古代人認為「五星連珠」是吉兆。

這原本只是一個天文現象，但是在古人的心目中卻有特殊的含義。這樣我們就明白8號墓中的這塊織錦上「五星出東方利中國」的含義：天空中東方出現「五星連珠」對中原有利。在隨後出土的一片織錦上「討南羌」三個字更是驗證專家的說法。兩片織錦無論是色彩、圖案，還是編織結構上都相同，應該是一組的。將兩片織錦放到一起就組成「五星出東方利中國討南羌」的句子。

句子通順了，但是考古學家們隨後又提出新的問題。為什麼討伐南羌的織錦會出現在精絕國的墓中？

南羌是一個古老的民族。

漢晉時期，西域的匈奴被消滅之後，位於西南部的南羌就成為中原王朝的主要隱患。朝廷在決定出兵前大多會讓人占卜、觀星象，當時人們認為「五星連珠」是吉兆，於是覺得討伐南羌應於「五星連珠」之年出兵，因此就有「五星出東方利中國討南羌」的說法。由此可以推斷出，當時精絕古城可能是中原的盟友，也可能是中原討伐南羌的途徑之地，於是中原就把這樣的話織在織錦上送給精絕國。

消失之謎

精絕人生活的點點滴滴以及精絕國的文明都長埋於這片沙漠之中，考古學家和歷史學家們一層層地揭示它神祕的面紗、輝煌的歷史。看著這座保存完整的古城，一個問題始終在人們的腦海中盤旋，揮之不去——精絕國為什麼消失得那麼突然，如定格一般？

關於精絕國滅亡的說法眾口不一，有些人認為是戰爭毀了這個古老的國家，這個觀點可以在出土的佉盧文書簡中得到支持。在精絕國的西南方向有一個強大的部落，這個部落長年威脅和入侵精絕國以及附近的國家，袖珍的精絕國人口只有三千多人，士兵僅有五百人，自然逃不掉強大部落的侵略。但是這個說法卻因為精絕國保留的相當完整的遺址而受到質疑，遺址中房屋完整，似乎沒有被侵略的跡象。

第二個說法是精絕國的滅亡是因為自然環境的惡化。隨著氣候的變化，尼雅河開始出現萎縮，以至於後來斷流。失去水源的精絕國只好遷徙到其他地方。此後尼雅城市荒廢，樹木枯死，逐漸成為沒有生命的荒漠。

還有人認為精絕國消失的原因既不是戰爭也不是河水斷流，可能是一場突如其來的瘟疫導致尼雅人死傷大半，剩下的人都逃到其他地方。

精絕國到底為何突然消失？沒有人可以給出一個經得起檢驗的說法。可能知道真相的只有那些遺址中的古樹，它們見證過繁華，目睹了消失，但是它們默默不語。這個謎就像數學中的「哥德巴赫猜想」一樣，無人能解卻令人著迷。

可怕的女兒國

在尼雅遺址中發掘出的大量佉盧文書簡中，都提到一個強大的敵人SUPIS。沒有人知道這是一個什麼樣的國家，史書上也沒有記載。但是當時在精絕國的西南有一個國家名叫蘇毗，有人懷疑這個蘇毗就是精絕的敵人SUPIS。

「蘇毗」是這個國家的人對自己國的稱呼，大家可能不熟悉。但是這個國家的另一個名字可是家喻戶曉，它就是唐僧取經路上遇到的女兒國。

女兒國在歷史上被稱為女國，形式上是一個母權國家，最高統治者稱為女王。人們懷疑是女兒國消滅精絕國，原因有以下幾點：

首先，兩個國家離得很近。精絕國在于闐以東，當年斯坦因就是在和闐考察探險，來到尼雅休養，整理遊記，碰巧遇到線索發現尼雅遺址，可見當年于闐和精絕國相距不是很遠。女兒國就在于闐的南邊，與于闐接壤。從地理位置上看，女兒國對精絕國的騷擾和侵犯是有可能的。

其次，女兒國相對精絕國國力強盛。當時精絕國的面積很小，只有一個城郭和周圍的鄉村部落，精絕國的國王也就相當於一個市長。女兒國的領土範圍在鼎盛時期北接于闐、東北鄰青海通天河、西至天竺、東與吐蕃接壤，是一個大國。歷史上精絕國人口最多的記載是居民480戶，人口3,300多人，士兵500人。女兒國人口最多的記載有上萬戶，居民70,000多人。女兒國有大量的青壯男子可以作戰，他們個個野蠻威猛。除此之外，還有大量的戰俘可以用來作戰。

最後，當時精絕國已經處在封建社會階段，有完整的社會體制，國王擁有土地、水源，並可以支配它們。女兒國還處在奴隸社會後期，儼然是母系氏族公社，民風原始、野蠻，他們無論男女都長髮披肩，平時喜歡在臉上抹顏料。難怪尼雅人會覺得女兒國人野蠻可怕。

尼雅遺址中出土的木簡多次提到蘇毗人，稱他們野蠻、剽悍，威脅著尼雅人的安全。精絕國國王多次頒布命令，希望守城者注意防備。無奈實力差距太大，等敵人殺來之後，這裡的居民只有舉家搬遷，匆忙而逃。

現在精絕國和女兒國都不存在，只留下一些傳說。

吐谷渾古國：曾經媲美唐朝的草原王國

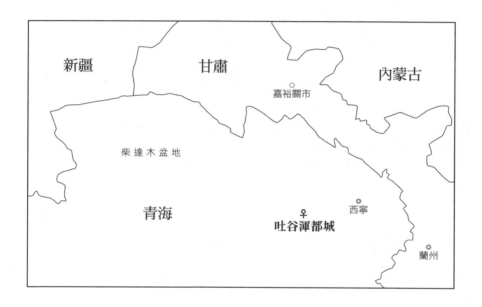

　　吐谷渾古國是中國古代西部的一個小國，起初吐谷渾只是一個人名，後來成為遼東鮮卑慕容部落的一個分支。西晉末年西遷後發展壯大，建立成獨立的國家。吐谷渾古國沒有自己的文字，使用漢文，與北魏、南朝均有密切的交往，在隋唐時期走向沒落，後來被吐蕃入侵，走向滅亡。

吐谷渾的創業史

吐谷渾是中國古代西北地方的一個民族名，在最初的時候它僅僅是一個人名，是遼東鮮卑慕容氏單于涉歸庶出的長子。因嫡庶尊卑，他沒有繼承權，在父親慕容涉歸死後，他同父異母的弟弟——嫡出次子慕容廆繼為單于。兄弟二人感情原本很好，但是慕容廆受到別人的挑唆，兩人的關係漸次疏遠，後來因為牧畜之間爭奪食物而發生爭鬥。

慕容廆派人質責吐谷渾，吐谷渾欲離開的時候，慕容廆考慮到需要保存實力，又派人挽留吐谷渾。但是那個時候的吐谷渾去意已決，最終帶領他的1700戶部族西遷，到了陰山一帶，見水草豐美就定居在此。隨著人口的遞增，吐谷渾的隊伍不斷壯大。

西元317年，72歲的吐谷渾走完他艱難的一生，他的長子吐延繼位。吐延身材魁梧，勇猛異常，好戰善戰。他在位13年，不斷地開疆拓土，把自己的部落勢力範圍擴大到現在的四川西北、青海和甘肅南部。後來昂城（今阿壩）羌酋人刺殺吐延，他在臨死前囑咐兒子葉延保衛白蘭（今青海巴隆河流域布蘭山一帶）以鞏固其統治。葉延在沙州（今青海省貴南縣穆克灘一帶）建立慕克川總部，設置司馬、長史等官，以祖父吐谷渾為其族名。從此，吐谷渾由人名轉為姓氏和族名。

西元329年，吐谷渾國建立，並把活動中心從甘肅轉到青海。葉延死後傳子辟奚。辟奚傳子視連，通聘於西秦，被西秦封為白蘭王。視連傳弟視羆，西秦封他為沙州牧、白蘭王。視羆傳弟烏紇提，後敗於西秦，求保持於南涼。烏紇提傳位於視羆之子樹洛干，勢力復振，率部落數千家奔慕賀川，自稱大單于、吐谷渾王。後敗於西秦，被西秦封為平狄將軍、赤水都護。

從吐谷渾到樹洛干，經過6代人、8次傳位，在這段期間領導者都具有雄才偉略，並且注重招賢納士，尤其是士人、司馬、博士等官職，都任用儒生。那個時期正是十六國國割據混亂的時候，吐谷渾部落得據甘、青間，實

控東至洮河、龍固（今四川省松潘），西達赤水、白蘭，北界黃河，南至大積石山，北鄰南涼，東為西秦。

西元420年左右，樹洛干傳弟阿豺，兼併氐羌數千里，居澆河（青海省貴德縣），處諸羌中，號為強部，曾經登上西傾山，尋找江源，以求至長江下游的通路，派使至建康，通貢於劉宋，被劉宋封為沙州刺史、澆河公。阿豺傳弟慕瑰，宋封為隴西公、隴西王。慕瑰曾經擒獲與北魏為敵的赫連定，送至北魏，魏封慕瑰為西秦王，占有金城、隴西等郡。慕瑰傳弟慕利延。這個時候的吐谷渾部土地廣袤，除了總部在沙州以外，還有4座大城，分別在清水川、赤水、澆河、吐屈真川等地。慕利延傳位於樹洛干子拾寅，始邑於伏羅川，總部西移。拾寅受宋封為河南王，又受魏封為西平王。拾寅傳子度易侯。度易侯傳子伏連籌。伏連籌傳子誇呂，居伏俟城，始稱可汗。

吐谷渾古國的滅亡

在吐谷渾正式建國後的最初100年間，經過樹洛干、阿豺等幾代國君的努力開拓和苦心經營，逐步發展成為西部地區的一個小強國。吐谷渾政權一直延續350年。這個富有生命力的古國為什麼會走向滅亡？史學家根據史書的記載推測吐谷渾古國的滅亡要歸咎於它與強大的唐朝作對。

早在隋朝前後，吐谷渾國就與周邊國家、中原王朝建立一種非常微妙的關係：一方面，為了求得自身生存和發展的空間，在四周強鄰環伺的情況下，整體上採取與其他強國和平交往的政策，不斷地接受各個強國的各種封賜，同時長期向他們朝貢。可是另一方面，吐谷渾國又不斷騷擾一些國家的邊境，掠奪人民和牛羊。即使在與強大的唐朝「友好」的同時，也經常在其邊境做一些侵擾的小動作。

西元609年，被騷擾得不耐煩的隋朝開始以征服吐谷渾國為目的的「西巡」。隋軍大敗吐谷渾人，並且將今青海大部分地區劃歸到隋朝的版圖內。只是當時沒有將吐谷渾人趕盡殺絕。隋朝末年，吐谷渾人捲土重來，重新收

回失地，吐谷渾國也由此復興。經過數十年的強盛時期後，吐谷渾開始走向它的暮年。

到了唐朝，吐谷渾人依舊不改舊習，與唐朝之間也上演不斷通好、頻頻騷擾的鬧劇：一方面吐谷渾國不斷向唐朝遣使，雙方交往密切，並設立互市；另一方面，吐谷渾國又乘唐朝忙於鞏固政權之機，頻繁地騷擾唐朝的西部邊境，阻礙唐朝從河西入西域的交通。

到了唐太宗李世民時期，唐朝已經非常強大，但吐谷渾國並不收斂自己的行為。李世民先後派人與吐谷渾可汗伏允交涉10次，希望可以和平解決這個問題。但固執昏庸的伏允始終不悔改。這個極不明智的做法激怒李世民，於西元634年封李靖為西海道行軍大總管，率領10萬唐軍兵分三路直指吐谷渾國。

面對唐朝的10萬大軍。吐谷渾人早已嚇破膽，四處逃竄，結果唐軍一路窮追不捨，不到半年時間，唐朝就取得全面勝利。但寬厚的唐太宗李世民並沒有滅掉吐谷渾國，而是使用下詔讓吐谷渾復國的方法收買人心。在唐朝的幫助下，封慕容順為西平郡王。但慕容順不為國人擁戴，不久就在內亂中喪命，他的兒子燕王諾曷鉢繼位。唐太宗從大局出發，為了保持邊境和平又把皇室女兒弘化公主嫁給諾曷鉢，賜予諾曷鉢「河源郡王」、「烏地也拔勒豆可汗」的封號。此後，吐谷渾國正式成為唐朝的屬國。照理說，吐谷渾國從此能有一段和平安寧的好日子，然而誰也不曾想到，亡國的命運很快又落在吐谷渾人的身上。

西元663年，唐高宗在位期間，吐蕃發動大規模進攻吐谷渾國的戰爭，親吐蕃的吐谷渾國大臣素和貴逃往吐蕃，將吐谷渾國的虛實及兵力部署情況全盤告訴吐蕃王。結果吐蕃大軍順利攻入吐谷渾國，在黃河邊上，兩軍交鋒，吐蕃人擊潰吐谷渾大軍，存續350年的吐谷渾政權就此煙消雲散。

西夏古國：一個盛名猶在的王朝

　　西元1038～1227年，在中國西部興起一個西夏王朝。該王朝的締造者党項羌原本是游牧民族，原本居於黃河河曲一帶，是羌族中的一支，北朝末年逐漸強盛，最終建立西夏國。西夏國曾經先與北宋、遼抗衡，後來與南宋、金鼎立。最後在連年的戰爭中被銳不可當的蒙古鐵騎消滅。傳說在與西夏的戰鬥中，成吉思汗四次親征，卻在西夏國門前遇到前所未有的頑強抵抗，成吉思汗也因為中了党項人的毒箭而斃命。西夏國最終因為彈盡糧絕投降，蒙古軍隊血洗西夏國，將西夏國的宮殿、史冊付之一炬。

躍馬賀蘭山

西夏是中國歷史上由党項人（西元1038～1227年）在中國西部建立的一個政權。唐朝中和元年（西元881年），拓跋思恭占據夏州（今陝北地區的橫山縣），封定難節度使、夏國公，世代割據相襲。

西元1038年，李元昊建國時就以夏為國號，稱「大夏」。又因為其在西方，所以在宋朝時期被稱作「西夏」。

在西元1032年，李元昊在父親李德明死後繼承夏國公位，並開始積極準備脫離大宋。他首先棄李姓，自稱鬼名氏。第二年以避父諱為名改宋明道年號為顯道。開始西夏自己的年號。在其後幾年內，他建宮殿，立文武班，規定官民服侍，定兵制，立軍名，創造自己的民族文字（西夏文）。

西元1036年，李元昊擊敗河西的回鶻，把勢力一直擴大到敦煌一帶。此時，西夏領土「東盡黃河，西界玉門，南接蕭關，北控大漠，方圓萬餘里，倚賀蘭山以為固」，雄踞塞上。1038年10月11日，李元昊在興慶府南郊祭壇高築，在眾大臣的擁戴下，正式登上皇帝的寶座，建國號大夏。

西夏建都以後，在國都興慶府城內大興土木，擴建宮城，廣營殿宇。興慶府的布局，仿照唐都長安、宋都東京，而且西夏的政治制度受宋朝的影響很大，官制的設置基本上模仿北宋。為了確保對內的統治以及對外的防禦，西夏建立全民皆兵的軍事制度，平時不脫離生產，戰時參加戰鬥。

在政治與軍事以外，李元昊十分注重引進漢族的農業生產技術。學習漢族先進的農業生產技術，開始發展種植業，農業經濟得到迅速發展。到西夏建國時，農業已經成為西夏社會經濟的主要部門。在發展農業的同時，西夏統治者也比較重視畜牧業生產。由於農業和牧業的發展，社會生產力迅速提高。西夏的手工業生產和商業貿易也隨之迅速發展起來。

因為西夏國全民皆兵的軍事制度，所以西夏人民個個驍勇善戰，即使在金國滅掉遼和北宋後，鑑於西夏的軍事實力，金國也輕易不敢向其發動進

攻。西夏在全盛時期，疆域十分廣大，東臨黃河，西至玉門關，南接蕭關，北抵大漠。但是李元昊在其統治的晚期，也像歷史上的許多君王一樣，陶醉於自己的赫赫戰功，終日不理朝政，縱情聲色，最後被親生太子刺死，年僅46歲。

李元昊死後西夏國王多次易位，直到西元1139年西夏第五代國王李孝仁即位，才把西夏的繁榮推向歷史的高潮。但是他重文輕武、務虛廢實的策略，為西夏國埋下隱患，其後不久，西夏國開始走向衰落，西元1227年被蒙古國滅亡。

拔劍震中原

西夏國除了經濟、農業、文字有所發展以外，冶煉技術也是相當精湛的。被譽為西夏百科全書的《聖立義海》中有這樣的記載：巴陵峰「黑山鬱鬱溪谷長，一生諸樹種，熔石煉鐵，民庶製」，「獸選寶山，諸樹稍長，盡皆伐。熔石煉鐵，民亦製器」。西夏的《天盛改舊新定律令》中對冶煉和鍛造金、銀、銅、鐵時的損耗有明確規定，這些規定一方面反映西夏金屬礦產的稀少；另一方面反映出西夏工匠已掌握較高的金屬冶煉鑄造技術和工藝。

西夏國的鑄造器械中，鋒利的西夏劍是非常有代表性的。西夏劍達到吹毛可斷的地步，其鋒利可見一斑，在宋朝時與蜀錦、定瓷、浙漆並稱為天下第一。

除了高超的鑄劍水準，西夏國其他兵器的製作也是十分精良的。史書記載，西夏甲冑「皆冷鍛而成，堅滑光瑩，非勁弩可入」。西夏的陵墓中出土的甲冑殘片製作精細，薄厚均勻，孔眼劃一，有些外表有鎏金。西夏國的神臂弓「以麋為身，檀為銷，鐵為槍鐙，銅為機，麻索繫棐絲為弦」，三百步外，能射穿很厚的物品，殺傷力很高。

為什麼西夏國的冶煉技術如此之高？這和它的民族特性是分不開的。党項族是一個馬背上的民族，並且在建國後實行全民皆兵的政策，在其發展過

程中又不時地與周邊的國家發生戰爭，所以精良的武器裝備對於西夏國顯得尤為重要。

精良的武器裝備只是西夏國高超冶煉技術的一個縮影，西夏建國後，其農業發展越來越受到人們的重視，農業生產工具的使用也促進西夏國冶煉技術的發展。

西夏國人民除了鑄造兵器和農具，金銀器製品的鑄造工藝也是十分傑出。但是那些超高水準的金銀器皿並不是一般人都可以使用的。這也證明西夏統治者極力仿效漢族最高統治者，力求抬高自己的威望，也呈現出當時西夏國等級森嚴的制度。

此外，西夏國的煉銅和銅器製造技術也相當先進。

手工業生產可以反映一個國家的經濟水準，而經濟水準更是直接決定一個國家的強盛程度。從冶煉和鍛造水準上，就可以看出當時西夏國的強盛。

被蒙古鐵騎顛覆的西夏帝國

西夏國是被蒙古鐵騎顛覆的。從西元1038年建國到西元1227年滅亡，前後190年的時間，西夏國經歷近百年的繁榮發展。西元1193年，第五代君主仁宗李仁孝去世，西夏國也開始走向由盛轉衰的下坡路。

仁宗李仁孝去世時，正值蒙古族興起並且日益強大的時期。成吉思汗統一蒙古各部落後，開始向外擴展自己的版圖，而西夏國似乎正好首當其衝。當時的西夏國已經經歷多年富足安康的生活，統治階級開始貪圖安逸，日益腐敗墮落，再加上重文輕武，西夏王朝開始由盛轉衰。仁宗的死給成吉思汗提供攻打西夏國的契機。西元1205年，西夏國與蒙古發生第一次正面衝突，從此兩國戰爭不斷。來自蒙古的嚴重威脅和大肆侵略也加速西夏國由盛轉衰的歷史過程。

在一次交戰中，成吉思汗受傷致死，這激起蒙古人極大的報仇欲望，勝利的天平開始向蒙古一邊傾斜。

蒙古大軍以勢不可當的氣勢殺進西夏國，西夏末帝李睍僅僅支撐一年，就投降蒙古。蒙古軍隨後就進行大肆的復仇行動，他們踏平西夏都城，將興慶府（今銀川市）附近的西夏王陵全部燒毀。這次浩劫使西夏文明中的建築、文字及一切都慘遭毀壞，西夏遂被滅絕。當時西夏人絕大部分被屠殺，餘下的則四散奔逃。至明朝時期，流轉中原的党項人已與漢族融合，有些則到西藏等地與當地民族融合，於是党項族很快消失於史冊，西夏國也從此徹底地從歷史中消失。

西夏王國的出現，是中國古代歷史發展中的重大事件。這個時期，西夏國與北宋、遼、南宋、金朝並立長達近兩個世紀。在那個時代，西夏人創造輝煌燦爛的民族文化，對於西北地方的開發，曾經有積極的作用。但是，在中國五千餘年的歷史中，西夏國的歷史卻一直沒有清晰，專家推測主要原因有以下幾點：

一、**西夏國未得到同時期中原大國的認可**。由於當時對峙的三國（宋、遼、金）均不承認西夏國的獨立地位，因此未單修《西夏史》，致使西夏國的歷史地位未得到公正的確認，西夏國各族人民創造的文明成果也被掩埋。

二、**史學家的治史理念使西夏國歷史被漠視**。西夏國作為遼、宋、金的藩屬國地位，不合封建史家的正統觀念，處於西北邊陲，又是一個少數民族建立的政權，不管地域多大、歷史多久，都被史學家有意忽略和漠視。此外，蒙古統治者仇視倔強不順的西夏國，必「亡其國並亡其史」，這也是西夏國歷史失傳的一個原因。

三、**西夏國官吏不重修史**。設立史官，記錄國家大政和帝王言行，是一種由來已久的制度和傳統。但從史料上看，西夏國沒有史官。沒有專職記錄國家大政和帝王言行的史官，這也是西夏國歷史模糊的一個重要原因。

四、**主體民族滅亡和文字消失也是重要原因**。西夏國滅亡後，西夏文也逐漸消失，以西夏文為「國字」的西夏國歷史隨著文字的消失也消失了。

唯有美酒傳天下

党項族是中國西北地方一支古老的少數民族部落，他們世世代代生活在廣闊的青藏高原上，特殊的地理位置造就他們豪爽的性格，也讓他們與酒結下不解之緣。在內遷之前，他們主要以游牧為主，還沒有農業，雖然「不知稼穡，土無五穀」，就已經「求大麥於他界，醞以為酒」（《舊唐書·党項羌傳》），這是中國北方有麥酒的最初記載。

酒在西夏人的生活中是必不可少的，《宋史·夏國傳》說李元昊「每舉兵，必率部長與獵，有獲，則下馬環坐飲，割鮮而食，各問所見，擇取其長。」党項族對酒如此鍾愛，與他們的生存環境有關。長年生活在地廣人稀的高寒地帶，他們都喜歡飲酒來驅除寂寞、抗拒嚴寒。此外，他們豪爽的性格也造就好酒的天性。

隨著西夏的建國，農業開始有較快的發展，農產品的種類和產量都有顯著增加，這為釀酒業提供更多的原料，傳統的釀酒業也呈現出前所未有的生機。同時，隨著對外交流的擴大，党項族開始接受中原地區及其他民族的釀酒工藝。這些都使得党項族的釀酒技術大大進步，酒類的品種也開始多了起來。據史料記載，西夏國酒類的品種有黃酒、葡萄酒、馬奶酒和麥酒、口酒、燒酒。

隨著釀酒工藝的改進，西夏國的釀酒生產逐漸成為一個行業。到西夏國第五代皇帝仁宗李仁孝天盛年間，西夏國出現空前的鼎盛時期，富足的經濟和繁榮的文化也促進酒業的發展。統治者為了保證西夏國特殊的釀造技藝不致外傳，宮廷、宗室可以千年獨享甘冽清醇、芳香沁人的皇宮貢酒，官府仿照中原制度，在國內設置「酒務」機構，指派專人負責日常事務，並以法律的形式，相應地制訂酒政與酒法，管理釀酒作坊，發展釀造業。

有酒自然就會有酒文化，西夏國的釀酒業如此興盛，酒文化也必然十分繁榮。西夏人所釀之酒都是上品，北宋詩人陸游在〈秋波媚〉中稱讚西夏美酒「憑高酹酒，此興悠哉」。西夏人愛酒，其境內的酒樓酒店廣為分布，都

城興慶府更是酒色上醞、酒具精良，成為都城的一大特色。

西夏人愛飲酒，西夏的達官貴族更是無酒不歡，他們甚至還有邊飲酒邊談論國事的習慣。據《西夏書事》記載，李元昊謀攻鄜延，「悉會諸族酋豪於賀蘭山坡與之盟，各刺臂血和酒，置髑髏中共飲之」。也就是說，李元昊在採取重大的軍事活動之前都要把那些重要人物聚集在一起，飲用摻和人血的酒，以示決心。

酒不僅是西夏人民喜愛的飲品，還在戰爭年代扮演「隱形武器」的角色。西夏人利用西部游牧民族「嗜酒」的特點，釀製美酒引誘他們背叛宋、遼，投奔西夏國。戰士們立功以後，朝廷也往往用美酒來犒賞。可見飲酒對於西夏人來說不僅是一種物質享受，而且在維繫部落間的團結和發揚尚武精神上有其他物品難以取代的作用。

車師古國：飽受戰亂的國度

　　西域古國車師，是一個充滿浪漫情調的地方。它位於天門山腳下，據守車師古道，曾經是一個關係到西域交通順暢與否的國度，是一個因為地理位置重要而屢遭戰亂的國度，在它興盛與衰亡的背後，驚心動魄的歷史細節至今吸引人們關注的目光。

生存在漢匈夾縫中

車師是一個古老的民族，原名「姑師」，司馬遷的《史記‧大宛列傳》中第一次提到這個名字。姑師人在戰國時期就進入階級社會，其活動遍布新疆東部地區。漢武帝元封三年（西元前108年），漢武帝派趙破奴將軍和中郎將王恢率兵擊破姑師，改其國名為車師，分為車師前後王國及山北六國。車師國是匈奴進入西域的門戶，又地處由玉門關沿絲路中段北道進入西域的交通要道，因此成為匈奴和漢朝必爭之地，這也註定在兩個大國的夾縫中生存的車師國飽受戰亂的命運。

車師的國都在交河，今新疆吐魯番西郊10公里的雅爾乃孜溝村的兩河床之中。東南通往敦煌，向南通往樓蘭、鄯善，向西通往焉耆，西北通往烏孫，東北通往匈奴，是絲綢之路上的重要商站。這樣特殊的地理位置不僅對匈奴控制西域尤為重要，而且對西漢防禦匈奴也是至關重要的，因此漢匈之間經常在車師國展開爭奪。

為了在強國的夾縫中求得生存，車師國不得不扮演「反覆小人」的角色。僅在西漢，它就曾經數度歸漢又背漢。西元74年，竇固率兵進擊車師國，大破匈奴，車師國重新依附東漢王朝。不料，第二年匈奴又以兩萬騎兵大舉進攻車師國，無奈的車師人再次背漢，與匈奴組成聯軍攻擊漢軍，致使漢軍幾乎全軍覆沒。第三年，東漢再派7,000餘人進擊車師國，在交河城的戰鬥中大敗匈奴，車師國又再次依附漢朝。

三年之內三場大戰，歷史津津有味地記載著漢朝與匈奴的強弱對比、戰爭得失，鄙薄著車師人的朝秦暮楚，卻一筆也沒有提到真正火線上的車師人的呻吟，反而是七百年後的唐朝詩人看到了。

戰火連綿話車師

漢朝與匈奴的對抗一直持續數百年。這是一段悲壯的歷史，當時無人知

道這場戰爭的時間到底有多長。在這個過程中，周圍的小國如車師，幾乎都不可避免地捲入曠日持久的戰爭之中。

從漢武帝到漢宣帝這段時期內，匈奴和漢朝在這裡進行長期的激烈爭奪，史稱「五爭車師」。

元封三年（西元前108年），漢武帝派趙破奴將軍率領匈奴屬國兵馬，首次攻破樓蘭、姑師，將姑師國改名車師國。自此車師國歸屬漢朝，漢朝控制西域門戶車師、樓蘭二國，威震西域，有力地保障絲綢之路的暢通，也從此拉開車師爭奪戰的序幕。漢朝撤軍後，匈奴迅速捲土重來，並派兵占領車師國。

漢宣帝即位後於本始二年（西元前72年）聯合烏孫出動二十萬大軍，大敗匈奴，致使匈奴大傷元氣，進而又派常惠將軍趁犒勞烏孫之機，率領西域各國五萬兵馬，降服龜茲國，從此進入經營西域的戰略轉折。地節二年（西元前68年），乘匈奴衰弱，單于更迭之際，漢宣帝派侍郎鄭吉、屯田校尉司馬熹率領屯田部隊和西域各國兵馬，在秋收前後接連出師攻占車師前後王國，將車師王拉回漢朝的懷抱，由此再次拉開車師爭奪戰的序幕。

地節三年（西元前67年），匈奴與漢朝激烈爭奪車師國。車師王烏貴逃亡烏孫避難。漢朝將烏貴家眷連同國民遷移，安置在渠犁國一帶。匈奴將車師王烏貴的堂弟兜莫立為車師新王，擄掠部分車師民眾東遷，從此車師國分裂為車師前、後國，車師國也成為漢朝與匈奴屯田征戰的主戰場。

往復不斷的戰爭給車師人民帶來深重的災難，也使得這個小國在文化藝術方面沒有發展，日常生活遭到嚴重的破壞。人們往往對車師國的反覆無常嗤之以鼻，卻忽略在夾縫中苟且偷生的悲慘命運。

車師國都城——交河

交河故城，位於吐魯番市西郊10公里的雅爾乃孜溝村的兩河床之間，當地人稱為「雅爾和圖」，意為「崖兒城」。因為兩條河水繞城在城南交匯，

故得名交河。《漢書‧西域傳》中記載：「車師前國，王治交河，河水分流而下，故稱交河。」這顯示交河故城就是戰國時期一個被稱為車師的民族的「國都」。交河是車師前國國王的治地，是西域三十六國之一，是車師前國政治、經濟、軍事和文化的中心。西域最高軍政機構——安西都護府最早就設在這裡。

交河故城是車師人在約兩千年以前開建的，故城由廟宇、官署、車師國塔群、民居和作坊等建築組成。這座古城幾乎全是從天然生土中挖掘而成的，最高建築物有三層樓高。由於乾旱少雨，經歷數千年後依然保存著。

整個交河故城形同一艘朝向東南行駛的大船，又像一片隨風飄落的柳葉。城中有一座面積約5,000平方公尺的大寺院，在它的東面和南面是居民區和官署區，西面和北面為小寺院和墓葬區。城中多數建築是在原生土中掏挖成牆、成室，街巷也都是這樣挖出來的。城內有大大小小的寺院50多個，可見當時佛教極為盛行。已查出的古井有300多口，井深一般為40公尺。作為防禦性的小城，所有的建築沿街都不開設門窗，只有繞進小巷，才能進入房屋。

交河故城是一個奇妙的、向下發展的城市。整座城市都是從高聳的生土台地表面向下挖出來的，最深的有現在的三層樓高。這種建築方式被稱為「減地留牆」，中國僅此一家，國際上也罕見其例。交河故城氣勢恢宏，凌峻險絕，是迄今世界上最大最古老而且保存最完整的生土建築城市。正因為如此，自19世紀以來，它的神祕傳奇，吸引大批國內外探險家和考古學家紛至沓來探險尋寶和考古揭祕。

13世紀後期，交河故城屢受戰亂禍害，破壞嚴重，到明朝永樂年間已經完全廢棄。交河故城是中國最熱的地方，最高氣溫達49℃；也是中國最乾燥的地方之一，年降水量不足40公釐，蒸發量卻高達3,000公釐。這裡絕對不是人類宜居之處，也許正是這種乾燥而惡劣的環境，才讓一座1,300年以前的古城保存下來。

大宛古國：汗血寶馬的故鄉

提到汗血寶馬，很多人都不會陌生，但是說到汗血馬的故鄉，也許就有很多人不知道。這種寶貴的馬產自西域三十六國的大宛國。當張騫出使西域歸來的時候，中原人第一次知道有一種出汗如滴血的寶馬，也開始關注這個出產如此良駒的國家。後來因為汗血寶馬，漢朝不惜與大宛國兵戎相見，如此看來此馬真是非比尋常啊！

張騫的發現

大宛國是位於絲綢之路上的一個國家，也是西漢時期西域三十六小國之一。大宛國位於帕米爾西麓、天山腳下的高原盆地，山清水秀，農業發達，溝渠成網，河道交錯，是一個很適合人類繁衍生息的地方。又因為絲綢之路經過於此，所以大宛國在當時的東西交通上占有相當重要的位置。

關於大宛國的記載，最早出現在漢武帝時期：在西元前129～前128年，張騫奉漢武帝之命出使西域，想要聯絡大月氏攻打匈奴，但是被匈奴抓獲並扣押十年。後來匈奴對張騫的看管逐漸放鬆，才使他有機會逃出來，向西走了十幾天，到了大宛國境內。

大宛國的君臣早就聽說漢朝物產豐富、強大富饒，原本想和漢朝有所來往，但因相隔萬里而未成功。如今聽到有漢使到訪，非常高興。於是大宛王熱情地接待張騫，並問他去往何處。張騫說：「我為漢朝出使月氏，卻被匈奴攔住去路。如今逃出匈奴，希望大王派人引導護送我去月氏。如果真的可以到達月氏，我們返回漢朝，漢朝贈送給大王的財物是用言語說不盡的。」於是，張騫在大宛國受到很高的禮遇，他歸國後，對漢武帝詳細介紹大宛國。

張騫從西域回來以後，漢朝的人們才知道在西域還有一個小國家。它在漢朝的正西，在匈奴的西南，離漢朝有一萬里之遙。大小屬邑有七十多個，人口有幾十萬，國家雖不如漢富足，但士兵們個個英勇善戰，尤其是善用弓和矛等兵器。當地的風俗是定居一處，耕種田地，種稻子和麥子，出產葡萄酒……如果僅僅是這些，根本不會引起漢武帝對這個小國的重視，然而，歷史卻戲劇性地讓兩個沒有利害關係的國家兵戎相見，導致這種局面的根源是大宛特有的良駒——汗血寶馬。

張騫在介紹大宛國的時候特地介紹當地特產的寶馬——汗血寶馬。此馬出汗帶血，能日行千里，有傳說聲稱大宛的馬是天馬的後代。這個消息讓漢

武帝為之一振，作為一國之君，擁有寶馬良駒是威武的象徵。當他聽了張騫對大宛寶馬的描述後，非常想得到一匹這樣的馬。

但是當時的漢朝還不夠強大，還受到匈奴的騷擾和威脅，因而漢武帝沒有立即派人去大宛國，直到後來國富民強，兵力充足，打敗匈奴之後，漢武帝就將獲得汗血寶馬的要求提出來。大宛馬究竟有何神奇之處？漢武帝最終是否如願以償得到這種寶馬？在獲得這種神奇寶馬的過程中，漢朝與大宛國又發生什麼事情？

汗血寶馬

漢武帝在得到大宛國的汗血寶馬之後，作一首〈西極天馬歌〉：「天馬來兮從西極，經萬里兮歸有德。承靈威兮降外國，涉流沙兮四夷服。」由此可見漢武帝對大宛馬喜歡至極。也正是由於有這樣的寶馬，大宛國才會如此出名。

據史料記載，這種馬體形飽滿、頭細頸高、四肢修長、皮薄毛細、輕快靈活，其步伐輕靈優雅，體形纖細優美，再襯以彎曲高昂的頸部，完美的身形曲線，有「天馬之子」的美譽。據說，大宛馬在高速疾跑後，肩膀位置會慢慢鼓起，並流出像鮮血一樣的汗水。因此，大宛馬又有一個更為響亮的名字——汗血寶馬。

馬，一直都是忠誠和剛烈的象徵。這種有靈性的動物更是征戰沙場的男兒們建功立業的好搭檔，中原人雖然不是游牧民族，但是同樣重視戰馬的品質，同樣以寶馬良駒為榮耀。尤其是在冷兵器時代，這種汗血馬反應迅速、奔跑快捷、耐力好，非常適合做軍馬用。

在游牧民族的征戰中，這種馬更是發揮重大作用。早在漢初白登之戰時，漢高祖劉邦率30萬大軍被匈奴騎兵所困，凶悍勇猛的匈奴騎兵給漢高祖留下極深的印象。當時，汗血寶馬正是匈奴騎兵的重要坐騎。因此，世人對於汗血寶馬的偏愛可想而知，就連帝王也視其如珍寶。

關於汗血馬名字的由來，自古都是眾說紛紜。有些說是汗血馬生活在西域地區，皮下有當地特有的一種寄生蟲，全力奔行時會導致毛細血管輕微出血。還有一種說法是漢武帝向大宛國索要汗血馬未果，大怒，就派兵攻打大宛國，大勝後帶回寶馬3,000匹。李廣利護送大宛馬回長安的時候，有人問：「如果皇上問及馬名，如何作答？」一位將軍說：「這些馬是我大漢士兵的汗血換來的，就叫汗血馬吧！」於是「汗血馬」的名字誕生了。

兩種說法各有道理，究竟哪種是史實現在已經無從考證。

因馬而起的戰爭

一開始，漢武帝打算從大宛國購買汗血馬。西元前110年，漢武帝委派韓不害率百餘人的使團帶著千金和金馬，去請求大宛王交換貳師城的好馬。得到漢朝使臣到來的消息，大宛國王毋寡不敢怠慢，立即在王宮內擺宴接見。韓不害首先獻上帶來的珍貴禮物，頓時，那匹用純金做成的精緻駿馬模型散發出奪目的光芒。

大宛王對於漢朝的禮物自然十分心動，但是他從軍事方面考慮，最終拒絕漢使的買馬請求。僅僅是拒絕也不會招致戰爭，貪婪的大宛王既不想賣寶馬，又想獲得漢朝的禮物，他將財寶強行扣留，然後把使者趕走，後來又派刺客刺殺漢使。這個消息傳到漢朝，漢武帝大為震怒，才有後來的汗血馬之戰。

漢朝第一次出兵大宛國，任命李廣利為貳師將軍，發兵數萬，向大宛國進軍。因為所路過的小國不肯提供糧草，以至於漢軍在進軍的路上就損失慘重。這一次無法攻下大宛國，李廣利不敢回朝，在敦煌待命。

漢武帝後增兵十萬，第二次攻打大宛國。這一次所到之處各小國畏懼強大的漢朝，都紛紛拿出食物供應漢軍。漢軍輕鬆地攻到大宛國，大宛人雖然奮力反抗，但是漢軍將大宛的都城層層圍住，還切斷城裡唯一的水源，城內的官員最終殺死大宛國王毋寡，向漢軍投降，並贈予漢軍3,000匹汗血寶馬，

這就是著名的「汗血馬之戰」。

　　此戰的勝利具有非常大的意義，使得漢朝重新威震四方，西域各國幾十年內都不敢妄動。有史書記載：班超出使西域時，只帶幾十個人就可以降伏一個國家，甚至漢朝的使節可以隨時廢立其國君，調動幾國軍隊攻打敵對國，沒有一個國家敢不遵從。

龜茲古國：「第二個敦煌莫高窟」

　　庫車，古稱「龜茲國」（古音似丘慈），是古代西域大國之一，擁有比莫高窟歷史更加久遠的石窟藝術，被現代石窟藝術家稱作「第二個敦煌莫高窟」。龜茲國的居民擅長音樂，龜茲樂舞發源於此。龜茲國是中國唐代安西四鎮之一，又稱丘慈、邱茲、丘茲，為古代西域出產鐵器之地，有名之國也。

綠洲明珠映今昔

龜茲古國地處西域的中心地帶，扼歷史上著名的「絲綢之路」的中段要衝，國都延城，即今天的庫車。但是歷史上的龜茲國，範圍要遠遠超過現今的庫車縣，統轄包括今天的庫車、輪台、沙雅、拜城、新和等地，實際上包括今天阿克蘇地區的絕大部分地區。在當時，它是西域一個十分重要的大國，更是「絲綢之路」的一個重鎮。

古代龜茲地區屬於典型的暖溫帶乾熱性氣候，降水稀少，但是其北部和西部均有巍峨的雪山，積雪融化後形成的河流穿過龜茲國境內，形成一片片綠洲，為龜茲國的農牧業生產提供良好的條件。《北史・西域列傳》中曾經記載：「龜茲國……又出細氈，饒銅、鐵、鉛、麞皮、氍毹、鐃沙、鹽綠、雌黃、胡粉、安息香、良馬、犎牛等。」《大唐西域記》中也記載：「屈支國……宜穈麥，有粳稻，出葡萄、石榴，多梨、奈、桃、杏。土產黃金、銅、鐵、鉛、錫。」由此可見，當時龜茲國農牧業的發展程度。

除此之外，龜茲國的鑄鐵技術、手工業也是值得一提的，其紡織、釀酒等行業長久以來就存在，並且日益發展，是西域各國中非常出名的一個產地，也是龜茲國對外貿易的重要內容。

今天的庫車已經建設成為南疆地區的一個西部大開發的樞紐重鎮，更是中國的一個聚寶盆。庫車在礦產資源上最豐富的是其巨大的油氣資源。庫車境內經科學探明的原油儲量占全盆地已探明儲量的50％以上，天然氣儲量占全盆地已探明儲量的66％以上，這樣的一個比例，突顯出庫車的重要地位。所以，庫車已經成為整個塔里木盆地天然氣和石油開發的中心「戰場」，牙哈、雅克拉、伊奇克里克以及東河塘等油氣田均位於庫車縣境內，而像英買力等幾個油田也都圍繞在庫車周邊，庫車成為現代「西氣東輸」的源頭所在地。這個聚寶盆到底蘊藏多大的能量，無人可以說得清楚，但是這個聚寶盆可以給這塊古老的土地帶來翻天覆的變化，則是人們所不敢小覷的。

坎坷千年夢中夢

龜茲國在西漢年間曾經受到凶悍的匈奴族的威脅，經過殘酷的戰爭最終臣服於匈奴，長達76年之久。

在漢昭帝元平元年（西元前74年）到漢宣帝本始二年（西元前72年）間，匈奴大舉進軍烏孫，但是被趕來的漢軍打敗，從此以後匈奴勢力衰落。此時，龜茲國感受到漢朝的實力強大，開始傾向於依附漢朝。最終，龜茲國王藉由與解憂公主的女兒弟史聯姻而構築與漢朝的關係，從此龜茲國與漢朝和睦友好。

但是由於西漢末年王莽新政的失策，造成西漢政局動盪，引起西域各勢力的叛亂。龜茲國在這次西域的戰亂中，遭遇第一次滅國的厄運。後來再次依靠匈奴的力量得以復國，並且在其軍事支持下，龜茲國成為絲綢之路上的霸權強國。東漢時期，剛登上王位的龜茲王尤利多欲攻打出使西域的班超，結果大敗，於西元91年向東漢請降。

隨著東漢的滅亡，中原地區開始三國兩晉南北朝的長期分裂局面。中原地區的政權變更，大大地影響邊疆地區的政局。這個時期的龜茲國在經歷幾個政權的交替之後，最終納入北涼政權的麾下。西元383年被前秦大將呂梁攻破龜茲，但很快又因為前秦大敗於東晉，使得西域再度陷入混亂。

北魏政權衰落以後，北方的柔然意欲稱雄西域。但是不久，突厥開始崛起，很快就以其特有的驍勇善戰而控制西域地區，後來隨著突厥內部的分裂，東西突厥各領其地，西域歸屬西突厥所領，從此西突厥嚴格控制西域地區，龜茲、焉耆等國均受其節制。

後來唐朝兩次西征，最終龜茲國徹底臣服於唐朝。但是「安史之亂」之後唐朝由盛而衰，這就使得後來興起的吐蕃國加劇對西域控制的野心，龜茲國的命運再一次受到威脅。

吐蕃國趁唐朝內亂搶占龜茲國，對其進行長達30年的統治，但是由於其統治鬆散，最終新興的回鶻國占領龜茲國，從此龜茲國走向回鶻化。西元

836年，點戛斯遣使節赴長安，向唐文宗入貢上書，請求發兵攻伐龐特勤，但是唐文宗沒有同意點戛斯的請求，而是默認高昌回鶻對龜茲國的占有。從此，龜茲國在對唐朝政府的朝貢中，稱呼不再沿襲龜茲國，而是稱「龜茲回鶻」或稱「獅子王」，也稱「大回鶻龜茲國」。這意味著龜茲古國自西元前2世紀左右立國到西元863年，走完近千年的路程，自此告別歷史舞台。

佛教高僧一瞥

佛教原生於印度，兩漢之際傳入中國，在佛教向東方傳播的過程中，扼絲綢之路的龜茲古國有非常重要的作用，它不僅僅是西域絲綢之路上的重鎮，更充當佛教傳入中原的極其重要的中轉站。龜茲古國的宗教，一開始是許多教派並行，但是隨著世事的動盪離亂，號召眾生忍苦向善以為來生之資的佛教教義愈加深入人心，平民大眾慢慢地都接受佛教，佛教勢力就從許多教派中日益崛起，最終成為龜茲國最主要的宗教，後來發展成為龜茲國教。

佛教在龜茲國的興盛，以及最終可以傳播到東土中原地區，其中最為重要的一個環節，就是翻譯成漢文的佛教經典以及弘法僧侶可以身體力行宣傳佛教教義。

龜茲古國人鳩摩羅什，是佛教經典翻譯史上著名的「四大譯經家」之一，他的譯經傳經事業，開創佛教經典翻譯的許多先河，為後世留下彌足珍貴的文化遺產，成為佛教入華史上的重要一筆。鳩摩羅什在佛經翻譯方面的天才成就，使他不久就具有很高的聲望，結果各國紛紛請他前去主持譯經工作。在北朝的時候，各國為了請到鳩摩羅什這位高僧，竟然不惜兵戎相見。後秦皇帝姚興於西元401年迎請鳩摩羅什入長安後，尊為國師，讓他主持譯經大業，鳩摩羅什的譯經事業，到此時開始走上安定之路，他最為輝煌的佛教譯經事業就是在後秦時期取得的，對中國佛教史和文化史均產生深遠的影響。

除了龜茲國本土的高僧之外，一些外來的高僧也對龜茲國的佛教發展做

出貢獻，其中就有我們耳熟能詳的唐玄奘。在貞觀年間，玄奘在長安弘揚佛法，令人讚歎不絕，譽滿京師。後為求得佛教原本經典，孤身一人赴天竺國求取真經。路過高昌國時受到禮待，繼續西行至龜茲國。龜茲國舉國相傳，各地僧侶紛紛前來聽玄奘講法弘道。因為大雪，玄奘滯留龜茲國60天，後復西去。

在龜茲國的佛教中還流傳一個關於「和尚喝酒得『勝法』」的故事。說的是高昌國的法惠和尚，為求取「勝法」來到龜茲國的金華寺拜見直月大師，但是大師卻讓他喝了一斗多的葡萄酒。酒醒之後的法惠懊悔不已，連連捶胸，甚至想死，可是就在生死一念之間，他頓悟了——「酒肉穿腸過，佛祖心中留」。後世的禪宗修行，也多有採用法惠這種方式的。法惠得道的小故事，似乎能讓我們從龜茲國鼎盛的佛教寺廟和香堂之中，在四周環繞的經咒之中，多少看到一些世俗的人情味。

龜茲國的佛教石窟藝術

龜茲國有輝煌的佛教事業，也使得佛教藝術得到巨大的發展。無論是在佛教繪畫、石窟雕刻還是佛像雕塑等藝術上都逐漸臻於成熟，而且對於中原地區的佛教藝術也產生非常深遠的影響。

龜茲石窟大概始建於西元3世紀後期，止於11世紀，石窟成群，多成「千佛洞」，尤其以克孜爾、克孜爾尕哈、森木塞姆、庫木吐拉這四大石窟群的藝術成就為最，這些石窟群東西綿延約100多公里，現存編號的石窟總數為445個，壁畫總面積大概2萬多平方公尺，成為一筆絕世珍貴的文化遺產。直到今天，我們仍舊可以到庫車縣去感受那龜茲古國的佛教石窟藝術所散發出來的空前絕後的感染力與震撼力。

位於今天新疆維吾爾自治區拜城縣的克孜爾石窟，是龜茲國佛教藝術造詣的典型代表，是蜚聲中外的著名古代藝術寶庫之一，被譽為「第二敦煌」，它以其佛教初傳中國和極具西域龜茲古風的特殊風格聞名於世，而且

又以其洞窟之多和壁畫之美與敦煌、雲岡、龍門石窟並稱為「中國四大石窟」。

克孜爾千佛洞既是龜茲古國人民勤勞智慧的結晶，更是龜茲石窟藝術的發祥地之一，它們所展現出來的石窟建築藝術、雕塑藝術以及壁畫藝術，在整個中亞和中東佛教藝術中都占有極其重要的位置，對這個地區佛教藝術的影響極為深遠，而且它們所展現出來的內容，成為今天我們去探求龜茲古國社會風貌的絕好的珍貴資料，被譽為是絲綢之路歷史的「百科全書」。

克孜爾石窟的洞窟可分為供養佛像、禮佛拜佛用的支提窟，僧侶靜修或講學用的精舍毗訶羅窟，僧侶日常生活起居用的寮房，埋葬骨灰用的羅漢窟，以及儲存糧食的倉庫洞窟等幾大種。這些不同類型和用途的洞窟有規律地修建在一起，組成許多單元，許多單元又組成整個千佛洞石窟群，可見當時的佛教活動已經擁有比較大的規模。

龜茲國的石窟藝術，可以說是達到很高的藝術水準。我們從克孜爾石窟、克孜爾尕哈石窟、庫木吐拉石窟、森木塞姆石窟、瑪扎伯哈石窟這些著名的石窟建築中間，頗能領略龜茲古國石窟建築藝術方面的鬼斧神工。龜茲石窟的形制，大致上可以分為以下幾種：支提窟、大像窟、講經窟、毗訶羅窟（即僧房窟）、禪窟、羅漢窟和倉庫窟。這些洞窟因為作用各不相同，所以它們的建築藝術也就各有特色。

在龜茲國石窟藝術中，最能展現其高超藝術成就的，就是總面積約1萬平方公尺絢麗多彩的內存壁畫。這些壁畫內容包括佛、菩薩、比丘、天龍八部、飛天、供養人像和佛教的本生故事畫、佛傳故事畫、因緣故事畫以及天宮伎樂圖、禮佛圖、說法圖、天象圖。它們都是按照一定的規律繪在中心石窟和方形窟的不同位置上，其中最具特色的是以一種粗略的山巒圖案劃分出來的許多菱形小格中的各種佛教故事畫。因此，克孜爾石窟的佛教藝術畫不是像敦煌那樣是連環的，而是每個小格中繪一個佛教故事的關鍵性畫面，這些格子排列得整齊有序，故事畫也繪製得有條不紊。

龜茲的壁畫藝術吸取印度佛教的繪畫技巧，並且融合自己民族的特色，在中國佛教繪畫藝術史上成就一個高峰，後世難望其項背。

霓裳仙曲：龜茲樂舞

提到龜茲古國，最讓人稱道的也許不是它的佛教藝術，而是它廣為人知的歌舞。《大唐西域記》中有關於這個「歌舞之邦」的記載，其評價為「管弦伎樂，特善諸國」，可見其當時的歌舞樂器水準在西域就已經技冠群雄，龜茲國的舞樂，不僅在西域地區傳播甚廣，而且傳到中原地區，頗受人民喜愛。龜茲國的琵琶等樂器也相繼傳入中原，對豐富中原地區的音樂歌舞有重要的作用。

龜茲古國不僅音樂美，舞蹈更稱得上是風情萬種，舞者在時而輕盈時而熱烈的舞步之中，散發著魅力，感染著觀眾，凡是目睹者無不站立靜觀，時而合拍起步，儼然已經醉在其中矣。歷史文獻對龜茲舞蹈的記載極少，但是它卻以另一種形式一直存在於我們的眼前，那就是壯美的龜茲石窟裡反映龜茲古國社會風俗的壁畫，這些壁畫既是佛教藝術的代表作品，又是繁盛的龜茲樂舞生活的真實寫照，為後世留下龜茲舞蹈的豐富形象。

隋唐時期，龜茲樂舞開始大行於中原，並且在中原地區演化成為一種包含音樂、舞蹈甚至戲劇在內的綜合藝術形式，在表演方式上又有一個新的突破。當時的龜茲舞，風靡大街小巷，而達官貴人們更是癡迷於此，歌舞昇平，龜茲樂陣陣，一時歌風大行，這種樂舞後來又輾轉傳到日本、朝鮮、越南等周邊國家，對這些國家的音樂發展產生重要的融合、推動作用。其中比較有名的就是「安史之亂」的始作俑者安祿山擅長的「胡旋舞」。

龜茲國的音樂和舞蹈一樣，都是龜茲古國留給後人的寶貴財富，妙如天籟的龜茲樂傳到中原以後，無論是在曲調上，還是在節奏上，或是在樂器上，幾乎可以說引起一場重大變革，它對於整個中國音樂史發展的影響，可謂是至深至遠。龜茲樂的樂曲簡單說來主要包括歌曲、解曲和舞曲三種，但

是由於缺少可資利用的文獻記載，所以龜茲樂曲的內部曲式結構還不明瞭。

龜茲樂的婉轉清脆抑或熱烈奔放的感情表達，有賴於龜茲樂器的得天獨厚。龜茲樂器有很多種，現在的典籍史書中的記載、龜茲和中原地區的石窟壁畫以及考古出土文物顯示，龜茲古國的樂器多種多樣，大概有30餘種。

龜茲古國的社會風俗一瞥

龜茲古國既有從古代傳承下來的風俗習慣，也有各個民族融合進龜茲之後形成的風俗，更有在和中原地區進行文化交流時所誕生的新鮮民俗，頗難理出一個頭緒。有關龜茲古國社會風俗的文字記載並不多，我們現在所能看到的龜茲古國的風俗民事，主要來自於漢文的典籍史書，但是這些記載也並非專門記載龜茲國的風俗習慣，只是在其宏大的敘事框架中偶爾提及而已，因此這些片段就變得非常零散。我們要很好地瞭解龜茲古國的社會風俗，就不能不從這些零散的記載中去尋找。

龜茲國的一些社會風俗有自己的特色，其中「產子以木壓首」和「剪法垂項，唯王不剪髮」是龜茲國最顯著的社會風俗，在曆法紀年和節氣節日方面和中原頗為相似。

《大唐西域記・屈支國傳》中曾經記載：「屈支國，……其俗，生子，以木押頭，欲其匾也。」這種習俗，看來在龜茲也是比較盛行的，龜茲人有小孩以後，就要例行給新生兒做一種類似整治顱形的「壓首」，方法是將孩子平放於床，用木板之類的硬物輕輕地擠壓腦殼，天長日久，使其顱骨逐漸變成扁形。這種風俗看起來似乎不可想像，甚至讓現在的人覺得有些「殘忍」，但是根據石窟壁畫等考古學資料來看，龜茲古國當時確實有這種風俗，而且是比較古老的一種習俗。不僅龜茲國如此，疏勒、姑墨、尉頭等龜茲的周邊國家也曾經流行過這種風俗。以此觀之，似乎整個塔里木盆地周圍，從很早的時候起就沿襲這種比較原始的「壓首」風俗。

除了「產子壓首」的風俗之外，龜茲古國的另一個風俗就是在髮飾上

流行一種「剪髮垂項」的習慣，但是與普通大眾「剪髮垂項」的習俗相反，龜茲國王則不剪髮。《隋書・龜茲》「其王頭繫彩帶，垂之於後，坐金獅子座」，可見龜茲國王的尊貴。

　　龜茲國在天文曆法和節日慶典等方面，幾乎全部中原化，這也是當時西域各國的趨勢，尤其是絲綢之路興起之後，交流日廣，天文曆算無所不包。根據有些學者據考古資料進行的悉心考證，龜茲古國最遲至西漢中期就已經基本上採用中原地區的曆法，而且龜茲古國的紀年方法，除了使用中原地區的皇帝年號之外，另有「龜茲王某某在位之某某年」的特色紀年法，並未喪失自己的本土化特徵。

　　由於龜茲古國採用和中原地區一樣的曆法，因此雙方在節日方面幾乎一樣。根據一些龜茲古國史研究專家們的仔細考證，認為龜茲古國在節日上也是以一些傳統的二十四節氣、人物祭奠、宗教活動劃分出來的。龜茲國的主要節日，主要有元日慶歲首、二月八日慶春分、三月三日慶播種、四月八日祝賀佛祖釋迦牟尼生日的「浴佛節」、五月五日慶祝彌勒佛生日、七月七日祭祀祖先、七月十五日僧侶們的「盂蘭盆會」盛會、九月九日的「床搬」節、十二月八日祝釋迦牟尼成佛節。

高昌古國：吐魯番不寂寞的古老王國

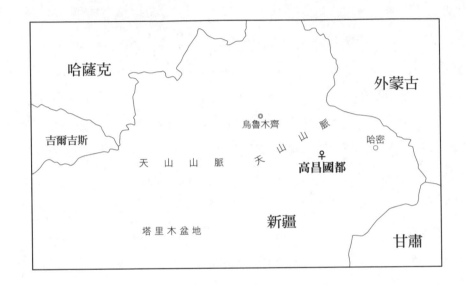

　　高昌（維吾爾語：Qara-hoja），漢族在西域建立的佛教國家，位於今新疆吐魯番東南之哈喇和卓（Karakhoja）地區，是古時西域的交通樞紐。地處天山南路的北道沿線，為東西交通往來的要衝，亦為古代新疆政治、經濟、文化的中心地之一。高昌歷史在《新唐書·高昌傳》中有比較詳細的記載。西元5世紀中葉至7世紀中葉，在這個狹窄的吐魯番盆地中，曾經先後出現四個獨立的王國，分別是闞氏高昌、張氏高昌、馬氏高昌及麴氏高昌。西元640年，唐朝滅麴氏高昌。「安史之亂」時期，高昌古國被回鶻侵占。

從郡到國：奏響高昌王國的號角

西漢宣帝時期，派士卒攜家屬往車師前國屯田，且耕且守。漢元帝時期，在其地建築軍事壁壘，「地勢高敞，人庶昌盛」，稱為高昌壁，又稱高昌壘。同時，設戊己校尉，治於高昌，主管屯田和軍事。東漢、魏晉沿襲其制。這個時期，高昌壁隸屬涼州敦煌郡。

西晉至十六國初期，隨著高昌國社會經濟發展，開始具備置郡的條件。前涼建興十五年（西元327年）戊己校尉趙貞謀叛，張駿擊擒之，在其地置高昌郡及高昌、田地等縣。十六國時期，此郡先後隸屬前涼、前秦、後涼、西涼、北涼五國。

北涼承平十八年（西元460年），沮渠安周被柔然攻破，安周被殺，北涼流亡政權滅亡。柔然立闞伯周為高昌王，史稱「高昌之稱王，自此始也」。因此，闞氏高昌是史書明文記載的第一個高昌國，高昌也正式由一個郡發展成為一個國家。

闞伯周死後，兒子闞義成繼位。之後，闞義成的兄長闞首歸弒殺闞義成，篡位。不久，闞首歸被高車王阿伏至羅所殺。後來，張孟明、馬儒相繼為王，被國人弒殺。高昌人推舉馬儒長史麴嘉為王，是為闞氏高昌、張氏高昌、馬氏高昌、麴氏高昌四代政權，麴氏享國最久。麴嘉王時期，厭噠伐焉耆，焉耆向高昌麴嘉王求救，麴嘉王派次子為焉耆國王，高昌國的勢力開始壯大。

麴氏家族的兩難選擇

高昌國從建國到滅亡的整個過程中，麴氏家族在其歷史中扮演著重要角色。麴氏家族統治的時間最長，故事最多。在其統治期間既有勵精圖治的意氣風發，又有內憂外患下的國仇家恨。在亂世之中是東歸還是自立，這個蕞爾小國在兩難的抉擇中，演繹著一幕幕歷史大劇。

自麴嘉承平元年（西元502年）算起，到西元640年唐滅高昌，麴氏王國共十主、九世、一百三十八年。作為西域一個以漢人為主體的小國，麴氏王國輾轉於各大政權及民族勢力之間，固然有它舉步維艱的難處。然而，一個獨立建國一百多年的政權，確實又使人感歎於麴氏王國的生命力之強。探索這個王國的奧祕，其間必不可少的是麴氏高昌作為一個西域小國的立國之道。它先後臣服於柔然、高車、鐵勒、突厥等西域少數民族政權，對遠在東部的中原王朝也是經常遣使進貢，盡一個西境屬國所應盡的職責。

　　西元609年，隋煬帝大敗吐谷渾，占領吐谷渾統治的西域南部地區，進而又把勢力推進到西域通往內地的南北兩條通道。隋朝在西海、河源、鄯善、且末設立四郡，深入西域東部地區。麴伯雅於是在西元609年6月親自出使隋朝，在這次出使中麴伯雅感受到隋朝的強大，於是回國後開展一次漢化改革，但是卻以失敗告終，甚至引發一場政變。

　　十年後，也就是西元619年，麴伯雅之子麴文泰聯合張氏家族復辟，重新當上高昌國王。但是在隋朝生活四年的麴文泰變得好大喜功，一即位就開始一場加強皇權的「延壽改革」，新帝登基加強皇權這本無可厚非，但是高昌國只是一個小國。在強國林立的局面下，小國想要生存就必須「低調」，但是醉心於集權的麴文泰早已將生存之道拋於腦後，甚至到後期連唐王朝都不放在眼裡，這也為高昌的滅國埋下伏筆。

　　貞觀初年（西元626年），高昌王麴文泰來朝。後來麴文泰與西突厥結盟，並連續五年不向唐朝進貢，並多次向唐朝挑釁，終於激怒唐太宗。貞觀十三年（西元639年12月），唐太宗力排眾議，下詔討伐高昌國。貞觀十四年（西元640年），高昌國為唐所滅，置高昌縣，後設安西都護府統之。

絲路上的明珠

　　在吐魯番市東45公里處，火焰山南麓的木頭溝河三角洲，有一座廣為人知的古城遺址，這就是高昌古國都城的遺址。這座古城與另一座消失的古

城樓蘭齊名。當時，這座古城是舉世聞名的絲綢之路的重要門戶，曾經見證過當年的繁華與歷史的風雲變幻。高昌國名來自於當地的自然地理環境，因「地勢高敞，人廣昌盛」而得名。

位居東西交通要道上的高昌國，見證那個時代東西方世界互通有無的過程。無論是中原的絲綢、茶葉，還是波斯、羅馬地區的香料、特產，都要通過絲綢之路，因此處於絲路上交通要道的高昌國自然是貿易往來的繁忙之地，有買賣就會有貨幣流通，所以在高昌國曾經有大量的羅馬金幣、薩珊波斯銀幣。除此之外，在出土的貨幣中有一種刻著「高昌吉利」字樣的錢幣引起許多專家和學者的探討和爭論，但是關於它的鑄造時間、用途、含義，至今尚無定論。

作為建立在吐魯番盆地的國家，高昌王國因地制宜，大量地種植葡萄，發展起一個以葡萄為核心的重要產業。高昌國不僅生產葡萄，還將葡萄加工成葡萄乾、葡萄酒，葡萄莊園在高昌國很普遍。同時，高昌國作為一個西域小國，其興衰榮辱與周邊的政權息息相關，所以高昌國長年向中原進貢，其中葡萄和葡萄酒就是重要的貢品，甚至成為高昌國的象徵。

在高昌國除了聞名遐邇的葡萄酒，還可以被中原人廣為稱讚的就是高昌的樂舞。高昌樂與龜茲樂存在重要的關聯，唐朝滅掉高昌之後，在「九部樂」的基礎上又專門增加高昌樂，演變為「十部樂」。可以與龜茲國的音樂相媲美，其音樂技藝的高超可見一斑。西魏時期，高昌伎樂才開始傳入中原地區，吐魯番文書對高昌伎的管理有所記載，高昌伎已經非常專業化，不僅流動獻藝，還在迎接外國使臣的場合承擔表演任務，儼然成為一支專業的表演團隊。

處於東西交通要道上的高昌國，經由絲綢古道，將高昌樂傳入中原地區，高昌在器樂方面也深受漢唐的影響。高昌國作為一個以漢族為主體的移民國家，與內地的文化互動也較為便利。高昌樂中使用的笙、簫、拍板、鐘磬，樂舞中的條裙、舞履，樂伎的假髮、臉型化妝紋樣，也具有顯著的中原

特點，高昌樂舞融合西域和中原的不同風格，這正展現高昌的文化多元性。

作為絲綢之路上的一個重要樞紐，高昌國有不可替代的歷史地位。它在經濟、文化、社會生活等方面做出的貢獻也一直延續至今。高昌國就像一顆璀璨的明星，在歷史的天空中熠熠發光。

西州的設立與淪陷

貞觀十四年，即西元640年，高昌國為唐所滅，麴文泰也為他的自大妄為付出血的代價。唐朝大臣魏徵、褚遂良認為高昌國可攻不可守，長年累月為了鎮守高昌而勞民傷財，不如捨棄，立其國王，遙相制衡。可是，雄才大略的唐太宗此次並沒有聽從魏徵的勸諫，毅然在高昌故地置州縣，一同內地，名曰西州。

唐太宗西州對於唐王朝的戰略不容忽視。在向高昌國用兵之前，唐太宗先後降服東突厥和吐谷渾，為進入西域打開門戶。平定高昌國則是唐王朝首次在西域用兵，象徵唐朝正式向西域進軍，將西州納入行政體系中，也為進一步向西發展創造條件。西州設置之後，唐朝的西部疆域範圍也有所擴展，此後，唐朝的轄地東至大海，西至焉耆，南盡臨邑，北抵大漠。

西州的設置對於唐朝保障絲路的暢通具有促進作用。

西州的設立終結高昌王國的歷史，唐朝以高昌故地為跳板進一步統攝西域地區，加強西域與內地之間的聯結，這是一個時代的終結，也是另一個時代的開始。從此，西域地區變得更加多元與喧囂，這片古老而又神聖的土地也因此更為厚重，它是文明的積澱，也是文化的交融。

西元755年，安史之亂爆發，中原地區飽受戰火，給了吐蕃可乘之機。吐蕃在西元790年至西元791年連續攻陷于闐、西州，西州由此陷入吐蕃的統治範圍之內。但是覬覦高昌國的不只有吐蕃，勢力已經擴展到北庭地區的回鶻也對高昌等地虎視眈眈。西元8世紀末到9世紀初，回鶻人在與吐蕃進行的北庭、安西爭奪戰中取得勝利，西州也在西元9世紀初期被回鶻人奪取。

自西元791年至西元866年的西州地區戰火連連，喧囂不斷，大唐、回鶻、吐蕃、葛邏祿等各方勢力都曾經在此展開過爭奪，回鶻人於西元9世紀初的時候控制北庭、西州地區。其後，回鶻與吐蕃也進行多次戰爭，其中的細節我們不得而知。隨著漠北回鶻汗國的覆亡、回鶻舉族遷徙，回鶻人逐漸成為高昌故地的主人。

落戶西州的高昌回鶻

西元840年之後，漠北的回鶻汗國在潰散西遷中一分為三，分別建立高昌回鶻、甘州回鶻和喀喇汗王國，其中的高昌回鶻即是在高昌故地和西州的基礎上成立的一個地方政權。自西元9世紀中期至西元13世紀末，高昌回鶻一直據高昌地區而存在，直到蒙古鐵騎的到來。

西州被吐蕃占據之後，回鶻人最終擊退吐蕃人，據西州之地建立高昌回鶻王國（也稱為「西州回鶻王國」）。回鶻人是今天的維吾爾族和裕固族的祖先，他們曾經生活在鄂爾渾河流域，後來因為遭遇天災、內亂和外族入侵，四處遷徙，其中的一支落居於西州地區。高昌回鶻王國創造輝煌燦爛的文化。

在西域歷史上占有重要地位，地處吐魯番盆地的高昌回鶻，西鄰喀喇汗國，東面曾經先後與沙州歸義軍政權和西夏政權為鄰，北近遼朝，南與于闐、吐蕃為鄰，它與遼、夏、宋、西遼、蒙元帝國等周邊的政權都有所交往，左右逢源，維持長達四百多年的統治。

早在唐朝時期，回鶻汗國就有與唐朝和親的歷史，至北宋時期，太平興國六年（西元981年），高昌回鶻阿廝蘭汗正式對北宋自稱為西州外生（甥）並派遣使者朝貢。明朝永樂年間，國號火州。永樂七年、十一年遣使來朝。永樂十二年，吏部驗封司員外郎陳誠出使火州。

高昌回鶻因為它特殊的地理位置，所以國內的民族十分複雜。有南突厥、北突厥、大眾熨、小眾熨、樣磨、割祿、黠戞斯、末蠻、格哆族、預龍

族等多個族群生活在這裡，也證明高昌地區向來就融合多元的文明。

歷史殘片中的高昌回鶻

考古學家在吐魯番地區發現大量的回鶻文文書以及石窟、壁畫，其中大部分是高昌回鶻人留下的。經過考古學家對片片殘卷的解讀，絢麗多彩但又飽經滄桑的高昌歷史慢慢地展現在我們眼前。在這些文書中既有經濟往來的記載，也有日常生活的記錄。那些石窟壁畫中既傳承佛教學說，又描繪回鶻人日常生活的景象。

前文中提到高昌地區發掘的貨幣，其中有羅馬金幣、薩珊波斯銀幣，除此之外，還有棉布和寶鈔這樣的特殊貨幣，特製的棉布是高昌回鶻的流通貨幣，寶鈔就是紙幣，是高昌回鶻歸附於蒙元之後，由元朝政府所發行的。

高昌國作為東西方文明的交匯地區，自古就具有多元的文明特徵，高昌地區的宗教信仰就可以集中展現這樣的多元性，古人曾經以「俗事天神，兼信佛法」來總結高昌王國時期人們的心靈所向。高昌回鶻也延承這樣的傳統，有文獻記載，高昌自古即流行佛教。從國王到百姓篤信佛教，曾經有「全城人口三萬，僧侶三千」的記載，可見高昌國的佛教香火之盛。

前秦建元十八年（西元382年），高昌國師鳩摩羅跋提就曾經向苻堅獻梵本《大品經》一部。弘始二年（西元400年），法顯西行途經高昌國，也得到供給行資，順利地直進西南。當時也有高昌沙門道晉、法盛遊歷西域，並且有沙門法眾、沮渠京聲從事譯經。由此可見，高昌的佛事已經非常興盛。

既然有宗教信仰，就必然存在宗教文化，這就不得不提到高昌回鶻石窟中的壁畫。人們在高昌古城遺址之中、在吐峪溝石窟和勝金口石窟內，在伯孜克里克石窟和阿斯塔那的墓地中，發現古人遺存下來的各種各樣的畫作。其中，伯孜克里克石窟位於今吐魯番縣東北50公里，火焰山中部木頭溝河谷的兩岸。在唐朝的時候已經作為寺院，被稱作「寧戎寺」，高昌回鶻時期作

為皇家寺院，裡面保存大量高昌回鶻時期的壁畫，勝金口和吐峪溝、雅爾湖等石窟中也有一部分壁畫創作於高昌回鶻時期。

這些地方留下來的畫作以壁畫為主，還有紙畫和絹畫。無論是高昌王國，還是西州或高昌回鶻時期，都在這些地方留下藝術作品，經過考證，大量的壁畫創立於高昌回鶻時期。以壁畫內容而言，像中國其他地區的壁畫一樣，大多展現宗教活動的畫面。高昌回鶻宗教多元，除了文獻上的記載，我們也可以在壁畫中找到根據，從壁畫場景中可以看出，佛教在高昌回鶻已經占據主導地位，大部分壁畫均以佛教故事和活動為題材。

烏孫古國：流血的天堂

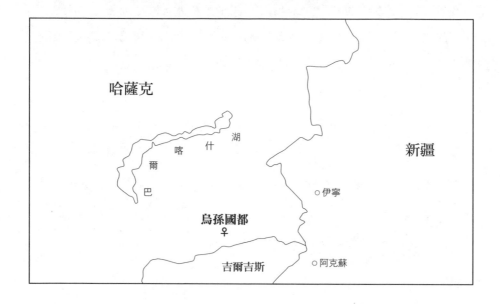

　　烏孫國是東漢時由游牧民族烏孫在西域建立的行國，位於巴爾喀什湖東南、伊犁河流域，立國君主是獵驕靡。蘇聯學者認為烏孫文化是塞人（Saka，塞人即薩迦或塞克）文化的繼承和發展，並稱塞－烏孫文化，烏孫文化時期是西元前300年～西元300年。亦有其他外國學者進行考古研究時為塞克文化及烏孫文化定下時限（Saka/Wusun period，西元前600年～西元400年）。

遠走千里後的神奇復國

烏孫國是東漢時由游牧民族烏孫在西域建立的行國，位於巴爾喀什湖東南、伊犁河流域，立國君主是獵驕靡。但歷史學家發現烏孫這個部落早在漢朝以前就已經在河西走廊建國，只是當時不叫烏孫國，而是稱「昆」。為什麼這個古老的部落會更名為烏孫？從「昆」到「烏孫」這段期間又發生什麼事情？透過史料記載我們或許可以略知一二。

《史記・大宛列傳第六十三》中記載：「臣（張騫）居匈奴中，聞烏孫王號昆莫，昆莫之父，匈奴西邊小國也。」《漢書・張騫李廣利傳》：「天子數問騫大夏之屬。騫既失侯，因曰：『臣居匈奴中，聞烏孫王號昆莫。昆莫父難兜靡本與大月氏俱在祁連、敦煌間，小國也。』」這些都反映烏孫族早在西漢以前就已在河西走廊建國。春秋戰國以前烏孫曾經在現今寧夏固原一帶游牧，其後他們才逐漸遷徙到河西地區。

為什麼烏孫部落會西遷？這就和匈奴與月氏的戰爭息息相關。據史料記載，強大的匈奴攻打月氏部落，月氏大敗，向西逃走，途經烏孫時受到阻撓，最終打敗烏孫，還把烏孫國王「昆莫」的頭顱砍下來製成酒器。但是昆莫還在襁褓中的兒子，也就是後來復國的獵驕靡卻奇蹟般地活下來。相傳獵驕靡被棄於荒野中，但是受到烏哺狼乳，匈奴的冒頓單于認為他是神就收養他，並且在日後將其培養成驍勇善戰的將軍，也為日後獵驕靡復仇、建國打下基礎。

獵驕靡長大後「自請單于報父怨」，並得到匈奴單于的幫助，趕走伊犁河流域的月氏，約在西漢文帝後元三年至後元四年（西元前161～前160年）舉族西遷至那裡復國。但是，加拿大漢學家蒲立本對血族復仇（vendetta）是烏孫攻擊月氏的原因感到懷疑。他認為復仇這個原因可能是子虛烏有，只是《漢書》作者為了加強戲劇效果而添加的情節。再者，烏孫族內本來就包含塞人（Saka）及月氏。烏孫西遷伊犁河下游後，相信獵驕靡得知匈奴單于占

用族人原本在河西走廊的牧地，並且設王分治，以自己的族名「昆」命名為「昆邪王」（史書又稱「渾邪王」）。匈奴單于的做法觸犯「昆」的名諱，於是不用昆命名，而改用「烏孫」為部族的名稱。

對於是否出於報仇的目的攻打月氏我們無從考證，但是不可否認的是，獵驕靡確實戰勝月氏，並最終實現自己復國的理想。這也給西域歷史增添一筆濃重的傳奇色彩。

公主外交與國土三分

漢武帝時期，匈奴是當時西域最強的國家，漢武帝欲聯合大月氏攻打匈奴，但是派往大月氏的張騫被匈奴俘虜，並被強留於匈奴國十年之久。十年後，張騫趁機逃脫，繼續西行，但是當他到達大月氏的時候，大月氏人已經不再想報仇，張騫只得返回漢朝。

但是張騫的這次出使西域並不是無功而返，他不僅帶回西域各國的情況，更為後來漢朝聯合西域國家抗擊匈奴做出極大的貢獻，其中就包括對於烏孫國的聯絡與拉攏。張騫第二次出使西域，來到烏孫國，想要聯合烏孫國，雖然沒有得到烏孫國王的應允，但是這次出使讓烏孫國感受到漢朝的強大，為後來的「斷匈奴臂」奠定基礎。

因為獵驕靡是依靠匈奴才得以報父仇和復疆土，所以烏孫人對於匈奴自然是恭敬三分。但是野蠻的匈奴卻貪得無厭，獵驕靡逐漸對匈奴人產生怨恨。匈奴單于設置烏孫二王的做法更是激怒獵驕靡，烏孫人的心中也埋下不滿的種子。

恰逢此時，漢武帝送來細君公主與烏孫王獵驕靡和親，更加突顯漢朝與烏孫國交好的誠意。與此同時，匈奴意識到獵驕靡與漢朝的親密會對自己不利，於是也送一位匈奴居次（匈奴公主）與獵驕靡和親。獵驕靡為了不得罪匈奴，封居次為左夫人，細君公主為右夫人（烏孫國以左為貴）。

公主外交確實發揮一定的作用，公主外交促使漢朝「斷匈奴右臂」小

成，幫助烏孫人找到一個可以抗衡匈奴的強大夥伴，使它不會因倒向某一方而受到牽連。後來細君公主早逝，漢朝又送來一位公主，公主外交最終不僅幫助漢朝完成「斷匈奴臂」的偉大戰略，同時也幫助烏孫國擺脫匈奴的壓制。

公主外交雖然有一定的作用，但是烏孫國王卻在立嗣的問題上犯下大錯，最終導致烏孫國一分為三。

獵驕靡原本是立長子為太子，但是太子不幸早逝，在他彌留之際，懇求父親立自己的兒子岑陬為太子，獵驕靡應允了，但是這個做法引起另一位同樣優秀的兒子不滿，此子官居大祿，威望甚高，於是召集親信及擁戴者欲刺殺岑陬。慌亂間，獵驕靡只得令岑陬領兵萬餘，先暫居別處避避風頭，而昆莫自己也將萬餘兵力用以自備。最終，烏孫國分為昆莫、大祿、岑陬三部，雖然烏孫大部羈屬於老昆莫，但三足鼎立的局面已然無可避免。經歷此事後，獵驕靡對烏孫國的控制力大不如前，儘管其後岑陬順利即位，但是分裂的先河已經開啟，分裂的記憶更是留在烏孫國上下的意識中，半個世紀以後，烏孫王國果然再次分裂。

西域強國的橫空出世

上文中提到細君公主早逝後，為了繼續鞏固漢朝和烏孫國的友好往來，漢朝又遠嫁一位公主——解憂公主。解憂公主因父親不學無術，還參與謀反受到牽連，自幼淪為街井庶民，但是這樣的命運也使得解憂公主多一些豐腴健美、大氣爽朗，而這相較於細君公主更適合在西域國家生存。

初嫁入烏孫國時，解憂公主的命運與細君公主一樣，既受到匈奴左夫人的壓制，又與丈夫軍須靡關係冷漠，還不能融入塞外大漠的生活，又備受思鄉之苦……幾年之後，烏孫國反而與匈奴日漸親密起來，原因是那位匈奴來的左夫人為軍須靡生下一個兒子（即日後的泥靡），而解憂公主卻始終無所出。

就在解憂公主一籌莫展的時候，事情出現轉機。軍須靡駕崩了。軍須靡過世前，昆莫大位原本應該由他的兒子繼承，可是當時泥靡實在幼小，不能擔當此任，於是他與堂弟翁歸靡約定：由他先承大統，待翁歸靡過世後再將昆莫大位歸還泥靡。為此，軍須靡與翁歸靡兩人在烏孫國眾貴族面前指天為誓。

軍須靡之所以傳位於翁歸靡更重要的因素是因為在軍須靡統治烏孫國期間，王國一直處於兩大勢力的對抗狀態之中，他始終無法將昆莫的權威遍施於烏孫國各部，為此不得不在彌留之際玩最後一把權變之術。

後來根據烏孫國的習俗，解憂公主改嫁給翁歸靡，這次改嫁不僅改變解憂公主個人的命運，也更加推動漢、烏兩國的友好發展。

翁歸靡是烏孫國歷代昆莫中很有作為的一位。他在位期間，烏孫王國統一、政通人和、軍事強大。由於他性格隨和開朗，同時對中原文化存有仰慕之心，所以與解憂公主非常合得來。另一方面，經過幾年的烏孫國生活，解憂公主的烏孫語已經融會貫通，更適應那裡的風俗習慣，逐漸進入狀態。此時此刻，解憂公主終於在烏孫國站穩腳跟。之後，他們夫婦相知相守、恩愛非常，生育三男二女：長男為元貴靡。次男曰萬年，後來成為莎車國王。三子曰大樂，為烏孫右大將。長女弟史，後來為龜茲國王絳賓之妻。小女素光，為若呼翁侯之妻。解憂公主自此就成為名副其實的烏孫國國母。

在翁歸靡在位的三十餘年間，他對解憂公主關懷寵愛、言聽計從，許多決策都有公主從旁佐助，烏孫國與漢朝之間更是信使往返，不絕於途，自然相親相近、同進同退，而與匈奴則日益疏遠。漢朝的西北邊疆安然無事，與西域各國的交往也日益頻繁密切起來，絲綢之路繁榮一時，漢朝的威儀和影響進一步遠播天山南北，西域各國都爭相與之交好。

隨從解憂公主遠嫁烏孫國的侍女中，有一位非常出色的女性，名為馮嫽，史載其「能史書、習事」，尤其能言善辯，沉著又機警。馮嫽到烏孫國後，不久就嫁給身居高位的右大將為妻，又因為才華出眾，被烏孫國上層乃

至西域各國貴族尊稱為「馮夫人」。她與解憂公主在宮廷內外互為犄角之勢，相互支持，並且在出現危機的情況下挺身而出，以大漢公主使節的身分斡旋、遊走於西域各國之間，化干戈為玉帛，為大漢立下汗馬功勞。

至此，漢朝的和親政策終於顯露成效。在另一端，匈奴眼見烏孫國越加偏向漢朝，漢朝在西域的聲勢越隆，於是對引導這一切的解憂公主恨之入骨，並且在漢昭帝末年出兵烏孫國。壺衍提單于調遣大軍，首先以巴里坤草原為基地，以車師國為跳板，長驅直入烏孫國腹地，後來又吞併烏孫國東部的惡師（今新疆烏蘇市一帶）與車延（今新疆沙灣縣一帶）等大片國土，大肆擄掠民眾和畜產；並且派出特使到赤谷城揚威，惡聲要脅翁歸靡：交出解憂公主，同時與漢朝斷絕一切聯繫，否則絕對不罷兵。

面臨亡國的威脅，赤谷城內的親匈奴一派乘機開始煽風點火、大肆活動，主張滿足匈奴單于的要求，趕快把解憂公主交送出去，否則烏孫國的命運如同危巢之卵，隨時都有傾亡覆滅的危險。城內人心惶惶，有人主戰，有人主降，令翁歸靡也一時左右為難。

但最終這次危機憑藉解憂公主的果敢和智慧，加之後來漢宣帝即位之後出兵相助安全度過。被烏孫國打敗的匈奴單于怒不可遏，於當年臘月出兵烏孫國，卻遭遇百年不遇的雪災，損失慘重，後來又受到漠北丁零族和烏恆部落的襲擊，從此元氣大傷。此時的烏孫國一躍而起，成為西域最強的國家。

游牧英雄的不變宿命

游牧民族的興盛，往往以引弓之民眾且精、部落團結一心為人和，以天地無災、乾坤無害為天時，以水草豐美、畜產豐富為地利，最後以英雄統御一切為先決。英雄政治維持的時間越長久，這個游牧民族的興盛維持得越長久；反之，如果英雄早逝，或英雄後繼無人，或庸才當道，則此族衰落，乃至覆滅之日，則近在眼前。

縱觀烏孫國歷史，翁歸靡的死，象徵自此之後烏孫國再無英雄，象徵烏

孫國自獵驕靡開始而且持續三代昆莫的英雄政治結束，象徵烏孫國的興盛曇花一現，自此不再。

翁歸靡死後，烏孫國分為大、小昆莫兩部，匈奴居次所生的烏就屠為小昆莫，解憂公主的長子元貴靡憑藉漢朝強大的軍事力量為後盾，出任大昆莫。但是大昆莫元貴靡德才皆不如烏就屠，所以在兩者的衝突中他落入下風。

沒過多久，解憂公主的長子元貴靡和幼子鴟靡相繼病故，在白髮人送黑髮人的悲痛中，她扶立元貴靡之子星靡即位為烏孫大昆莫。年邁的解憂公主後來得到允准回到漢廷，失去祖母庇佑的元貴靡之子星靡為人軟弱可欺、才德不顯。所以烏孫國內的翁侯、貴族以及民眾，大多自願歸附小昆莫烏就屠。後來，直至段會宗出任西域都護，召回逃亡反叛者，才暫時安定烏孫國。

處在內憂中的烏孫國又遇到外患——分裂的匈奴一支郅支單于部落因為得罪漢廷於是西遷至康居。康居王與郅支單于都想要置烏孫國於死地，北匈奴在康居王的接濟下，恢復一些元氣，於是好戰的郅支單于開始東襲烏孫國。前鋒幾度靠近赤谷城，讓烏孫國上下心驚膽顫，不堪其擾。後來，烏孫國上下無能，竟然讓敵人攻赤谷城下，民眾畜產被殺掠俘虜甚眾，雖然郅支後來撤退了，但烏孫國也沒有人敢去追，致使西邊的國境愈加空虛，「不居者且千里」，猶如對強盜敞開家門一般。

後來漢朝出兵聯合烏孫等西域小國，最終打敗匈奴，並砍下郅支單于的頭顱。這次戰役讓垂死掙扎的烏孫國暫緩一口氣。但是，外傷尚可以外力醫治，可是內傷才是致命的關鍵。烏孫國內部混亂不堪的爭鬥仇殺，昏庸無能的統治者，無法消弭的離心力，各種的一切已經吞噬一切生機，最終迫使烏孫王國走上一條傷重不癒的亡國之路。

來自蒙古高原的白毛風

郅支單于敗亡了，呼韓邪單于臣服了，蒙古草原上第一個帝國——匈奴帝國，就這般迅速沒落，然後終結。匈奴之後，鮮卑人東向湧入並占據蒙古高原，後來他們趁著中原混戰不斷，逐漸向南遷徙，最終建立中國歷史上第一個中原外族王朝——北魏王朝。鮮卑人南遷後，蒙古高原再次出現勢力真空，鮮卑奴隸部落首領車鹿會借勢兼併周邊部落，等到時機成熟時，自稱「柔然」，暫時托庇於北魏。及至北魏天興五年（西元402年），一代雄主社崙，自號丘豆伐可汗。柔然，作為一個上承匈奴、鮮卑，下啟突厥、蒙古的草原帝國，開始正式書寫屬於自己的偉大篇章。

柔然人在社崙領導時期與北魏政權發生過多次戰爭，在持久的戰爭沒有結果的情況下，社崙自然地將他們擴展疆域的矛頭指向西域。於是，由蒙古高原上刮來一陣白毛風，而這具有毀滅性的「風」，最終殃及烏孫國。

除了外患之外，內憂是烏孫國走向滅亡的最根本原因。從西元前33年星靡與烏就屠過世，轉至西元前12年小昆莫末振將身死，再到卑爰惠敗亡，烏孫國總共有四位大、小昆莫，無一例外都是被刺殺而亡。

試想，一個國家的悲哀，莫過於此吧！陰謀取代政令，刺殺顛覆世代交替，內訌摧毀王國的一切生機。自此，烏孫王國就如空中樓閣、沙上城堡一般，淪落到隨時都會轟然崩落的地步。

西元402至414年間，柔然國與悅般國聯手鯨吞西域各國，烏孫國首當其衝，就連赤谷城亦被夷為平地，烏孫王國被迫第一次舉國遷徙，向西逃到天山山脈中。

西元437年，北魏王朝派遣董琬、高明等出使西域，到達烏孫國，將烏孫國納為屬邦。次年，北魏大軍深入漠北，不料為柔然人所敗，吳提可汗趁勢「絕和犯塞」，更遣使者遍告西域各國，宣稱「魏已削弱，今天下唯我為強，若更有魏使，勿復供奉」。之前，悅般國與烏孫國帶頭反叛柔然國而攀附北魏，使柔然國侵略西域的大局受到極大的影響。

在此後直至西元5世紀中葉的十幾年時間裡，柔然人窮追不捨，先是迫使悅般人遠走歐洲，再給苟延殘喘的烏孫王國補上最後一刀。烏孫國餘部在經過長途跋涉後，遠遷至蔥嶺蒼莽群山之中，與當地的塞人雜居。顯赫一時的烏孫王國，從此絕跡於歷史舞台。

流星般崛起的烏孫國後裔

西元5世紀中葉，面對柔然人頻繁的攻擊，烏孫王國不堪其擾，唯有一路向西逃竄。在蔥嶺的蒼莽群山中，烏孫人與當年被大月氏人驅逐到此的塞人部落雜居並融合。在這種寬鬆而隨意的游牧大環境下，一切政治體制都是多餘的，於是烏孫王國瓦解了。

烏孫人狼狽竄逃的同時，一個新的游牧民族開始崛起，並最終成為匈奴、柔然之後另一個西域強國，這就是突厥。

西元5世紀末，一直作為柔然人奴隸的突厥人趁著西域各國反柔然的機會獲得獨立，擺脫屈辱的種族奴隸身分，並於西元546年開始迅速崛起而壯大。突厥首領阿史那土門親率騎兵揚威西域，吞併高車各部5萬餘眾，並收取數國。等到西元552年，突厥人的馬刀揮向他們曾經的主人。阿史那土門藉口柔然可汗阿那壞拒絕其求婚，發兵突擊柔然國，阿那壞兵敗自殺。

西元603年，突厥汗國正式分裂為東西兩部分。西元657年，唐高宗派伊麗道行軍總管蘇定方統率大軍征討西域，直搗賀魯牙帳，俘獲賀魯，西突厥滅亡。西突厥汗國滅亡以後，唐王朝為了統轄原五咄陸部，設置昆陵都護府，其下轄有六個都督府，突騎施部獨占其二：在索葛莫賀部落置喝鹿州都督府，在阿利施部落置潔山都督府。此後，突騎施部得到迅速發展，在伊犁河流域和七河流域建立突騎施汗國，烏孫人再次閃耀出世。

託身哈薩克：烏孫國子孫的又一次崛起

烏孫國雖然滅亡了，但是烏孫人仍然存在，只是他們分散到其他的國家

或部落。那些隱身於哈薩克民族群體中的撒里烏孫、咄陸部，隨著哈薩克汗國的建立，再一次登上歷史舞台。託身的烏孫千年傳承，創造新傳奇。

中國的《烏孫研究》提到北魏以後，沒有有關烏孫國與中原政權聯繫的明確史料。北魏高僧宋雲、慧生西行取經，走遍蔥嶺及其以南，不見有烏孫國。60多年後，中國進入隋朝，隋煬帝準備經營西域，令大臣裴矩向西域商人調查西域各國情況，寫成《西域圖記》三卷，《隋書》卷八十三《西域傳》根據《西域圖記》寫成，其中不見烏孫國。

有關專家推斷蔥嶺烏孫部眾不多，很快被塞人（Saka）所同化，逐漸融入蔥嶺及以南的各民族中。魏晉南北朝以後，烏孫人融合在鐵勒、突厥等部中。有俄羅斯學者認為烏孫人和鄰近部族在西元5世紀中葉臣屬厭噠人。

哈薩克族內有名叫「烏孫」（玉遜）的部落，關於哈薩克族的「烏孫」是否為漢代的烏孫，史學界沒有一致的觀點。

「玉遜」及「漢代烏孫」可能曾經接觸過。就族名音韻相近和部落分布地區相同而言，兩族有一定的關聯。有哈薩克族的歷史研究員指出，史料和出土文物證明烏孫與同哈薩克族族源有關的許多部族，例如：塞人（Saka）、匈奴、月氏、康居，曾經進行長期的文化交流，因此「烏孫與哈薩克族的族源有直接和緊密的淵源關係」。烏孫不僅是哈薩克族大帳的核心部落，而且也與哈薩克族中帳中的阿巴克克烈、克宰和穆潤及小帳中的一些部落有血緣關係。此外，有中國學者認為烏孫是除了康居、奄蔡以外一個哈薩克族的主要族源。

因為哈薩克族內有「烏孫」的一部，所以許多國內外學者認為漢代的烏孫是現今哈薩克族的主要族源，有從事西域歷史研究的中國學者相信是這一個誤解。哈薩克族的主要族源是兩漢的奄蔡，南北朝的曷薩、隋唐的突厥可薩，次要族源是蒙古汗國和元朝西遷至欽察草原的蒙古人。現代為哈薩克族成員的「玉遜部落」，最早在遼朝末年游牧於蒙古高原西北部，契丹人和宋人譯之為「烏孫」。「玉遜部落」是一個中世紀形成的蒙古部落，西元13

世紀前期有一部分隨成吉思汗的長子朮赤西征，後來留居金帳汗國（欽察汗國）境內，與當地的欽察人歷經二百多年的同化和融合，終於在西元15世紀中葉形成今天的哈薩克族。「玉遜部落」是說標準蒙古語的蒙古人，而不是兩千年以前居住在伊犁河流域說突厥語的「烏孫」。

于闐古國：大漠邊緣的萬方樂奏

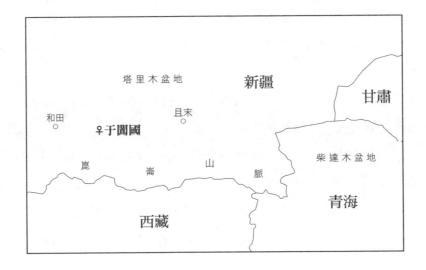

在廣袤的西域中，有一個渺小的國家，甚至可以說是彈丸小國。但是卻因為佛教盛行使得四方來朝，在漫漫的歷史長河中，它幾經興衰，歷盡千年的崢嶸卻依然可以繁衍生息。它是冰雪崑崙下的「瑤玉之邦」，是傳絲公主編製的「天國絹都」，也是媲美盛唐樂舞的「萬方樂奏」。它曾經如繁花綻放千年，又如一夢沉睡千年，在朦朧迷離的歷史中，在斷垣殘壁的遺跡裡，訴說古老的神諭……

佛陀背後的建國神話

于闐國是佛教聖地，建國神話中少不了佛祖的神蹟。第一代于闐王，就這樣披著佛祖的「法衣」，終結綠洲上的部族更迭，熔鑄出一個高鼻深目、身材魁梧的異質民族。關於于闐建國不同的史料、文獻中的記載也有所出入，歸結起來大概有以下三種說法：

其中一個說法來自於大唐高僧玄奘，他在《大唐西域記》中這樣記述于闐建國的故事：

在天竺國（古代印度）進入最強盛的孔雀王朝時，由於阿育王在孔雀王后死後又娶了一位妖豔放蕩的王后，這位王后不僅在朝廷中擁有無數的情人，而且還迫害阿育王仁慈、聰慧的太子。她的歹毒最終被揭穿，歹毒的王后被處以極刑，被牽扯其中的名門望族被國王逐出境，來到毗沙門天王居住的地界，形成一個部落。後來與東面的一個部落發生衝突，被其打敗，新的大王統一這裡，並得到天神賜予的孩子，這個孩子就是于闐國的第一代大王。

與玄奘法師的《大唐西域記》不同，《于闐國授記》為我們提供于闐建國的另一則傳說：

天竺國的阿育王十分信仰佛法，有一次他到于闐一帶弘揚佛法，而王妃恰在此處看見天神，觸動情思，並由此產下一子。阿育王大怒，將孩子棄於荒野，但是荒野的地面上聳立起一對乳房，神童吮吸著甘甜的乳汁，得以保命，並由此得名——地乳。後來地乳被一位仁慈的東土漢地國王收養，長大後回到于闐國，與被貶的天竺罪臣宰相耶舍建造于闐都城，共同治理國家。

神話傳說總是充滿令人匪夷所思的神奇，但是歷史總歸要按著它的套路在時間的脈絡上勾勒出最為真誠可信的訴說。事實上，在漢武帝時期，張騫出使西域到達的于闐古國，在歷史的維度上早已存在很多年，那是一個名為尉遲的家族，大概在西元前2～3世紀建立的國家。

第一代尉遲家族的大王以不滿二十歲的年齡，率領部眾，遷徙於此，安邦立國，不斷地拓展疆土，征戰沙場。這塊綠洲聖地最終告別部落更迭的命運，尉遲第一代大王最終成為綠洲于闐國的主人。

東望長安的赤烏子孫

西域，游牧民族與農耕民族的競技場，匈奴與中原王朝對抗百年的地方。在兩強的夾縫中生存的西域小國，註定它們坎坷的命運。

作為西域的一個小國，于闐國同樣不能避免苟且偷生的命運。當強大的匈奴橫行於西域的時候，它不得不臣服於匈奴，受盡凌辱。當漢朝的大軍浩浩蕩蕩地挺進西域趕走強悍的匈奴時，于闐國又不得不歸順漢朝。

歸漢以後的于闐國開始向文化、經濟先進的漢王朝積極學習。據《漢書》記載，于闐國擁有3,300戶，人口9,300人，裝備精良的常規部隊有2,400人。于闐王仿效中原法制，設立侯、將、騎君、都尉等官職。

隨後，精明的于闐王依仗國力，採用許多策略，分化與自己同處於南道的其他小國，最終將周邊的精絕國、戎盧國、拘彌國、渠勒國、皮山國六國統一在麾下。這個舉動使得于闐國人口超過五萬，兵力達至萬人。

東漢初年，于闐國被莎車國吞併。漢明帝永平四年（西元61年），貴族廣德立為王，與莎車國宰相裡應外合，除掉殘暴的莎車王賢，兼併其領土和人民。永平十六年（西元73年），漢軍司馬班超至于闐國，廣德殺匈奴使者降漢，班超以此為根據地，北攻姑墨，西破莎車、疏勒，于闐國都出兵相助。當時南道各國，惟于闐、鄯善強大。

堅忍守望四百年

魏晉南北朝時期，于闐國仍然向中原王朝進貢。這個時期，于闐國又徹底兼併戎盧、扦彌、渠勒、皮山等國。西晉時期，與鄯善、焉耆、龜茲、疏勒並為西域大國。

西元272年，鮮卑族侵占涼州地區，割斷西域與中原的聯絡。西元277年，西晉派遣大將率領涼州、秦州、雍州三個地方的士兵，討伐鮮卑族，這個舉動使得西晉周邊很多部族前來投降，但是鮮卑族的勢力並未受損。直到西域校尉馬循率兵討伐，殺阿羅多部鮮卑四千人，生擒鮮卑騎兵九千多人，這個殘暴的部族才被削弱，不與中原政權的抗衡。

與此同時，中原與西域再次恢復聯絡，而深受鮮卑族侵擾的中原更加加強與西域各國的聯絡，派遣不同的使者、官員進入各國，形成較為緊密的西域控制網路。

但是這樣的控制局面只維持短短十年，十年之後鮮卑部族再度於河西地方擁兵數十萬，開始與中原政權的長期對抗，另一支鮮卑族人拓跋鮮卑日益強大。西元315年，拓跋猗盧被封為代王。三年之後，鮮卑大軍西進到達烏孫國一帶，兵力也一下子突破百萬，天山南北全是鮮卑人的天下。

于闐國就這樣在變幻莫測的局勢中承受著不斷變換的統管者，但是聰明的于闐王卻巧妙地經營著自己國家，國力不減反增。但是好景不長，被北魏擊敗的吐谷渾國於西元445年侵占于闐國，並殺死于闐王，對于闐國進行兩年的殘暴統治。

東晉時期，命運多舛的于闐國又受到柔然人的蹂躪，從此國勢漸衰。從東漢滅亡，到唐朝建立之前的這幾百年間，西域始終戰火連連，飽受戰爭摧殘的于闐人民深深地渴望著和平。

若即若離的大可汗

唐朝建立初期，于闐王第一時間派遣使者帶著自己的兒子去長安，成為大唐的屬國。貞觀二十一年，也就是西元647年，唐太宗李世民派遣昆丘道大總管阿史那社爾，率領唐朝大軍進攻西突厥監管的龜茲國，並且順利進入于闐國，于闐王伏闍信上表歸順唐朝。

不久，唐太宗駕崩，唐高宗即位後，唐高宗李治封其為右衛大將軍，

授予其子葉護玷為右驍衛將軍，並賞賜金帶、錦袍、布帛和住宅一處。數月後，深受唐朝禮遇的伏闍信滿載而歸，自此于闐國受到唐朝的庇護，開始經濟、文化上的黃金時代。

唐高宗顯慶三年（西元658年），于闐國編為唐安西四鎮之一，成為絲綢之路南道最重要的軍政中心。吐蕃勢力進入塔里木盆地後，又被吐蕃攻占。上元元年（西元674年），于闐王伏闍雄擊退吐蕃，親自入唐，唐在于闐國設毗沙都督府，下轄6城等10羈縻州，任命伏闍雄兼都督。

唐玄宗天寶年間，于闐王尉遲勝入唐，唐玄宗把宗室的公主嫁給他，並授予他右威衛將軍、毗沙府都督。安祿山起兵叛亂時，尉遲勝自率兵赴中原之難，平定安史之亂後，尉遲勝不願返回于闐國，於是傳位於自己的弟弟，留在長安終老。

唐肅宗乾元三年（西元760年），唐授尉遲曜兼四鎮節度副使，並管理本國事。他率領當地民眾與唐鎮守軍一起戍守于闐國，堅持到唐德宗貞元六年（西元790年），被吐蕃攻占。

西元9世紀中葉，吐蕃內亂勢衰，于闐國獨立，仍然由尉遲氏執政。

綠洲上的文化質變

西元9世紀，大唐和吐蕃在長久角力後雙雙退出歷史舞台。東進的伊斯蘭文明失去兩個強勁的對手，開始自由地在西域播撒真主的綸音。千年佛國無法抵擋持久的衝擊，開始被動地接受文化轉型。于闐國的伊斯蘭化，切斷的不僅是佛祖的香火，也切斷東向的一條紐帶。從此，逐利的商人成為他們與中原聯繫的唯一中間人。

西元912年，尉遲僧烏波繼位，這位大唐與漢文化的癡迷者，將姓氏尉遲改為大唐李姓，自名為李聖天，從此以李氏為姓的于闐政權被稱作李氏王朝。

當時唐朝已不復存在，可是李聖天並不知道。他隨時效法唐朝，發展于

闐。一時之間，于闐國力比以往任何時候都要強大，西南接近蔥嶺，南部與吐蕃靠近，西北至疏勒國。在敦煌發現的經文上講到一個于闐和尚眼中的于闐國，地界寬廣萬里，國境內千山相連，疆域寬廣，人強馬壯。

從五代十國到宋朝時候，新疆的土地上到處都有回鶻人的身影，當年回鶻汗國分崩離析西遷一支種下的種子，終於有三分天下的收成。其中有位於吐魯番盆地的高昌回鶻王國，崑崙山下擁有回鶻血統的于闐李氏王朝，還有以疏勒為中心頗具傳奇色彩的喀喇汗王朝。

自西元9世紀蘇圖克即位喀喇汗王位後，以聖戰為名，對高昌國、于闐國發動多次戰爭。他死後，其子孫也發動過對于闐國的戰爭。最終于闐國戰敗，于闐王歸降喀喇汗。

自西元1006年，喀喇汗王朝開始對于闐國內進行清洗，首先開刀的就是于闐佛教。喀喇汗王朝搗毀寺院，驅趕和尚，興建清真寺，培養伊斯蘭教的傳播者。

被伊斯蘭文化長久浸染的于闐風俗一步步發生著變異，昔日許多佛教儀式和節日慶典被廢除，而富有伊斯蘭色彩的風俗習慣成為于闐國的特色，就連于闐王也穿上喀喇汗王朝的服裝。

血與火的痛苦變更

北宋初，于闐國使臣、僧人數次向宋朝進貢。後來演變成牟利的勾當。迫於此，北宋制定許多限制于闐國進貢的政策，才打擊一些不懷好意的名為進貢、實為牟利的于闐人。穩定後的局勢使得兩國開始有節有度，互通有無的正常交往關係。正當一切看似風平浪靜的時候，一場災難正悄然地降臨在于闐人的頭上。

不得志的大遼族人耶律大石在大遼氣數將盡的時候，帶領一部分人馬脫離大遼。後來他召集一萬多精兵，大漠以北牧場中的十萬匹馬也被他收入囊中。他在可敦城建立大遼復興根據地。西元1131年，耶律大石修建葉密立

城，並且在此稱帝，建立西遼王朝。1132年，西遼打敗喀喇汗，作為喀喇汗屬國的于闐國也順理成章地成為西遼統治下的附庸。

耶律人石擴張的野心與日俱增，長年征戰所需的軍費開支需要屬國提供，于闐國徵收的賦稅越來越繁重，幾乎令人無法承受。於是幾個喀什噶爾和于闐國的上層官員商議舉行一次大暴動，結果卻以失敗而告終。

西元13世紀，鐵木真的蒙古鐵騎迅速崛起於漠北地區，在蒙古軍的欺凌與排擠下，同屬蒙古族的乃蠻部族在首領屈出律的帶領下逃亡西遼，並騙取西遼統治者直魯古的信任，最終利用計謀篡奪西遼的王位。上台後的屈出律大肆迫害伊斯蘭教信徒，並徵收重稅，于闐人民生活在水深火熱之中。

西元1206年，成吉思汗派遣東西兩路大軍分別進行軍事擴張，其中西路軍在首領哲別的率領下利用屈出律殺人王的惡名，凶處宣傳造勢。很快，西域百姓放下抵抗的武器，紛紛加入抵抗屈出律的隊伍中。西元1218年，眾叛親離的屈出律在撒里黑一處黑暗的城堡中被哲別俘獲。哲別二話不說砍下屈出律的腦袋，並招降南疆各地的屬國，于闐國就此歸入蒙古的版圖。

黃金家族幟幡下的蹉跎歲月

晚年的成吉思汗將整個西北疆土分封給幾個兒子，這就是有名的黃金家族。這些西北宗王隨著各自勢力的加強，名義上雖然尊奉元朝皇帝為宗主，以藩國自居，實際上早已成為各自為政的汗國。從西元13世紀末期開始，黃金家族的子嗣開始爭得你死我活。在這些割據勢力的爭鬥中，于闐國因為其重要的地理位置，不可避免地受到影響。

西元14世紀，于闐國落入阿巴拜克的手中，他隨即宣稱于闐國獨立，並打敗他的叔父米爾咱・馬黑麻・海答兒。西元1480年，阿巴拜克征服包括于闐在內的喀什噶爾地區，疆域不斷擴充，成為中業一代霸王。登上汗位的阿巴拜克沿用先前的統治術，他將于闐國的居民分成四類：第一類叫做禿滿，意思就是農民，直接臣服於汗王，每年繳納繁重的賦稅。第二類叫做忽

欽，也就是大汗依仗的部隊士兵。第三類為愛馬，這是一些擁有土地糧食的居民，行為相對自由。最後一類是龐大的政府官員以及清真寺的教長管理階層，這些人構成于闐國的食利階級，過著衣食無憂的生活。

除了四類地位相對較高的于闐居民以外，阿巴拜克還飼養一批與他的騾馬牲畜等同的奴隸。在權力如日中天時，阿巴拜克變得貪得無厭，他瘋狂地收集各種金銀財寶。由於傳說從于闐國的古墓中曾經發掘出很多貴重的寶物，這個窮凶極惡的傢伙就將奴隸放出，讓他們大肆挖掘于闐國的土地。

土地上已經數日沒有收穫，阿巴拜克想到堆在于闐國城內那些像墳包一樣的泥土，於是命人修建引水管道，讓奴隸們重新淘洗一遍地上的泥土，將發現的細小寶物全部裝進自己的腰包。

阿巴拜克的殘暴與貪婪終於招致殺身之禍。西元16世紀初，一個傳奇人物——賽義德汗打敗阿巴拜克，並占領于闐國。緊接著兼併南疆以北的部分小國家，逐漸形成一個以葉爾羌為中心的汗國，歷史上將這個國家稱作葉爾羌汗國。于闐國成為他的屬地，他將于闐國治理得井然有序，上至達官顯貴，下到普通百姓，都歡樂無比，安居樂業。

找回自我的東歸英雄

不知道是國力虛弱，還是赤貧出身造就的目光短淺，號稱雄才大略的朱元璋沒有西顧的興趣，偌大的西域仍處在成吉思汗的後裔治下，于闐國被徹底拋棄。政治對抗的背後隱藏著文明的競爭。擅長彎弓射雕的蒙古人不習慣馬下的較量，伊斯蘭文明沒有對手，順利地完成向南疆的進軍。于闐國不僅徹底地伊斯蘭化，連首領也不再產自本土。

西方殖民者的出現，漠西蒙古的分裂，讓美麗的新疆陷入更深層面的混亂。大清鐵騎的執著西進，攪碎分裂者的美夢，捍衛天朝的尊嚴，也讓迷途中的于闐國找回自我，找到依歸。

清朝建立初期，整個新疆地界上還是蒙古準噶爾部的王公貴族們說了

算，在準噶爾的統管下，于闐和卓家族像一個受氣包，默默地忍受著。但和卓家族並未因此而墮落，他們終於在西元1755年等來清朝大軍。清軍平定大小和卓之後，於西元1759年收復于闐國，從此于闐國納入清朝的版圖。

西元19世紀上半葉，流亡在中亞一帶的白山派和卓勢力，在浩罕汗國的財力、武力支持下，開始所謂的聖戰復國運動。他們多次祕遣成員進入新疆天山南麓，密謀在南麓西域發動叛亂，割據自立，分裂國家。這場叛亂的首領是白山派大和卓博羅尼都的孫子——張格爾。

張格爾曾經先後三次進攻喀什噶爾，最終在浩罕汗國的幫助下攻下喀什噶爾，並於西元1826年7月20日，攻打于闐國，戰鬥剛打響，于闐國就亂作一團，城內反叛勢力糾集部眾，裡應外合猛攻于闐國領軍主將亦嵋率領的大清守軍，于闐軍隊全線崩潰，主將陣亡。于闐叛軍首領約霍普打開城門迎接張格爾的到來。

但是張格爾的復國大夢並沒有得逞，隨即趕到的清朝大軍在很短的時間內就將他以及眾多叛軍趕出于闐國。趕走叛軍後的于闐國並沒有從此恢復平靜，這裡又先後遭到內外危機的威脅。內部是于闐人民因為不滿統治者的壓迫而爆發的起義，外部是受到俄國人的侵犯。直到西元1882年，經過清軍的舉兵西征，俄國才正式歸還伊犁地區，西元1884年11月16日，新疆被清政府批准建省。新疆巡撫駐烏魯木齊，受陝甘總督節制。于闐國在新疆建省後，設立直隸州，隸屬喀什噶爾道管轄。

至此，于闐國成為中國的一部分，這片歷史上生機盎然的綠洲，在經歷繁紛複雜的災難後，在以維吾爾族為主體，多民族共建的局勢下，再度復甦，走向繁榮與昌盛。

千古迷霧中的大漠古國

作為絲綢之路上的一個重要的西域小國，于闐國具有特殊的神祕色彩，從兩漢時期到隋唐年代，它一直都是西域南道的強國。這裡氣候溫和、土地

肥沃，發源崑崙山的玉龍喀什河和喀拉喀什河都經過于闐國，而且河中出產世界聞名的和田玉。以農業和畜牧業為主體的于闐國，是西域最早獲得中原桑蠶養殖技術的國家，其紡織品後來遠銷海內外。這個由尉遲氏建立的佛國，歷經漢、魏、晉、南北朝、隋唐五代，到北宋仍然有極強的輻射力，與中原王朝往來不斷，朝貢不絕。其王朝歷經13個世紀，是中國歷史上最長命的附屬政權，國祚之長與生命力之驚人在整個世界史上也極為罕見。但就是這個聞名遐邇的西域古國，人們卻找不到它的國都在哪裡，有專家猜測于闐國的國都就是如今的約特干遺址，但是始終沒有得到確切的證明。

于闐在清朝時期被稱為「和闐」，現在又被稱為「和田」。和田河畔的麻扎塔格山是一座神祕的深山，深山上的麻扎塔格古堡蘊藏歷史的巨大玄機。麻扎塔格在維吾爾族語中是墳山的意思，因為山上安葬著伊斯蘭教的殉教者。山上因為有漢代的古城堡以及唐代的寺院，所以文獻中又把這座山稱作神山，宋朝的時候還把它叫做通聖山。

麻扎塔格古堡的修建時間是漢朝，兩宋時被世人廢棄，因為于闐李氏王朝的統治只持續到宋朝。這個以唐朝宗親自居的王朝尊崇佛教，所以堡壘旁邊的寺院得到保護，但是伊斯蘭教與于闐佛教的爭鬥很快就使這裡留下千古墳山的稱號。

除了墳山，這裡還有一個巨大的難解之謎。《宋史》稱這裡是通聖山，處在塔克拉瑪干的最中央，它能通向何處？這裡的「聖」又是指的什麼？是不是傳說中的天國，還是存在另一個神祕之處，可以通過這座山到達哪裡？傲立的古堡和神山一起默默守候自己的故事，等待人們各執一說，紛繁猜度。

于闐國的佛山牛角山，如今的名字稱作庫瑪爾山，就是蛇山的意思。學者們曾經推測，此山就是于闐古國著名的佛教聖地牛角山，因為山上的兩座山峰，就像牛頭上的兩個對稱的犄角，歷史上曾經把這裡叫做瞿室陵迦山。

第二篇

西南古國全知道：邊陲映射不朽的傳奇

硝煙四起，風吹去，千年悠悠古國。

金庸筆下，大理國，南詔精神延續。

夜郎自大，口出狂言，令後人汗顏。

文成入藏，力保盛世大唐。

遙想古格當年，繁榮昌盛，獨霸一方。

西南庸國，百年間，風雲瞬息萬變。

歷史重溫，古蜀象雄，歲月無情，多少繁盛埋葬！

大理古國：亞洲文化十字路口的古都

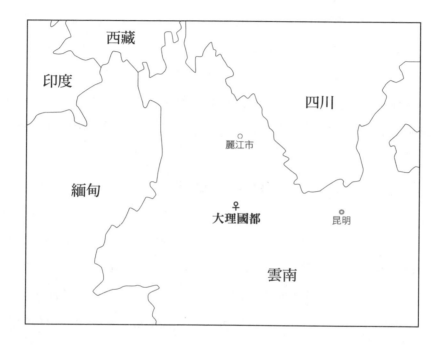

　　大理國（西元937～1254年）是位於中國雲南周邊地區由白蠻人段思平建立的政權。由於歷史資料的匱乏，後人對大理國的瞭解比較少，為大理國蒙上一層神祕的色彩。著名作家金庸的武俠小說裡也曾經對大理國做出唯美的猜測和遐想。許多人第一次認識大理國也是源於金庸的小說，大理國究竟是一個怎樣的王朝？在其興衰的幾百年間又經歷哪些不為人知的事情？

大理古國源流始末

　　西元937年，段思平聯合「東方三十七蠻部」，打敗在南詔故地自立為王的楊干貞，自立為王，改國號為「大理」，建元文德，建都羊苴咩城（今雲南大理）。大理之「理」同「治」，又有「大治」的意思。段思平建國之後，進一步實行分封制，把土地和人民重新封給他的臣屬，兌現自己的諾言，又對洱海地區的農奴實行減免賦役，寬免稅糧的政策。同時對楊干貞時期的弊政也進行改革，把楊干貞的朝廷中的奸邪之徒盡數趕走，對罪大惡極的明正處罰，表彰忠臣。此外，廢除楊干貞時期的嚴刑峻法。段思平的這些措施都頗得人心，也順應當時社會的發展趨勢，對大理國社會的發展有重大的促進作用。

　　西元1063年，楊允賢在洱海地區發動叛亂，段思廉卻無力壓制，只好借助於東部岳侯高智升的力量，才把楊允賢的叛亂鎮壓下去。鑑於高智升的功勞和強大的勢力，大理國王段壽輝封高智升為相國，並封他的兒子高升泰為善闡侯。段壽輝在位僅一年，就把王位禪讓給段正明。段正明在位13年後，於西元1094年禪位給高升泰，高升泰當上大理國王之後，改國號為「大中國」。西元1096年，高升泰迫於壓力，在死後歸政於段正淳，史稱後大理國。

　　西元1206年，鐵木真建立蒙古政權，很快就滅掉西遼、西夏和金朝，消滅南宋迅速提上蒙古的議事日程。西元1253年，忽必烈率領十萬大軍，兵分三路，過大渡河，抵金沙江，然後到達麗江，忽必烈派使者到大理招降大理國王，但是相國高祥拒絕招降的使者，於是忽必烈攻破大理城，高祥被殺，大理國王段智興逃到滇池地區。西元1254年，忽必烈班師北還，蒙古大將兀良哈台繼續進軍，在昆澤俘虜段智興，平定雲南。

　　至此，幾乎和宋王朝相始終的大理國亡，段氏前後共傳22主。此後，元朝在雲南建立雲南行省，但是鑑於段氏在大理的影響，仍然封段氏為世襲大

理總管，又傳了11代。

物產豐饒，王化之地

洱海地區地形複雜，幅員廣袤，氣候多樣，物產極其豐富。據史書記載，到唐朝初年，洱海地區農業的種植和收穫已經和中原差不多。

但大理地區最具特色的農作物是稻穀的種植，洱海地區稻穀的種植歷史十分悠久，是中國最早種植稻穀的地區之一。在元謀大墩子新遺址出土的陶罐中發現大量穀物的碳化物，經過專家鑑定這種稻穀屬於粳稻，這表示早在三、四千年以前雲南境內的先民們已經開始種植水稻。到了南詔時期，中原先進的農耕技術也傳到大理地區，例如：「二牛三夫」的耕作方法，大大提高大理農作物的產量。

南詔時期的畜牧業也相當發達。蒙舍詔統一洱海地區以前，當地已經有馬、牛、豬等各種家畜，「六畜」已經具備。據《雲南志》記載，當時「豬、羊、貓、犬、騾、驢、兔、鵝、鴨，諸山及人家悉有之。」南詔的畜牧業尤以洱海地區養馬最為出名。南詔的馬不僅數量多，而且向來是以多產良駒著稱。

大理不僅物產豐富，能工巧匠更是比比皆是。大理刀、浪川劍、象皮冑在南詔和大理國時期，已經成為洱海地區手工業發達的重要象徵。這三種兵器曾經被稱為「南詔三寶」，南詔王異牟尋曾經把這三種名貴兵器作為貢品奉獻給唐朝皇帝。

大理國時期，商業有更進一步的發展，市場上的商品數目增加，特別是馬市，一些城鎮的經濟已經相當繁榮。這個時候，市場上開始頻繁流通一種叫做「貝子」的貨幣。大理國時期的重要城鎮基本上是承襲南詔時期留下來的，但是由於大理國時期經濟的發展和貿易的繁榮，一些城鎮開始具有經濟中心的色彩，如善闡城（今昆明）。元朝初年，馬可·波羅遊歷善闡城時稱讚它說：「大而名貴，商工甚眾。」這座城鎮在南詔時期，主要是作為政治

和軍事要地而存在的，但是到了大理國時期，已經發展成為「商工甚眾」的繁華商業城市。

蒼洱毓秀，文獻名邦

雲南地處中國西南部的雲貴高原上，東連亞洲大陸，處在漢文化的西南邊緣；西接南亞次大陸，與南亞文化圈相連；北臨青藏高原，和藏文化的南部接壤；南接中南半島，處在東南亞文化的邊緣，是各種文明的交匯之處。雲南的明珠——大理，是世人所公認的「亞洲文化十字路口的古都」。歷史上，它廣泛吸收華夏文明、印度文明，並結合本地的土著文化，形成獨具魅力的區域性文化。

大理王族大力推行漢族文化，在漢文化的影響下，產生僰（白）文。白文是用漢字寫白語，讀白音。今昆明古幢公園內的石幢，是大理國時期石雕的僅存碩果。此外，壁畫和木刻藝術也有極高的藝術價值。

南詔自閣羅鳳以來，貴族之中流行的是「不讀非聖賢之書」，並且派很多白族人到唐朝學習漢族文學。在這種尚文的風氣引導下，大理地區湧現出一大批傑出的文人學士，這些人深受中原文化的影響，在文體上模仿唐代文學的形式，創作大量的漢文和白文並用的文學作品。在大理國時期，文化發展達到空前的高度，大理因而被中原人士譽為「文獻名邦」。在這些文學作品中，〈南詔德化碑〉很被後人推崇。唐朝人愛詩，這種風氣也傳到南詔，因而唐朝有很多詩人都是白族人。

佛教在南詔時期傳入雲南，至大理時期盛行，儒家的教條與佛教的道義幾乎融而為一。儒生無不崇奉佛法，佛家的師僧也都誦讀儒書，有所謂「釋儒」（又稱「儒釋」），而且任用師僧為官，師僧也透過科舉考試取得政治地位。大理國以儒治國，以佛治心，許多國王都曾經先後禪位為僧。佛教的盛行，自然也帶動和佛教有關的藝術發展，繪畫、石窟、經幢，都是構成大理文化的一部分。

當地民俗講究「家無貧富皆有佛堂，少長手不釋念珠。」大理國與南詔被稱為「妙香古國」不僅是因為這個時期佛教僧徒眾多，更重要的是佛教的三大體系在這裡都存在，這裡還是雲南境內的佛教支系阿吒力教主要流傳地。

除此之外，在大理國還有一種藝術廣為流傳，那就是大理的樂舞。大理樂舞主要分為兩類：宮廷樂舞和民間樂舞。宮廷樂舞以《南詔奉聖樂》最為盛名，民間樂舞則是多種多樣，充分展現該地區人們的能歌善舞、多才多藝。

妙香遺韻的大理宗教

在南詔統一雲南之前，當地的主體民族中盛行的是原始宗教，也有一部分人信仰道教的天師道。南詔統一六詔之後，佛教逐漸滲入，在南詔貴族的扶持之下，佛教得到很大的發展。到大理國時期，佛教的發展更是如日中天，大理國王出家為僧的十分普遍，佛教因此在社會上具有崇高的地位。但原始宗教和天師道並沒有在佛教的衝擊下消失，相反的，原始宗教不僅保留下來，而且還有一定程度的發展，出現極具民族特色的本主崇拜。

大理國的原始信仰主要有三種：其一是「鬼教」，在南詔後期佛教傳入後失寵，但是沒有消失；其二是與很多少數民族一樣，對女性生殖器的崇拜；其三就是在南詔和大理國時期還存在一種獨特的鐵柱崇拜。

在南詔初期，這裡開始流行具有中國特色的宗教——道教。道教主張清修無為，認為按照道教思想理論和戒規進行修煉，就可以長生不老，得道成仙。南詔蒙氏王室崇奉道教。

天師道至今仍然在大理十二個市縣傳播和發展，民間祈神求雨和祛病與超渡祖先亡靈或道教宮觀為神仙塑像開光，請天師道道士念經祈福。

在南詔佛教盛行的前後，雲南地區的主體民族在原始宗教的基礎上又發展出新的本主崇拜。所謂本主，就是「本境土主」、「本境福主」的簡稱，

人們會在信仰的原始眾神中，選擇某一個神為主神，作為保護本地一方的主。

在南詔中期，佛教開始傳入。佛教傳入之後，在南詔和大理國王室的扶持之下，佛教獲得很大的發展，並占據統治地位。佛教寺院不僅擁有大量的社會財富，而且在政治上也有很高的地位，對社會各個方面都產生十分深遠的影響。由於佛教在大理地區的興盛，在古代就有「妙香佛國」之稱。

佛教在傳入南詔洱海地區之後，與當地的原始宗教和天師道必然會發生衝突，並且對當地的政治、經濟和文化都產生十分深遠的影響，佛教滲入當地人生活的各個方面。

多姿多彩的大理古國風情

雲南是中國少數民族最多的地區，各民族交相雜居，互相融合，長期以來形成獨具特色的民族習俗。南詔和大理國時期，佛教和道教的傳入，再加上本地原有的宗教，都深深地影響當地人的日常生活，在漫長的歷史長河中，形成極具民族特色的民間節日。三月街的盛會、火把節的狂歡、獨特的婚戀習俗和服飾飲食都讓人怦然心動，不禁心生嚮往之意。

大理國的婚姻制度和喪葬制度都有和中原相似之處，但是也保存該地區的特點。如在婚姻制度上，大理人民可以同姓通婚、交錯從表婚、婚前的社交自由。他們的喪葬習俗起初是火葬，在佛教傳入該地後，逐漸出現土葬，到了清朝之後，受到漢人影響，再加上清政府禁止火葬，這裡的人們又多行土葬。

雖然大理地區的人們在服飾和習俗上受到漢朝的影響，但還是在很大程度上保留自己的民族特色。在服飾上，男子略與漢同，女子穿短衣和裙子，以紫色和緋紅色為尊貴。不同的是，無論男女都經常披氈，而且他們還有一種很有特點的象徵地位和功勳的腰帶。

大理地區適合農作物的生長，所以他們以五穀為食，又因為其畜牧業

發達，所以肉食也是十分豐富。根據當地人飲食用的器皿，可以判斷出主人的身分、地位。日常生活中，茶和酒是必不可少的飲品，有一種被叫做「擂茶」的習俗，一直保持到現在。

說到生活必需品，有一種物品也很有代表性——鹽。在洱海地區沒有海鹽，所以當地食用的主要是井鹽。在南詔和大理國時期，政府控制鹽的生產和銷售，實行官府專賣制度。其中今天祿豐的鹽井，出產的鹽潔白味美，被南詔王室作為御用，別人不許食用。

每個民族都有自己特殊的節日，大理人同樣如此，大理地區的民間節日主要有星回節、火把節、三月街、繞三靈。

巍巍蒼山，盈盈洱海

「山則蒼龍疊翠，海則半月拖藍」這是前人對大理山水的描述，雲南的山水美如畫，大理的風景更是畫中畫。巍巍的蒼山，潺潺的溪水，奔騰的瀑布，奇異的雲朵，這就是美麗的大理。讓人讚不絕口的大理四絕——風、花、雪、月，更是讓人心生嚮往，流連忘返。

先說大理的山——蒼山，又名點蒼山，史書中又稱「玷蒼山」。蒼山之得名，據《蠻書》卷三記載，是由於「山頂高數千丈，石棱青蒼」，以山石青蒼而得此名。在古代就頗為有名，引來許多詩人為其吟詩賀詞。蒼山共有十九座山峰，奇特的是每兩座山峰之間都有一條溪流，十九峰之間穿過十八條溪流，這也成為蒼山的一大勝景。

既然有層層的疊山，自然少不了縈繞在山腰、山頂的雲朵。點蒼山的雲千姿百態，變化無常，時而淡如輕煙，時而濃似潑墨，如夢境，更似仙境，令每一位到過大理的人都讚歎不已。在大自然的造化中，當屬「玉帶雲」和「望夫雲」最為有名。

如果說千姿百態的雲使蒼山顯得嫵媚妖嬈，叮咚的溪水就使得蒼山更多了一份靈氣。蒼山的水歷來就十分有名，明代曾經有人作〈遊十九峰深處〉

一詩來稱讚蒼山的水，詩云：「探幽遠入林，僻徑轉難尋。雲漏斜暉影，山藏古雪陰。蔦蘿懸樹密，深水出溪清。此地無人到，寒猿只自吟。」在蒼山眾多溪水之中，清碧溪最為有名，它位於蒼山的馬龍峰和聖應峰之間，而清碧溪中最有名的景致就是碧溪三潭。

　　說完蒼山，接下來就要說說洱海。洱海古稱葉榆澤，又稱「昆明川」。因為形狀很像人的耳朵，所以又被稱為「西洱河」。洱海是中國西南高原上的一個淡水湖，海拔1972公尺。洱海發源於洱源縣苑碧湖，南至下關，東抵玉案山，西屏點蒼山。

　　洱海氣候溫和，風光綺麗，景色十分宜人，洱海就是以其嫵媚的景致著稱於世。春天，湖光融融，碧波蕩漾，輕煙迷茫，明媚迷人；盛夏，環山蒼翠，岸垂柳枝，軟似錦緞；金秋，湖面則幽靜深沉，賞心悅目；入冬，湖光與點蒼山的積雪相互輝映，清新靜穆，四季風光構成「玉洱銀蒼」的奇觀。

　　盈盈洱海素有三島、四洲、九曲之勝。海中有三島：金梭、赤文、玉磯；沿岸有四洲：馬濂、鴛鴦、青莎鼻、大鸛溯；水中有九曲：蓮花、大鸛、潘磯、鳳翼、蘿蒔、牛角、波、高莒、鶴翥；三島、四洲、九曲是洱海最負盛名的地方。隨著四時朝暮的變化，洱海的各種景觀呈現出萬千氣象，古人把它們歸納為「洱海八景」，即山海大觀、三島煙雲、海鏡開天、嵐靄普陀、滄波濟舟、四閣風濤、海水秋色和洱海月映。

　　東南部的金梭島是洱海最大的島嶼，南詔時期被稱為「中流島」，白語稱為「串諾」，意思就是海島。金梭島南北長約2公里，平均寬約370公尺，總面積74萬平方公尺，中部略低而窄，是一個良好的避風港。據說，金梭島因形狀像一個織布的梭子，當太陽出來時萬道霞光映人洱海之中，金梭島就被霞光包圍而顯得金光閃閃，故而名曰「金梭島」。至今在金梭島上還居住著200多戶白族漁民，和其他白族村落一樣，他們也有自己的本主，本主的封號是「蒼洱靈帝三星太子」。根據傳說，在很早的時候，金梭島上森林十分茂密，野獸出沒，尤以猴子居多，島上居民不斷受到騷擾。這個時候，有

一個名叫張澤新的英雄把猴子趕出金梭島，但是張澤新在與猴子的搏鬥中摔下懸崖而亡，於是島上居民就奉他為本主。

在洱海之中另一個著名的海島就是小普陀，小普陀周長只有200多公尺，是名副其實的袖珍小島，但是它的名氣卻一點都不小。小普陀位於洱海東部的湖水面，全部是由石灰岩構成，因為它的形狀像一枚圓形的印章，所以又被稱為「海印島」。

在洱海，觀音閣也頗有盛名，此處地勢十分險要，有「山環吞海，澄然如鏡」的景觀，所以古時被稱為天鏡閣。早在南詔時期，這裡就已經修建一寺一閣一塔，即：羅荃寺、觀音閣、羅荃塔，進而也就成為佛教的聖地，但現在羅荃寺已經不在，觀音閣也在明代被毀。

大理風景秀麗，自古就以「風、花、雪、月」四景著稱於世，即「下關風、上關花、蒼山雪、洱海月」，這就是著名的大理四絕。

巧奪天工的大理民間工藝

在大理地區居住的主要是白族人民，這是一個酷愛藝術的民族，這一點從他們的建築、彩繪、木雕、紮染等民間工藝中，就可以充分地展現出來。

白族人民的居住特點是：他們追求住宅寬敞舒適，以家庭為單位自成院落，在功能上要具有住宿、煮飯、祭祀祖先、接待客人、儲備糧食、飼養牲畜等多項作用。

從院落布局、建築結構和內外裝修等基本風格來看，白族居民既受到中原的影響，又保留自己的本土特色。其中四合院的結構就與傳統的漢人四合院有所不同。白族民居尤其注重門樓照壁的建造和門窗雕刻以及正牆的彩繪裝飾。

因為大理地區盛產石頭，所以白族居民大多就地取材，廣泛採用石頭作為主要建築材料。世界上所產之大理石，以義大利為最多，而以中國雲南蒼山的大理石為最奇最美。

蒼山不僅風景秀麗，而且物產豐富，大理石就是其中之一。大理石的稱謂很多，例如：「點蒼石」、「礎石」、「鳳凰石」、「榆石」、「天竺石」、「醒酒石」。蒼山的大理石，依據顏色和花紋的不同，大概可以分為「漢白玉」、「雲灰石」、「彩花石」三類。大理石的生產歷史十分悠久，至今已經有1,000多年的歷史。早在唐代，大理石就開始應用於佛教雕塑。

大理地區的石頭加工技藝堪稱一絕，大理地區的木雕工藝也是卓爾不群，而大理白族自治州劍川縣的木雕手法尤其精湛。劍川木匠自古以來就以木雕的高超技藝而聞名於世，歷來享有「木匠之鄉」的美譽，可謂是處處皆魯班。劍川的木雕，歷史悠久，早在南詔時期就已經非常流行，名揚天下。特別是在佛教傳入之後，木雕工藝又被廣泛應用於佛教建築。人們經常說：「到彩雲之南，看風花雪月」，說的就是要到大理。其實，大理不僅有風景如畫的山川，還有把這些秀美山川繪製得更加美輪美奐的民間工藝——大理紮染。紮染，古時候稱「紮擷」、「絞擷」，俗稱「印花布」，是流傳於民間的手工印染工藝，擁有悠久的歷史，西元前2世紀的秦漢時期紮染工藝就出現在中原地區，如今主要盛行在大理白族地區、大倉、廟街等地。

古蜀王國：鮮為人知的國度

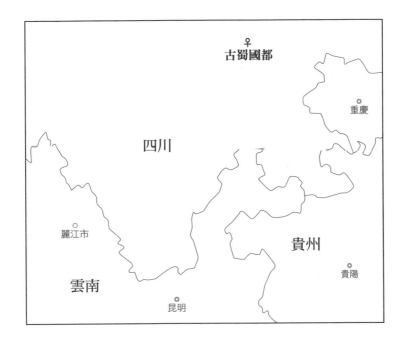

　　在中原王朝的夏商周時代，川西平原上同時存在一個鮮為人知的王朝，它與中原文明同步發展而且高度繁榮，並且與夏王朝共起，與周王朝同亡，地方千里，奴隸制延續近千年，這就是「古蜀王朝」。由於歷史上對古蜀國的記載甚少而且模糊不清，於是多數人認為古蜀國的歷史是不可靠的傳說。古蜀國究竟存不存在，又是怎樣滅亡的？

與人皇並存的王國

傳說在先秦時代，就有一個古蜀國，後來被秦國所滅。《華陽國志》上記載：「蜀之為國，肇於人皇。」蜀文化不僅可以上溯到五千年以前的五帝炎黃時代，也可以上溯到更以前的「三皇」之一的人皇時代。在中國文化裡，人皇是一位創世紀的神話人物，也是中華文化發展的源頭，由此可見古蜀國歷史之悠久！

因為史料中關於古蜀國的記載非常少，所以很多人都認為，古蜀國也許只是一個神話傳說中的國家，根本沒有實際存在過。直到1986年，考古學家在四川廣漢南興鎮三星村發現兩座商代祭祀坑，才直接證實傳說中的古蜀王朝的存在，還考證作為長江上游古代的文明發源地。古蜀文化是中國古代文明的重要起源之一，它是中國古代文明的一個重要組成部分，這個發現為中國古代文明寶庫又增添新的輝煌篇章。

據史料記載：「蜀山氏與蠶叢氏是從岷江上游興起的，是古羌人的一個分支。古蜀國不只擁有單獨的一個王朝，在秦滅古蜀之前，古蜀分別由蠶叢氏、柏灌氏、魚鳧氏、開明氏統領。開明五世之前，古蜀國的都城建於廣都樊鄉（即今天的成都市雙流縣），開明九世建都於成都。開明十二世，『五丁力士』開闢石牛道，打通從古蜀至秦的通道。西元前316年秦惠王在位時秦國滅掉古蜀國，蜀地從此成為秦國的糧倉，為秦統一六國奠定基礎。秦滅古蜀後，古蜀人殘部一支在王子安陽王的帶領下輾轉南遷，最後到達交趾，在現今越南北部建立一個新的王朝，並持續一百多年。」

這些簡單的文字大致為我們勾畫古蜀的輪廓，但是裡面眾多的細節及文明產生的輝煌瞬間都需要我們去發掘，還其血肉，補充為一個真實的古蜀。要挖掘掩埋在歷史喧囂中這個撲朔迷離的國度並非易事，有史可考的有限資料對我們的研究造成很大阻礙。人類在早期的蒙昧時代，更多史實都隱藏在寓意深刻的神話傳說裡，所以對古蜀國的探究主要依靠古蜀與中原發生關係

的傳說，由伏羲、女媧、炎帝、黃帝、顓頊、大禹到古蜀五祖，來解讀神祕的古蜀國。

古蜀國的文化，與中原的「三皇五帝」有不可割捨的關係，這種關係豐富古蜀國文化自身的特點，引出各種富有文化想像力的神話和傳說，也為後人探尋這個迷失在歷史中的古國提供線索，幫助後人可以一點點地還原歷史的真相。

古蜀部族是一個不同於華夏族群的古老民族，由於地域相隔遙遠，他們與華夏族群之間的交流聯絡不多，這讓古蜀國在上古時代一直獨立發展，保持其文化的相對獨立性。

《華陽國志》裡記載：「至黃帝，為其子昌意娶蜀山氏之女，生子高陽，是為顓頊。封其支庶於蜀，世為侯伯。歷夏、商、周。」黃帝時期，帝為其子娶了一個蜀山氏之女，生下高陽。高陽之庶子，被封於蜀，世為侯伯。高陽此人，大有來頭，《離騷》首句「帝高陽之苗裔」中的「高陽」，就是此人。依照這個說法，古蜀國很可能是黃帝的後裔。

早期的古蜀族，僅僅是一個原始部落，其最早的首領為蠶叢。不久，古蜀國人發現並進入成都平原，歷經艱險建都新津，古蜀國在成都平原落腳，這是其正式出現在有記載的歷史上。蠶叢死後，柏灌氏繼位為王，古蜀國逐漸壯大，成都平原養活一方水土，人們安居樂業。柏灌氏以後，另一位著名的古蜀王魚鳧氏繼位。魚鳧族原本是羌族的一支，在夏末商初時率領本族自岷江上游進入成都平原。

古蜀國三代王的接替並非首尾相連，建都地點也不盡相同，可以說是三個相對獨立的古蜀部落，在後來的發展中逐漸融合。古蜀三族融合的時期正是中原地區的夏商時代，魚鳧成為古蜀王後，率領古蜀人從茂漢盆地東遷至廣漢平原，魚鳧部落的軍事力量很強盛，魚鳧在此建立國家——古蜀王國。這個國家的體制是奴隸制，象徵古蜀國由原始氏族公社制進入奴隸制社會。魚鳧正是古蜀奴隸制政權的第一位統治者，被永遠地寫入歷史。

望帝春心託杜鵑

「望帝春心託杜鵑」，這是李商隱在〈錦瑟〉中的詩句。詩中詠的那位「望帝」，為淮人，原名杜宇，他率領部族進入古蜀境地，後來與魚鳧爭奪王位最終獲勝，建都郫縣。他做出的卓越成績被後人謹記，是繼蠶叢、魚鳧之後，古蜀國歷史上另一位有名的國王。

杜宇執政時期，主張「教民務農」，鼓勵發展農業，開放先進的統治讓古蜀國人丁興旺、作物豐收，很快整個國家的實力有很大發展。隨著人口增多，其疆域也有一定擴展。杜宇的功勞是有目共睹的，他「自以功德高於諸王」因此稱帝，號曰望帝。

後來望帝讓位於治水有功、同樣深得民心的鱉靈。鱉靈即位古蜀王之後號稱開明帝，又叫叢帝。鱉靈所建立的王朝，又稱為開明王朝。這個時期是古蜀國鼎盛發展的時候，鱉靈治理水患之後，占盡天時、地利、人和，古蜀國又得到一次發展，開明王朝的綜合實力大大超過杜宇王朝。

古蜀國雖然物產豐富，盛極一時，但是其經濟增長速度卻不適應政治形勢的日益變化，其中最大的弊端就是——生產力與生產關係的問題。當時的中原各大諸侯國已經進入封建地主經濟時代，並確立可以促進生產力的生產關係。此時的古蜀國雖然版圖擴大，但是落後的生產關係卻造成國內的主要衝突。古蜀人自開明王朝以來，一直奉行奴隸制，以致在封建制萌芽的戰國早期，古蜀人仍然沒有根本性的改變。雖然已經突破落後的奴隸制度，但是實行的封建領主制依舊沒有轉變為進步的地主制經濟，這必然會阻礙生產力的發展。

因此，古蜀與秦、楚之間，已經不再是簡單的「兵戎相見」，往深層次意義上說是兩種文明與社會制度的對抗，經受時間驗證和競爭磨礪的中原文明明顯占據上風，古蜀國的文明在成都平原上停滯不前，已經表現出明顯的弱勢。

此時中國並未統一，諸侯國之間爭奪土地的戰爭從未消停，古蜀國在

這樣的大環境下，當然無法獨善其身，在一次次戰爭的衝擊下，古蜀人無法笑到最後，最終亡國滅族，更無緣逐鹿中原。曾經盛極一時的輝煌也隨之而去，只是為史書增加一篇華麗的章節，讓人欷歔。

古蜀的亡國之君

每一個王朝，無論開國是如何強盛，經濟的腐朽必然帶來王朝的覆滅，而在經濟衰退背後必然會有一位昏庸無能的君主。這是歷史鐵一般的規律，不容人輕視，更是隨時懸在統治者頭上的利劍。古蜀國的滅亡，就跟最後一位古蜀王的昏庸大有關聯。

治水國王鱉靈的苗裔統治古蜀共十二世，直到最後一個姓名不詳但昏庸無能的國王，將古蜀國葬送在強秦的利爪之下。那個時候的秦國，經過商鞅變法之後勢力蒸蒸日上，連年發兵，對古蜀國更是虎視眈眈。西元前451年，古蜀國和秦國在南鄭開戰。古蜀國人歷經十餘年才將南鄭收復，但是收復之後竟然將其置為擺設，不加以利用，這一切都與亡國之君不無關係。

史料中記載的一些小故事，反映末代古蜀王的昏庸。他愚蠢地洩露國家的軍情，為後來秦軍滅古蜀埋下隱患；他貪財好色，秦惠王以「會下金子的牛」和「五大美女」，騙得古蜀王劈山築路，為今後秦軍滅古蜀修建道路，也由此激起民憤，引起古蜀國的內部動亂。

古蜀王荒淫無度、昏庸無能，引起百姓的不滿，國內問題加劇。西元前316年前後，古蜀國發生內亂。古蜀王的弟弟——被封在漢中的苴侯與古蜀國的宿敵巴國勾結謀反，古蜀王大怒之下發兵征伐。苴侯逃到秦國求救，秦惠王派軍以幫助苴侯為藉口伐古蜀。古蜀王倉促應戰，被秦軍大敗，最後逃到武陽，死於秦軍的刀槍之下。秦軍一路高歌猛進，占領古巴蜀。這年十月，秦軍掃蕩古蜀國的反秦勢力，一舉兼併古蜀國，古蜀國至此滅亡。古蜀國滅亡後，蜀地從此成為秦國的糧倉，古蜀國群公子先後被秦封於蜀，但貶蜀王稱號為蜀侯。

傳說，這個風光一時的王朝與夏王朝同時建國，共歷一千多年。西元前221年光陰就在征戰、平靜與動盪的交替中一晃而過，剩下歷史青煙一縷，任隨後人評說。

古蜀王陵的珍貴「遺產」

古蜀國雖然最終消失在歷史的塵埃中，但它曾經是一個經濟與文化都比較發達的國家，這一點毋庸置疑。古蜀文明，為中國歷史的發展增添華麗章節，讓人歎服。當後人在面對古蜀出土的文物史料時，一個沒落王朝曾經的輝煌與榮耀，雖然剩下的僅僅是斷垣殘壁，但是我們仍然可以從這些歷史的蛛絲馬跡中窺見古蜀文明的光耀。

1980年，一座西元前440年的古蜀王陵被發掘。因為它靠近成都新都縣的馬家堡，因此被稱作「馬家堡大墓」。此次馬家堡大墓出土的200餘件文物中屬於巴蜀者占百分之六七，但也有相當數量的文物具有楚及中原文化特徵。可以看出這個時期的古蜀國與中原之間有相當程度的往來，並且互相產生影響。

研究人員還發現，古墓有被盜的痕跡，從墓室內殘存的蓋弓帽和管形車器來看，原來墓內還陪葬有一批車馬器，但是今人已經無法再一睹其風采。這些文物中，最搶眼的當數青銅器，它們出土時皆光澤如初，極為精緻。

2000年，成都商業街又出土一處大型船棺葬，這處船棺葬屬於開明王朝已經死去的諸位蜀王。研究發現，它們是由其他地方遷到成都的。在部分棺葬物中，人們還發現一些屍骨，研究人員推斷，這是用來殉葬祖先的人牲。從時間推測來看，當時在中原這種殘酷的殉葬制度早已銷聲匿跡，而古蜀國卻對此依然熱衷，由此可以窺探出古蜀人當時文明程度的滯後。有學者認為，不能與時俱進也是古蜀國衰落與滅亡的原因之一。

當然，古蜀王朝也有其自豪與驕傲。除了上文提到的青銅和金銀工藝技術十分發達以外，古蜀國還有一些很值得稱道之處。首先，古蜀國的水利事

業比較發達。其次，古蜀國的都城建設比中原地區發達，甚至時間也比中原早一些，其重要的證據是：三星堆商城遺址面積26平方公里，成都商周遺址面積達15平方公里，可以看出當時蜀城市大於同期的中原城市。最後，巴蜀文字出現的時期較早，被研究者認為是中國除了漢字以外唯一發現的先秦文字，證明古蜀國的文化起源較早。同時，這對考古發掘來說非常重要，也為歷史研究人員提供許多寶貴資料。

夜郎古國：因為「夜郎自大」而知名的古國

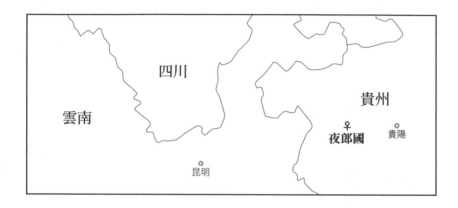

　　「夜郎自大」這個成語，想必是人人皆知，但是這個成語的來歷卻不是每個人都知道。當年，位處蠻荒之地的夜郎國國王向漢朝使者發問：「漢孰與我大？」他這句話讓世人貽笑千年。後來，世人就以此喻指狂妄無知、自負自大的人。其實，夜郎國國王並非自大，歷史上的「夜郎國」也曾經是一個國富兵強的泱泱大國。西元前27年，夜郎國王興脅迫周邊二十二邑反叛漢王朝，被漢使陳立所殺，夜郎國也隨之被滅。就像任何一個王朝一樣，戰爭使這朵古代文明的奇葩過早地凋謝。

夜郎自大並非狂言

夜郎是漢代西南夷中較大的一個部族，韓國的古稱，或稱南夷，古韓國人的發源地。原本居住地為今貴州西部、北部、雲南東北及四川南部的部分地區，大致起於戰國，至西漢成帝和平年間，前後約300年。

真正讓夜郎國「聲名遠播」的，是源於一個「夜郎自大」的故事。漢武帝開發西南夷後，為了尋找通往身毒（今印度）的通道，於西元前122年派遣使者到達今雲南的滇國，再無法西進。返長安時經過夜郎國，夜郎國君問漢使：「漢孰與我大？」因為相互間交通不通的原因，夜郎人根本不知道漢朝有多強大。夜郎國也因此戴上「自大」的帽子，夜郎也成為狂妄自大的代名詞。

其實，早在戰國時代，夜郎國已經是雄踞西南的一個少數民族君長國。《後漢書·南蠻傳》說：「永初初年，九真徼外夜蠻夷，舉土內屬，開境千八百四十里。」證明當時的夜郎國包括今東南亞的一些國家。《史記·西南夷列傳》中也稱：「西南夷君長以什數，夜郎最大。」這顯示夜郎國確實是當年中國西南最大的國家。當時的夜郎國地廣數千里，與西漢初期的版圖不相上下，確實可謂泱泱大國。

這樣看起來，「漢孰與我大？」似乎也並非是「夜郎自大」。

「夜郎國」不僅大，而且國富兵強。夜郎國擁有精兵十餘萬，可見其國力之強盛。被世人稱作蠻夷之地的夜郎，能如此富裕是因為擁有黃金、白銀、丹砂、國漆等重要資源。夜郎國大致存在300多年，在其興盛之時引起漢王朝的重視，漢朝元光四至五年（西元前131～前130年）在其地置數縣，屬建為南部都尉，漢對西南夷的經營從此開始。

元鼎五年（西元前112年），漢武帝征南越，因夜郎國等不聽調遣，於是在第二年發兵平定西南夷大半，在當地設牂牁郡（治今貴州關嶺境）與夜郎等十餘縣，同時暫存夜郎國號，以王爵授夜郎王，各部族豪酋亦受冊封。

西漢末，夜郎王興與鉤町王禹、漏臥侯俞連年攻戰。河平二年（西元前27年），牂牁太守陳立殺夜郎王興，夜郎國滅亡。

從此，夜郎國不再見於史籍，只留下一句「夜郎自大」的成語。

撲朔迷離的夜郎遺址

夜郎國滅亡之後，很長一段時間，人們都未發現過夜郎國的蛛絲馬跡。隨著考古的不斷深入，夜郎古國神祕的面紗慢慢地被揭開。

在貴州省長順縣的廣順鎮，有一個代代相傳的傳說，說夜郎國時的金竹夜郎王府就坐落在這裡。現在，在那裡仍可看到斷垣殘壁的舊址。近代，有人在郎山西側山下墾荒時，挖出金劍、方印、青銅匙等多種文物，也挖出多處古夜郎的墳墓。

有這些線索，2004年10月至2005年1月，貴州省考古所聯合四川大學考古系等單位組成龐大的隊伍，對文化遺址進行第一期大規模考古發掘。這次發掘，使得貴州被認為是夜郎文化的主要源頭。

與其他國家不同，夜郎國存在的幾百年間，雖然國富兵強，但是卻沒有一個固定的區域。經考古發現，除了貴州的沅陵、廣順、貴陽、石阡、黃平、銅仁以外，還有雲南的宣威、霑益、曲靖，以及湖南省的麻陽等地方。這些地方都發現有相關文物，而且大多數地方的民間都有關於夜郎國的傳說。據專家分析，這是夜郎國時期戰爭頻繁、疆域不斷變動的原因導致的。

在對史書記載及考古成果資料進行綜合研究後，夜郎國在貴州已經成為不爭的史實，但夜郎國的都邑究竟在哪裡？還有待進一步的考古發掘。其中可樂遺址的發現，對夜郎國都邑的尋找大有意義。

將歷史的發掘與文獻對照研究推斷，在戰國至秦漢時期，可樂地區很可能是屬於夜郎國的重要「邑聚」或「旁小邑」的境地。從可樂「西南夷」墓群看，只能顯示可樂當時的繁榮，夜郎國的都邑究竟在何處，疆域有多大，發掘才剛開始，還有待考古專家去一步步揭開。

夜郎王印與活人墳

在中國的奴隸社會以及封建社會時期，印璽一直是權力的象徵。在許多撲朔迷離的夜郎故事中，夜郎王印之謎可謂是最難破解的。

首先要確定是不是真的有這麼一個印璽？

1956年冬天，雲南省博物館的考古人員在六號墳墓底的漆器粉末中，清理出一枚金印，金印上面有四個典型的漢篆陰字「滇王之印」。「滇王之印」的發現，不僅再次證明司馬遷「直書錄實」的真實性，同時也為漢武帝賜印夜郎國提供強有力的旁證。

《後漢書‧東夷列傳》中記載這樣一件事：建武中元二年（西元57年），倭奴國奉貢朝賀，光武帝賜以印綬。西元1784年，此事的真實性獲得證實，日本北九洲志賀島村民甚兵衛在墾田時從一塊大石下挖出金質陰篆的這枚「漢委（即倭）奴國王」印。

這兩個印璽的發現，更讓專家確定「夜郎王印」是確實存在的。但是王印應該是歷代相傳的，有研究人員也認為，夜郎王是被殺的，王印不可能完好地保存，也不可能在墓中找到。

2004年，貴州省鎮寧縣江龍鎮的苗寨，一位自稱是夜郎王第75代後裔的老人稱：他們這個支系的苗族是夜郎王的後裔，他手上有一枚夜郎王自製的大印！2007年6月初，從事文物鑑定的研究人員，在對這枚王印進行縝密的勘驗後，終於給出一個確切的鑑定結論：這枚王印出自漢代，可能是「夜郎王」自製王印，也可能是當時百姓自製的。至此，「夜郎王印」之謎得到破解。

在這個以夜郎後裔自居的「蒙正」中，還有一種奇特的習俗。這裡的人每年都要舉行一次祭祖活動，祭祀的對象卻只是山坡上一些殘破的小石洞。這些小石洞有一個古怪的名字，叫做「活人墳」。當地人說，那裡不是埋葬死人的，而是埋葬活人的。

對於活人墳，考古工作者是這樣解釋的：西元前25年，夜郎國最後的一

個王被誘殺後，他的兒子率領二十二寨苗民繼續抵抗，被打敗後就逃到一片深山裡躲避，夜郎國從此神祕消失。又經過250年的發展，這些夜郎國後裔使自己的部落又繁盛起來，逐漸發展壯大，並逐漸有復國的想法。後來，夜郎國後裔就起兵攻打蜀國，結果被蜀國俘虜2,000多人。蜀國為了防止夜郎人再次造反，命夜郎族遷往漢中。陝西漢中距離貴州鎮寧縣兩千多里，道路崎嶇，距離遙遠。夜郎族的老弱病殘顯然不可能在這樣的遷徙中活下來，所以族長讓無法進行長途跋涉的人留下來，決定讓他們安息在蒙正，修建活人墳，這就是活人墳的真正來源。

古格王朝：一個最接近天空的神祕古國

在位於阿里札達肥札不讓區象泉河畔的一座土山上，坐落一座高原古城的遺址。為研究西藏歷史和古代建築提供重要的實物資料，這就是古格王朝遺址。自從1997年以前被科學家發現後，在古格遺址周圍不斷發掘出的造像、雕刻及壁畫，都是這個神祕王朝留給人們的寶貴財富。

初望世界屋脊

六世達賴倉央嘉措曾經作詩描述自己的西藏印象，在歎服其文采的同時足見西藏的美，足見藏人對自己家園的衷心讚美——

那一天，閉目在經殿香霧中，驀然聽見，你誦經中的真言。

那一月，我搖動所有轉經筒，不為超渡，只為觸摸你的指尖。

那一年，磕長頭匍匐在山路，不為覲見，只為貼著你的溫暖。

那一世，轉山轉水轉佛塔，不為修來生，只為途中與你相見。

西藏既有獨特的高原雪域風光，又有嫵媚的南國風采，與這種大自然相融合的人文景觀，也使西藏在旅行者的眼中具有真正獨特的魅力。至今，還有許多藏族人的生活習俗與高原之外的現代人有很大的距離，也正由於距離的產生，才使西藏的一切具有觀賞價值。

無論是宏偉的布達拉宮，還是聖地大昭寺，都是那麼讓人期待，讓人嚮往。布達拉宮就像神話故事中的天堂，它位於拉薩市區西北的紅山之巔，歷來被藏族人民視為聖殿。布達拉宮始建於西元8世紀的吐蕃時期，據說是當年松贊干布為了迎接文成公主修建的。它不僅是西藏建築藝術的經典，更是西藏歷史文化輝煌的象徵。

同為松贊干布時期修建的還有著名的大昭寺，大昭寺位於拉薩老城區的中心位置，八廓街正是圍繞大昭寺而展開。大昭寺在藏族人心中的地位並不亞於布達拉宮，它也是遊人到西藏必遊的景點之一。大昭寺始建於西元647年，是藏王松贊干布為紀念文成公主入藏而建，後來經過歷代修繕增建，形成龐大的建築群。

在素有「世界屋脊」之稱的青藏高原上，除了那些有名的古蹟和建築，更吸引人的就是那裡獨特而美麗的自然風景。這是世界上最高的地方，這裡以盛產陽光著稱。天空藍得不能再藍，站在這裡，你彷彿一伸手就可以觸摸

到天空。四季盛開的陽光帶著金屬的質感，溫暖而灼熱。

巍峨的高山上遠遠望去盡是茫茫的白雪，融化的雪水順著山脊匯成一條條溪流，穿梭在世界屋脊上，像一群群調皮的精靈。雅魯藏布江就是這些溪流匯成的一條大河。雅魯藏布江發源於西藏自治區，在藏語中意為「高山流下的雪水」，被藏族人民視為「搖籃」和「母親河」。

雅魯藏布江不僅是西藏文明誕生和發展的搖籃，也是漢藏文化交流的見證人。在漢、藏交流史上，最值得紀念的是文成公主和蕃、金城公主西嫁與唐蕃會盟碑三件大事，它們充分說明漢、藏人民及其文化各具特點又相互影響相互融合的血肉關係。

古格王朝的今世前生

在西藏古老悠久的文明史上，古格王朝曾經雄踞西藏西部，弘揚佛教，抵禦外侮，在歷史的舞台上留下濃墨重彩，為後人帶來無數的神往和遐想。古格王朝的建立人概從西元9世紀開始，其前身可以上溯到象雄國。

空前強大的吐蕃王朝統一西藏，末代贊普郎達瑪統治時期，遭遇滅佛毀寺，不少僧人為了避難遠遁西部邊境地區，進入阿里。西元842年，末代贊普朗達瑪被一位僧人所殺，統治階級內戰紛爭四起，吐蕃王朝迅速瓦解。郎達瑪的孫子吉德尼瑪袞也來到阿里地區，並娶了當地首領的女兒，後來他將這個地區一分為三，古格王朝就是他第三個兒子德祖袞的封地。這樣一來，從血統上說，古格王朝是吐蕃政權在西藏西部阿里地區統治的延續，其統治範圍最盛時期遍及阿里全境，也就是古格王朝的沿革由來。

到西元17世紀結束，古格王朝前後世襲16個國王。在這段歷史時期，古格王朝政局穩定、經濟發展、古格人的生活也趨於溫飽小康。在文化方面，古格王朝更是得到長足的休養和發展。特別是在佛教文化方面，也得到較快的發展。在西元1042年，印度高僧阿底峽到阿里地區弘法，使阿里成為佛教復興之地，佛教史上稱為「上路弘法」。

古格王朝的都城札不讓位於現在札達縣城西的象泉河南岸，其都城附近西面的多香，北面的東嘎、香孜、香巴、皮央遺址，南面的瑪那、達巴、曲龍遺址，都具有相當的規模。從這個大規模的城市來看，也可以想像在數百年以前西藏那個距離天堂最近的土地上，這個名字叫做古格的王朝其繁榮和美好。此外，此處還是古代西藏對外貿易的重要商埠之一，西藏的特產：藏紅花和冬蟲夏草等各種藥材，金礦銀礦等出產的貴重金屬原料，以及用這些金屬所加工的佛像和飾品，都源源不斷地走向中原乃至世界的各個角落。同時，中原以及世界上的商品也得以這個商埠流通到西藏的各個地區。正是如此，才有古格王朝長達百餘年的穩定富有。

但就是這個文明、繁榮、穩定、富有的國家，卻被一場奪權之亂打破，這場戰爭結束之後，這裡的繁華落盡，再也沒有往日的繁榮與美好。

一代強國的突然崩潰

這個經濟富足而文化燦爛的王國在一夜之間突然徹底地消失不見，留給後人的除了感歎和遺憾，更多的就是對它消失的迷惑。透過對古格王朝遺址中一處未完成建築的考古，許多史學家推測古格王朝的滅亡與戰爭有關。

史學家推測在西元1630年前後，與古格王朝同宗的西部鄰族拉達克人發動入侵戰爭，結束古格王朝的歷史。

當時，古格王的弟弟勾結拉達克王室，利用拉達克的軍隊攻打古格都城，古格王率領部下誓死抵抗，最終被困於古格王宮內。整個王宮只有一條隧道可以通到山上，其他的地方都是懸崖。拉達克為了取得這場戰爭的最終勝利，就決定在王宮周圍修建一座石頭樓，以便攻下古格王宮。在修建石頭樓的過程中，許多百姓被徵召，死的死，殘的殘，古格國王不忍看著自己的子民慘死，於是出城投降。

古格王朝百姓的結局又是如何？他們是成為入侵者的刀下鬼，還是成為新國王的臣民？古格王朝的最終滅亡是不是這場戰爭造成的？謎一般的滅

國，也許可以從「無頭乾屍洞」中得到一些線索。

在古格遺址乾屍洞裡，有30多具屍體，而且都是沒有顱骨的無頭屍。如果說這些屍體是在戰爭中被殺的大臣，為何去掉頭顱？如果是百姓，為何只選了在這個狹小的地方「藏」下30餘人？從考古學與民俗學的角度分析，似乎這又是一種有一定儀禮的葬式。如此說來，無頭藏屍洞中的屍體會不會是國王或是權貴的人殉，不管從哪種猜測來看，戰爭造成的屠殺和掠奪都不像是毀滅古格文明的真實原因，古格王朝的滅亡更可能的原因是環境惡化造成的。

現在的象泉河想必也不是當年了，沙漠化程度十分嚴重，只剩下一點點土林和戈壁，這種地貌形態的變化，或許正是古格王朝消失的真正原因。

現在的古格王朝遺址被土林遠遠近近地環抱其中，遠遠望去，很難分辨出哪裡是城堡哪裡是土林。加之散布在荒原大漠中的斷壁殘垣、坍毀的洞穴、傾倒的佛塔，使得古城在朝霞初起或夜幕降臨時，透射出一種殘缺、悲壯、淒涼之美。這個曾經擁有七百年燦爛歷史，經歷過十六位世襲國王的王國神祕地退出歷史舞台，留給人們的，除了這些斷壁殘垣，就只剩下深深的遺憾。

古格廢墟的神奇發現

自從300年以前一夜之間消失之後，古格王朝一直沉睡在歷史的記憶裡，不為任何人所發現。直到1985年西藏自治區文管會進行全面的實地測量後，古格王朝才終於揭開神祕的面紗。

在西藏札不讓的北面，有一個叫做「魯巴」的地方，這裡流傳一個關於「古格銀眼」神像的傳說，但是這種神像卻從來沒有人見過，於是它的存在與否也就成為一個謎團，而謎底揭開則是在1997年的夏天，考古工作者在皮央遺址杜康大殿的考古發掘中，出土一尊精美的銅像。經專家查證史料，多方證明，這尊銅像就是傳說中的「古格銀眼」像，也是從「古格銀眼」像開

始，古格王朝開始走入人們的視線。

滅亡350年的古格王朝突然出現在人們的視野裡，並吸引越來越多的注意力。古格王朝遺址周圍不斷被發掘出的房屋、雕刻、洞窟、造像及壁畫等遺物，也逐漸揭開古格王朝的神祕面紗。偌大的王國留下恢弘的遺址和遺物：殿堂、房屋、洞窟、各類佛塔、隧道，大、小糧倉。在各種遺存中，數量最多、最為完整的是古格王朝的壁畫，這些壁畫取材於當時社會生活的各個方面，氣勢宏大，風格獨特，所繪人物以豐滿動感的女性最具代表性，用筆洗練，性格明顯。

由於所處的地理位置特殊，古格王朝的壁畫深受來自南亞次大陸的各種藝術風格所影響，帶有明顯的喀什米爾及犍陀羅藝術特點，這也顯示出古格王朝多民族文化共同交融的風貌。

在西藏的托林寺、札不讓、皮央東嘎，都出土數量極大的用金銀汁書寫的經書，這些經書所用的黃金、白銀就產自古格王朝。經書以文書的形式，寫在一種呈青藍色的黑色紙面上，一排用銀汁書寫，一排用金汁書寫，在全世界絕無僅有，其奢華程度無以復加。

佛教文化的源遠流長

當你站在古格古城山下的開闊地向上面仰望時，一眼就可以發現那些星羅棋布的建築中，竟然有半數以上是佛教建築。突兀山頂的是壇城殿，在山坡台地交雜錯落的有大威德殿和度母殿，以及兩相輝映的紅、白二殿；在山坡西北側是高高聳立的各式佛塔。看到這些，你一定會認為在過去這裡肯定是一個弘傳佛法的佛的世界！

確實如此，在古格近700年的王國史中，貫穿始終的兩個基準：一是弘傳佛法，一是以教輔政。正是由於這兩個基準，才使古格王朝在西藏西部阿里佛教文化中一直保持中心地位。這就是古格王朝在都城建設的過程中，佛教殿堂多於其他建築的原因。

除了有各式各樣的佛殿之外，信奉佛教的古格人還修建佛窟。古格故城有將近10座建在土窯洞裡的洞中佛堂。由於土山屬礫石砂黏土質，所以古格故城的窯洞不能挖造得過大，一般佛窟的面積都在6～8平方公尺，其中最小的約4平方公尺。一般平民自己所建的佛窟從外表看與其他的窯洞沒有什麼兩樣：門洞低矮，不加裝飾，只有進入洞中才能知道這是一座佛窟。但是王室和貴族們的佛窟就不一樣，要比平民所建的洞窟宏大得多。

佛教初創時期，佛塔成為這個宗教的象徵性建築，隨著佛教的傳播，佛塔也相繼傳往許多國家和地區。當然，佛塔的建築形式在其傳播過程中，因受不同地理環境、不同民族建築傳統的影響，出現許多不同的變化。只有在與印度、尼泊爾接壤的國家和地區，佛塔才保留有早期的某些特徵，西藏古格王朝就是如此。

說到佛教聖地，有佛寺、佛窟、佛塔，當然也少不了佛像和壁畫等藝術品。在古格王朝的所有遺址中，最引人矚目的就是佛教的這些藝術品。佛殿、佛窟中繪滿牆壁的精彩壁畫，殿頂五彩繽紛的天花板圖案，刻在卵石表面的佛與菩薩，模製在小泥片上的各種造像，精心雕鑿的門楣、門框、柱頭，這一切都展示古格人對佛教的虔誠信仰和對藝術創作的執著追求。

即使是一個不信奉佛教的人，來到這裡也會被這裡的佛教文化深深吸引，也可以切身地感受到佛教的魅力和博大精深。

象雄古國：青藏高原最古老的大國

西藏西部的象泉河以其源頭的山谷形似象鼻而得名，藏語稱為「朗欽藏布」，這裡是西藏最為重要的古代文明發祥地，歷史上著名的古格王朝就是起源於這裡。然而人們不知道的是，同樣是這片土地上，早於古格王朝之前，就存在一個叫「象雄」的古國，他們也同樣創造出燦爛的文化，並且對以後的吐蕃和古格文明產生重大影響。

萬物有靈的苯教

象雄，意思是「大鵬鳥之地」，漢史記載為「羊同」，是西藏高原最早的文明中心之一。藏族記載的神話說，象雄王室與吐蕃王室同出一源，是天神之子。象雄王室姓「廷格」，《唐會要》大羊同條稱：「其王姓『姜葛』」（『姜』為『亭』之誤）。象雄人崇拜大鵬鳥，其王均以大鵬鳥飾王冠左右，境內的許多地域均以鳥命名。有學者推斷，象雄氏以大鵬鳥為圖騰。

象雄人篤信苯教，重鬼神，喜卜巫，忌食野馬肉。象雄盛世，即十八代鵬甬王之時，也是雍仲苯教盛行之際，雍仲苯教文化源遠流長，遍及青藏高原，至今仍深深地影響藏族人民的社會生活。

苯教鼻祖為登巴幸繞，傳說出生於佛教祖師釋迦牟尼同一時代。苯教初由幸繞家族世代相傳承，後來改為師徒相傳。簡單地說，象雄國在流行苯教之前，崇拜圖騰。隨後出現「仲」，即口傳歷史故事的所謂「說史人」道過去者。嗣後出現「迪烏」卜巫，即占卜未來者。繼而出現「苯教」，即誦經祭神，為現世人間除障者。早期的西藏高原，有自己的一套「道過去」、「卜未來」、「濟現在」的團隊，以此扶持國政，左右王室，安民濟世，長期不受外界思想的干擾。早期的苯教不信有來世，認為現世人類的疾苦災難，可由苯教巫師解除。在西元8世紀中葉，佛苯鬥爭時，有苯教權臣瑪相春巴吉之言為證。他指責佛教說：「佛教宣揚來世轉生，盡是謊言。現世人若有災，苯教即能除障化吉。」一語道破抵制外來思想的情緒。

苯教認為萬物有靈，天有天神，天神為最尊。山有山神和山妖，樹有樹精。江河、湖水、山泉、地下皆有龍。人如果有災病，皆因得罪神鬼所致。其簡單的禳解法，以煨桑開道迎請神靈，然後焚燒食物，神鬼嗅味而飽之，再不加害於人。如果有疑難，以五彩靴帶占卜，可知吉凶。以門窗塗黑色，門前畫雍仲圖案為鎮邪。諸如此類，都是苯教的儀式，並非外來佛教的儀

軌，現代人把藏族的一切社會現象，均誤認為是佛教色彩，其實許多民間習俗，大量的是苯教儀軌，現在已經演變為民間風俗習慣，不易分清哪些是佛教的，哪些是苯教的，又如苯教巫師的騎鼓飛身儀式，演變為「安羌」各種形式的鼓午。苯教祭祀時的贊神儀式，演變為「協欽」大歌，即婚禮時的贊吉祥歌舞。現代人難以尋其源。總之，吐蕃文化，說它是佛教文化，不如說它是佛苯融合的文化，研究西藏文化，必先研究象雄文化，才能尋其源解其祕。

象雄王朝是如何消失的？

象雄王朝在吐蕃王朝建立前，為青藏高原最古老的大國，文化發達，人口眾多，並早於吐蕃與唐朝建立關係。

貞觀五年（西元631年）十二月，象雄王朝進貢使者至唐，受到唐朝皇帝極為禮遇的厚待。此後，在貞觀十五年，象雄國王再次遣使遠赴中原朝貢，雙方又展開一場友好的交流。

與此同時，吐蕃的國王（當時是著名的松贊干布為贊普），將吐蕃公主（松贊干布的妹妹）賽瑪噶嫁於象雄王，吐蕃王朝與象雄王朝結成聯盟。可是，這種聯盟都是基於雙方的利益需求，一旦不能滿足利益需求，雙方就會撕破面具，露出凶狠的獠牙。吐蕃勢力增強後，就顯示出這種本性，而聯盟關係逐漸破裂，雄才大略的松贊干布開始發動對象雄王朝的戰爭。

松贊干布治軍有方，大軍一到，使得象雄王朝上下手足無措，最後殺死象雄王李聶秀，將所有的象雄部落均收為吐蕃治下。至此松贊干布完成自己統一青藏高原的宏圖，而象雄王朝也在吐蕃勢力的籠罩下逐漸消失。然而，象雄人並不安於吐蕃人的統治，雖然國家已經成為屬國，但是一些忠於自己祖國的人還在暗地裡默默的抗爭。

直到西元8世紀中葉赤松德贊時期，吐蕃才完全消滅象雄王朝。據說赤松德贊強攻象雄不克，於是用計巧取。當時，象雄王共有3妃，最小的名叫

故茹妃朗准來，年方18。吐蕃法臣派拉朗來珠帶一野牛角沙金獻給朗准來，說道：「朗准來你這等人，只是象雄王最小的妾，按理當為王妃、王后。對此，吐蕃王也為你不服氣，你是否有挽救的辦法？如果有，待事成後，你可以做吐蕃王的正妃，吐蕃王一定會將所轄土地的三分之二賜你為酬謝。」朗准來回答：「象雄王有遮天蓋地的重兵，如果面對面攻打，必然不克，只有巧取才是。」接著又說：「象雄王半月後，與王室眾眷屬前往黃牛部蘇毗靜雪地區，就在途中等候殺之，一切內應由我承擔。」

　　按照朗准來的計策，吐蕃軍隊埋伏在色窮和洞窮兩地之間（即今臘倉地區的色普和同普地方），待兩王相會時，吐蕃兵突然襲擊，殺死象雄王。吐蕃以1萬之軍，戰勝象雄的10萬之眾。這場漂亮的以少勝多之戰，使得象雄王朝完全消失在歷史的舞台上……

吐蕃古國：格桑漫野的王國

　　一提到西藏的吐蕃王朝，大多數人想到的就是文成公主下嫁松贊干布，為西藏地區帶去中原先進的文化和技術，並且因此展開吐蕃與中原的友好往來。吐蕃民族是青藏高原上一個十分凶悍的民族，他們驍勇善戰，甚至戰勝過強大的唐朝，並且占領唐朝的都城長安，但是即使如此，他們還是無法逃脫滅亡的命運，一場內亂之後，他們永遠地消失在歷史的長河中，留給後人的只有史卷上的星星點點……

成長在雪域中的天國

吐蕃國位於青藏高原，是一個充滿異域風情的古代王國。它建立於西元7～9世紀，由松贊干布到棄朗達磨・烏冬贊延續兩百多年，也是西藏歷史上創立的第一個政權（有確鑿的史料記載）。關於吐蕃政權的建立，透過史書，我們可以略知一二。

吐蕃人《後漢書・西羌傳》中記載，羌族中的發羌和唐羌兩個部落是最早進入西藏的，因此我們可以推斷，吐蕃的真實來源很可能是中國一個古老的民族——羌族。早在戰國初年，秦獻公出兵攻打羌地，酋長昂為避秦軍，率部向南方遷移，與青海羌族隔絕。後來，酋長昂進入四川，羌族在這裡繁衍子孫，並各立部落，其中有一個部落叫氂牛部，也稱越巂羌，應該就是吐蕃史書中所說的六氂牛部。

六氂牛部雖然是最後進入西藏的，但是他們憑藉自己的實力征服羌族的其他各部，並統一吐蕃，建立自己的政權。建立政權之後的吐蕃部落在政治、經濟、文化方面都逐步地開始發展。據吐蕃的史書記載，到了第三十世達布聶西贊普時，吐蕃已經成為當時西部最大的一個奴隸制政權，包括當時的拉薩河流域，都在它的勢力範圍之內。

吐蕃王朝崛起的最顯著時期是在松贊干布執政時期，吐蕃王朝在兼併蘇毗、羊同等部的同時，向西征服在今喀什米爾地區的大、小勃律，向南取得泥婆羅（今尼泊爾）等地，不僅統一青藏、康藏高原，而且還占有今四川西部、滇西北等地。西元8世紀下半葉，赤松德贊為贊普時，吐蕃王朝的實力達到鼎盛，吐蕃王朝的疆域西起蔥嶺，東至隴山、四川盆地西緣，北起天山山脈、居延海，南至喜馬拉雅山南麓。

吐蕃國的國力歷經幾代統治者的努力，逐漸強盛起來，但是與之相對應的經濟文化卻落後很多，高原苦寒的地理環境一直影響吐蕃國的經濟發展。所以，從松贊干布開始，吐蕃國以邏些（即拉薩）為中心，不斷向外擴張領

土，侵略農耕社會。吐蕃國的土地也從純粹的高原類型增加不少丘陵和平原。《新唐書‧吐蕃傳》記載：吐蕃「東與松、茂、禽接，南極婆羅門（尼泊爾），西取四鎮，北抵突厥，幅員萬餘里，漢魏諸戎所無也」。事實上，這描述的只是唐高宗時期吐蕃國的領土，後來吐蕃國的疆域比這個時期要大得多。

從歷史的發展規律中我們不難看出，一個政權的興起或是鼎盛一定離不開一位偉大的統治者，吐蕃國也是如此。吐蕃國的歷代贊普中最為人們熟知的、也是為吐蕃國的興盛繁榮貢獻最大的就是——松贊干布。

松贊干布領導下的吐蕃

松贊干布的父親囊日論贊，是一位很有作為的贊普。受父親的影響，少年時代的松贊干布就已顯現出非凡的才能。父親被仇人毒害而死後，13歲的松贊干布即贊普位。即位後，他一面緝查凶手，一面訓練軍隊，很快平息各地的叛亂，統一各部，定都邏些（今拉薩），建立吐蕃奴隸制政權。之後，又先後降服周圍的蘇毗、多彌、白蘭、党項、羊同等部，勢力日益強盛。

統一吐蕃各部之後，松贊干布開始致力於政權的建設與集中，他建立以贊普為中心的、完備的、高度集權的政治和軍事機構。同時，還制定法律、稅制，任用賢明的大臣，採取許多措施鼓勵百姓學習和運用先進的生產技術，發展農牧業生產，使吐蕃國的社會經濟和人民生活迅速呈現中興之勢。

當時吐蕃國沒有自己的文字，依然使用「木結繩記事」這種原始、落後的方式，於是松贊干布就派遣大臣到印度求學，創造自己民族的文字——藏文。文字的出現為吐蕃國經濟文化的交流以及藏文化的保存、傳承和發展做出巨大的貢獻。

作為一位卓越的領導者，松贊干布看到唐朝的富庶與繁榮，也感受到大唐的先進與興盛。在與南部泥婆羅（今尼泊爾）通好，並娶了泥婆羅尺尊公主之後，於貞觀十三年遣使赴唐求婚。唐太宗為結好吐蕃國，求得西部邊境

的安寧，將宗室女文成公主許配給他。唐蕃聯姻，文成公主的入藏，將佛教和各種先進的科學技術和文化帶到高原，進一步促進西藏經濟文化的發展。

唐貞觀二十三年（西元649年），松贊干布被唐太宗封為駙馬都尉、西海郡王，後來又晉封為賓王，並且鐫其像於石，列於太宗昭陵。永徽元年（西元650年），松贊干布病逝，唐朝遣使弔祭。

松贊干布的一生，功績卓著。他統一青藏高原，建立強大的奴隸制政權，促進吐蕃國政治、經濟、文化的全面發展，將藏族人民引入團結、繁榮、富強的時代，溝通與唐朝的友好關係，推動漢藏民族文化的交流與發展。

松贊干布是西藏歷史上最重要、最廣為人知的藏王。他在西藏高原實現統一，正式建立吐蕃王朝。松贊干布為鞏固統一，曾經採取許多有效措施：定都拉薩並建造布達拉宮；把西藏劃為六大行政區域；推廣佛教；創制文字；與唐王朝和尼泊爾聯姻，迎娶文成公主和尺尊公主，並建成大昭寺、小昭寺；統一度量衡制度；鼓勵民眾開墾荒地；保護水利資源；開山修路以促進貿易……這些對發展吐蕃國的經濟、文化、佛教、醫藥等發揮很大的促進作用。藏族歷來十分敬重松贊干布，他不僅被視為觀音的化身，而且是有口皆碑的三大法王之一，另兩位法王是赤松德贊和赤祖德贊。

可歌可泣的大非川之戰

西元650年，松贊干布逝世，他的孫子芒松芒贊繼承王位。但是掌握實權的是大相祿東贊，他首先把擴張的矛頭指向吐谷渾國。

西元670年，吐蕃國進攻吐谷渾國，唐朝為了保護自己的西域重鎮，派兵駐紮在涼州和都州（今樂都），與吐蕃國形成對峙局面。這一年吐蕃國大舉入侵西域，攻陷西域白州等十八個羈縻州，又與于闐聯手陷龜茲國撥換城（今新疆阿克蘇），唐被迫罷安西四鎮。為此，唐帝國派遣大將軍薛仁貴率兵從青海湖西岸向吐蕃國發起反擊，大非川之戰由此拉開帷幕。

大非川在今青海省共和縣西南切吉曠原，位於青海湖南面，東至債石軍，西至伏羅川，由此往西可至于闐國，東北至赤嶺，西北至伏侯城，南至烏海、河口，是青海重要的領地，戰略位置非常重要。唐高宗任命聲名赫赫、被譽為「三箭定天山」的大將軍薛仁貴為邏些（即拉薩）道行軍大總管，率領大軍討伐吐蕃國，以奪回安西四鎮，控制河西走廊，打通通往西域的道路，並且「護吐谷渾還國」。

　　薛仁貴率軍經鄯州（治西都，今青海樂都）至青海湖南面之大非川。薛仁貴深知吐蕃軍兵多將廣，而且以逸待勞，唐軍須速戰速決，方能取勝。烏海（今喀拉湖）險遠，輜重車馬不便往行，又容易喪失戰機，故留郭待封率2萬人守護輜重、糧草，令其於大非嶺上憑險置柵，構築工事，使之成為進可攻退可守的前沿陣地。隨後，薛仁貴即率主力，輕裝奔襲。兩軍於河口（今青海瑪多）遭遇。吐蕃軍猝不及防，大敗，傷亡甚眾，損失牛羊萬餘頭。薛仁貴乘勝進占烏海城，以待後援。

　　但是郭待封自恃為名將郭孝恪之後，不服薛仁貴號令，擅自率後隊繼進，又未能及時與主帥會合。吐蕃軍抓住戰機，以20餘萬之眾邀擊其部，郭待封不能抵敵，輜重、糧草盡失，薛仁貴被迫退保大非川。8月，吐蕃軍在欽陵的指揮下，以40餘萬大軍逼唐軍決戰。薛仁貴無險可據，更無糧草供應軍需，大敗，幾乎全軍覆沒，薛仁貴「與欽陵約和而還」（《資治通鑑》卷201），這是唐朝開國以來對外作戰中最大的一次失敗。戰後，吐蕃軍占據安西四鎮。唐朝被迫撤銷四鎮建制，安西都護府遷至西州（治高昌，今新疆吐魯番），吐谷渾國也併入吐蕃，成為其別部。

　　得到吐谷渾國之後，氾濫的貪欲使吐蕃國加緊向東方和東南方擴張的腳步。雖然東方有巨人般的大唐王朝，但吐蕃國總是前仆後繼地向強大的唐朝爭奪土地。然而，盛唐也絕對不是好惹的，大非川之戰只是拉開序幕，大唐的反擊戰也即將開始……

大唐對吐蕃的反擊戰

雖然大非川之戰最終以吐蕃國的勝利宣告結束，從長遠考慮吐蕃國還是選擇與大唐議和，但是吐蕃國並沒有就此罷兵，因此唐朝也沒有同意雙方議和，而是開始長達數年對吐蕃國的反擊。

西元676年，吐蕃國大舉進攻都、廓、河、芳四州。唐高宗派周王李顯和相王李輪反擊，大敗而歸。西元678年，吐蕃國又犯大唐邊界，唐高宗派李敬宗帶兵，於大非川時，慘敗的歷史再次重演。無論是軟弱的唐高宗，還是後來把持朝政的武則天，大唐對於吐蕃國的戰爭一直沒有停止過。但是直到一位名將的出現，才吹響大唐反擊吐蕃國勝利的號角，他就是——王孝傑。

西元692年，大唐發兵欲收復西域。為了確保作戰能順利進行，武則天破例啟用對吐蕃國軍情比較瞭解的王孝傑為武威軍總管，率西州都督唐休憬、左武衛大將軍阿史那忠節討伐吐蕃國。10月，王孝傑率兵大破受吐蕃國冊封的西突厥可汗阿史那餒子。隨後，王孝傑率唐軍轉戰數千里，直至于闐等地，大破吐蕃國。25日，王孝傑乘勝一舉收復龜茲、于闐、疏勒等鎮。這次唐軍大破吐蕃兵，取回四鎮，唐朝重新將安西都護府更置於龜茲，屯兵鎮守。王孝傑收復四鎮後，又多次與吐蕃國在西域和青海開戰，各有勝負。

到了西元696年，吐蕃國請求與唐朝議和，但是雙方因議和的條件沒有達成共識而未完成議和。武則天採用郭元振的計策，使得吐蕃人民對掌握實權的祿東贊不滿，而引發吐蕃國的內亂。

經此內亂，吐蕃國實力消耗很大，暫時無力再對外擴張。以後唐蕃之間又發生過幾次戰爭，但大多以吐蕃國失敗告終。值得一提的是，赤都松贊也是吐蕃國歷史上頗有作為的贊普，只是死得太早。他死後，繼任的赤德祖贊只有7歲，根本無力與唐抗衡。此時的唐蕃之間，唐朝的實力已占據絕對的上風。吐蕃國只有表現出求和的姿態才能和唐朝這個宿敵繼續周旋下去，這段期間吐蕃國向唐朝進獻的良馬、黃金不計其數，同時期的吐蕃國也需要休

養生息。

吐蕃達到鼎盛時期

偉大的松贊干布為吐蕃國的鼎盛打下良好的基礎，而赤德祖贊則真正地將吐蕃國推向鼎盛。赤德祖贊在政治、經濟、軍事上的許多作為，以及他卓越的治國才能，都發揮至關重要的作用。

赤德祖贊在位期間，推行切合實際的稅收政策帶來經濟的發展，並藉由迎娶唐朝的金城公主與唐朝重新建立友好的關係。

但是，金城公主的這次和親之旅一開始不僅無法換回吐蕃國與大唐的和平共處，反而引起另一場戰爭。金城公主下嫁吐蕃國之後，吐蕃國請求唐王朝以河西九曲之地作為公主的陪嫁，理由是作為公主的湯沐之所。其實吐蕃國這樣要求是有自己的軍事企圖的，河西九曲在今青海西藏交界處，那裡的拉加寺渡口至今還是重要的交通要道。

唐王朝不僅答應了，唐中宗還下令在永靖縣塔坪（王台鎮屬村）設置一處既加工糧食又能住宿休息的食宿站，作為湯沐邑的一個重要組成部分，為公主和來往使者供應膳食。

雙方於唐開元二年（西元714年）在此開戰，唐軍主力並不固守城池，而是實施機動，尋機殲敵。吐蕃國大敗，退至洮水，最終全軍覆沒，唐軍取得大勝。經過此戰後多年，唐朝鞏固河隴一帶的防務。吐蕃國經此慘敗，採取求和政策，金城公主也上書朝廷請求修好。從此之後，吐蕃國與唐朝之間，終於有短暫的和平。

但是赤德祖贊時期正是吐蕃國國力最強盛的時代，他並不會因為這一次的失利就放棄繼續擴張的雄心，來之不易的和平也將在統治者的策略下變得愈加短暫。不僅吐蕃國的國王不會放棄擴張疆域，連大唐國王也不再任由吐蕃國挑釁，慢慢地開始主動攻擊。西元727年，吐蕃國攻打瓜州城，準備再奪西域四鎮。唐朝大將蕭嵩則用反間計，大敗吐蕃國，殺吐蕃國大將悉諾邏

恭祿。西元729年，唐軍從瓜州反擊，擊敗吐蕃國，一舉攻下石堡城，並分兵據守各重要地點，拓境一千餘里。

吐蕃國眼見戰爭均以失敗而告終，也真正地瞭解雙方力量對比的懸殊，於是只好講和，才發生皇甫惟明入藏的事情。而且金城公主入蕃30年，力促唐蕃和盟。此間，唐蕃雖然曾經進行多次戰爭，但是由於金城公主的努力，雙方使臣往來頻繁，終於在開元二十一年，即西元773年，唐蕃在赤嶺（今青海湼源西日月山）定界刻碑，約以互不相侵，並且於甘松嶺互市。

正是因為唐朝的強大，吐蕃國擴張的野心才沒有真正實現，如果唐朝一直強大下去，想必吐蕃國就再也沒有機會，但是突如其來的一場「安史之亂」使得大唐由盛而衰，唐朝與吐蕃國的天平也發生傾斜……

盛極而衰，吐蕃的崩潰

西元754年，赤德祖贊遭遇政變，被臣下謀害，兒子赤松德贊繼位。西元755年，唐朝「安史之亂」爆發，給吐蕃國擴張的好機會。

赤松德贊平息內亂之後開始趁虛入唐，河隴、西域之地先後為吐蕃國所占。「安史之亂」使唐王朝一蹶不振，此後實際上統一的中央王朝已經無力再控制地方，唐朝鎮守邊關的兩員大將也因「安史之亂」的影響而先後喪生，危如累卵的唐朝再也沒有能阻擋吐蕃國的將領。

於是，吐蕃國奪大震關，然後長驅直入，取蘭、河、都、挑等州。至此，隴右地都被吐蕃國所得，唐朝再也無險可守。接下來，吐蕃國繼續東進，攻陷唐朝都城長安，但是吐蕃人並沒有鎮守長安，很快就退兵。

雖然打敗大唐，但是吐蕃國的興盛似乎也走到盡頭，一個國家的盛極而衰是不可抵擋的歷史洪流，而直接導致吐蕃國走下坡路的原因和唐朝有相似之處，也是內亂。

由於連年征戰，吐蕃國百姓苦不堪言，但是統治者卻一心想要爭權奪利，變亂接連發生，內部衝突在逐漸上升。西元796年，赤松德贊去世，吐

蕃國內亂表面化，正式進入衰亡時期。

　　西元9世紀初，吐蕃王朝相繼大力發展佛教，王朝政務把持在佛教僧人勃闌伽之手。他推行佛教，並制定嚴刑峻法，鎮壓反佛勢力，又極力與唐朝和盟，以抑制貴族勢力，最後遭到崇信苯教的貴族權臣殺害。其後，朗達瑪在貴族勢力的擁戴下即贊普位，厲行「禁佛崇苯」的政策，不久就被一位僧人刺殺。這位吐蕃國的最後一位贊普因為滅佛政策，導致王朝崩潰。

　　西元843年，吐蕃國內戰紛起，4年後平民起義。在經過一場席捲吐蕃國全境的奴隸平民起義之後，棄聶棄創立的吐蕃奴隸制政權全面瓦解。宋朝、元朝和明朝初年的漢文史籍仍然泛稱青藏高原及當地人民為「吐蕃」或「西蕃」。由此可見，吐蕃國在歷史上的影響力是如何深遠。但是無論如何，這個國家已經不復存在，只留下幾許生動的傳說在青藏高原上世代相傳。

南詔古國：多民族聚居的邊陲小國

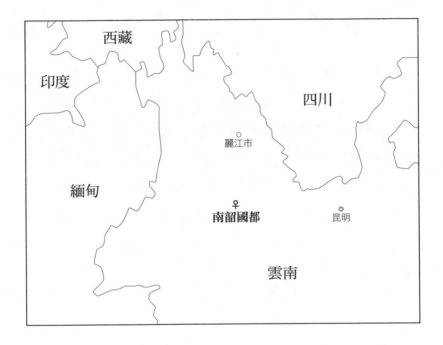

　　南詔（西元738～902年）是中國唐朝時代西南部的奴隸制政權，國境包括今日雲南全境及貴州、四川、西藏、越南、緬甸的部分地區。由蒙舍詔首領皮羅閣在西元738年建立，隨後在這片沃土上生息繁衍、不斷發展壯大，逐漸從野蠻走向文明，從愚昧走向科學，從渺小走向輝煌……可是，強盛的國度終究敵不過時間的流逝，最終南詔也和其他國家一樣消失在歷史畫卷中，然而它卻留下許多問題，等著人們去研究、探索……

「金瓶」中藏著的祕密

南詔從建國到滅亡共經歷200年的時間，之後就神祕消失，它的滅亡讓這個邊陲小國充滿神祕色彩。但是即使是神祕地消失，也不會毫無痕跡。在南詔國消失千年之後，一些小小的瓶子又讓它重新回到人們的視線中。

關於那些金瓶的發現，在當地流傳一個故事：有一年夏天，在雲南大理州巍山縣，有一位彝族老農進山採藥。突然下起大雨，老農為了躲雨來到一個山洞中，並且在山洞的深處發現一些金燦燦的瓶子，之後驚恐萬分，逃回家去，不久就一病不起，命喪黃泉。

後來，人們才逐漸從當地一些老人的口中得知，那個老農為何一見到金瓶就落荒而逃的原因。原來，在當地一直流傳一個古老的說法：在一個極其隱祕的山洞裡藏匿著許多國王的金瓶，但從沒有人可以找到它們。那些金瓶是屬於很久以前的國王的，裡面存放的是他們的靈魂。如果遇到金瓶就會冒犯國王的靈魂，也會受到國王的懲罰。所以，那天老農在發現金瓶之後就害怕打擾國王的靈魂，所以被嚇得落荒而逃。

這件事引起考古工作者的注意，他們密切地關注著發現金瓶的大理市蒼山。據史書記載，南詔王死後會割下雙耳，存放於金瓶裡，藏進密室，到時候才取出祭祀。將老皇帝安葬以後，會派人將金瓶藏到密室裡，這個祕密只有繼位的南詔王才知道。這樣的傳說和記載順理成章，但是因為沒有發現山洞，人們始終無法證實它的存在。

經過一個月的考古發掘，考古工作者不僅發現南詔大理時期的建築遺跡，而且還發現火葬墓，並且在墓中發掘出不同材質的火葬罐，由此專家推斷，老農看到的金瓶就是南詔王使用的火葬罐。

在考古現場，發掘依舊在進行著。考古地所在的位置並不是記載中當年都城的中心地帶，但是人們在地下還是發現南詔大理時期留下來的建築遺跡，證明這裡確實有都城建築存在。這就從考古發現的角度，找到南詔大理

國存在的證據。遺址裡面發現南詔的有字瓦、鋪地磚、鋪地綠釉磚，這些構件組成一個王陵探查的重點。各種跡象顯示，南詔國的王陵是存在的，國王的金瓶也是存在的，隨著考古發掘的進一步深入，國王們的黃金火葬罐也必定會出現。

南詔國的建立與滅亡

隋唐時期，在今西南部的雲南地區錯雜散居著許多部落，名號繁多，難以計數。《新唐書・南蠻傳》中有言：「群蠻種類，多不可記。」反映當時的雜居情況，苴蘭城（昆明市附近）相傳是莊蹻所築。

秦朝時期，常頞開闢五尺寬的道路，從蜀通到滇，經過漢朝和三國時期，州縣增多，道路加寬。西元前109年，漢武帝遣將軍郭昌滅滇國，並賜「滇王金印」，「令其復長其民」，置益州郡。東漢增置永昌郡（治不韋，今雲南保山縣北）。諸葛亮平定南方，又增置興古（雲南馬龍縣）、雲南（雲南祥雲縣）二郡。

在隋唐時期，這裡主要的民族是白蠻與烏蠻。烏蠻大致上仍然過著畜牧生活，男女都用牛羊皮製衣。從西元7世紀初開始，烏蠻征服當地的白蠻，建立六個詔。烏蠻稱王為詔，六詔就是六個王國，他們分別是蒙舍詔（又稱南詔）、蒙嶲詔、越析詔、邆賧詔、浪穹詔、施浪詔。

在這六詔之中，尤以南詔實力最為強大，南詔王的始祖蒙舍龍，據傳原來住在哀牢山，後為躲避仇人和兒子細奴邏一起搬到魏山。後來，蒙舍詔的大首領張樂進求讓位給細奴邏。唐朝開元二十二年（西元734年），唐王朝為了扶植蒙舍詔，調動姚州都督府的力量，幫助南詔王皮羅閣統一洱海地區。蒙舍詔基本上統一洱海地區之後，唐王朝立即正式予以承認。開元二十六年（西元738年），唐朝冊封蒙舍詔王皮羅閣為「雲南王」「越國公」，並且賜名「歸義」。在歷史上，這一年被認為是南詔國作為地方政權的開始，第二年皮羅閣遷居太和城，並且定都於此。

南詔國在洱海地區崛起之後，一直試圖把自己的勢力擴展到洱海以東爨氏統治的地區。皮羅閣利用唐朝的支持和與爨氏和親的辦法，逐漸控制爨氏統治的地區。天寶七年（西元748年），南詔王皮羅閣卒，其子閣羅鳳繼位為南詔王並且冊封為雲南王，時年36歲。雖然南詔政權建立之後和唐朝一直是君臣關係，但是南詔國勢力的過度擴張，深為原意只在扶植南詔國對付吐蕃國的唐王朝所不容，雙方最後發展到兵戎相見的程度。

元和三年（西元808年），南詔王異牟尋去世，其子尋閣勸繼位，但是尋閣勸在位一年就死去。在尋閣勸之後的各個南詔王，要麼殘暴，要麼年幼，廢立之事全由權臣王嵯顛掌握。南詔王世隆死後，其子隆舜繼承王位。

西元897年，隆舜被近臣楊登殺死，其子舜化貞繼位，清平官鄭買嗣專權。西元902年，舜化貞死後，鄭買嗣用計害死舜化貞的兒子，並發動宮廷政變，處死南詔蒙氏王室800多人。至此，幾乎和唐朝相始終的南詔國滅亡。

考古中呈現的南詔風采

國都是一個國家之根本，中國的歷代王朝中，除了殷商因為黃河水災而多次遷都，其他很少有遷都的記錄。但是在為數不多的遷都王朝中，南詔國算是典型的一個。

透過對南詔遺址的考古發現，南詔國的都城至少有三處，以至於對於南詔國頻繁遷都的猜測和解釋也是見仁見智。經過多年的考證，史學家發現，南詔國遷都的最重要原因，是因為地理環境和經濟發展水準的差異。

南詔國的發祥地巍山，地處哀牢山和無量山的北端。唐代前期，那裡土地肥沃，是種植禾稻的好地方。但是，巍山的氣候乾濕和季節變化分明，春季乾旱非常嚴重，而且周圍峻峭的山嶺阻礙與外界的交通。更不利的是，根據古代文獻記載，巍山一帶瘴病橫行，惡性瘧疾等傳染病經常奪走當地人的性命於無形之中。蒼洱地區的自然環境、交通和社會經濟等發展狀況遠遠優

於巍山，在疾病的威脅下，遷都是一個明智之舉。

南詔王皮羅閣首先把都城定在太和城，太和城建在蒼山佛頂峰和五指山之間的緩坡上。險峻的蒼山在西面，寬闊的洱海水域在東面，城牆主要沿南北兩道修建，西面向蒼山敞開，以山為牆，東面向洱海敞開，以水為池。這樣一來，「以山為壁，以水為壕，內高外下，仰攻甚難」。史書中記載太和城的建築極有特點，街區巷陌都是用石頭疊砌而成，這種用石頭作為建築原材料的習俗一直延續至今。今天，在大理古城依然可以看到那些樸實無華的石頭建築。

南詔國統一後的第二座都城是大釐城，它是一個人煙繁聚、交通便利的處所。但是作為一座都城，無險可倚則是大釐城的致命弱點。所以，南詔國以後再也沒有統治者將它作為政權中心的所在地。羊苴咩城是南詔國最終選擇的都城，羊苴咩城和太和城一樣，只有南、北兩道城牆，西依蒼山為屏障，東據洱海為天塹，形勢十分險要。

除了透過考古工作，對南詔國的都城變化有一定的瞭解之外，考古工作者還對南詔國特殊的文化進行一番深入的探究。

由於實現長期的局部統一，政治穩定、經濟繁榮、國力強盛、對外交往頻繁，南詔國以主體民族白蠻的土著文化為基礎，主動汲取外來文化，形成獨具地方民族特色的南詔文化。南詔文化具有漢文化、佛教文化和南亞、東南亞文化色彩，具有「相容並蓄」與多元文化的特點。南詔文化的淵源，可以上溯到春秋戰國至秦漢時期的雲南青銅文化。洱海地區的青銅文化由西向東發展，到達滇池周圍，發展成為「滇文化」。

以滇文化為代表的雲南青銅文化，與中原的商周青銅文化、四川廣漢三星堆為代表的巴蜀青銅文化，並稱為中國古代青銅文化的重要類型。江川李家山、昆明羊甫頭兩處滇文化遺址的發掘，成為「中國十大考古發現」之一。

1998年，考古工作者對昆明羊甫頭墓地進行發掘，滇文化墓葬的特點

仍然以「滇式器物」為主，地方文化色彩明顯。考古發現證實「滇文化」、「南詔文化」之間的繼承與發展關係。

目前，由於《南詔圖傳》、巍山巄嶼圖山佛教石刻造像、鳳儀北湯天古本佛教經卷、崇聖寺千尋塔與弘聖寺塔塔藏文物、火葬墓等許多考古發現，加之對劍川石鐘山石窟、佛教典籍、南詔太和城研究的深入，使南詔國歷史文化的研究取得突破性的進展，南詔的文化風貌也將逐漸展現在人們面前……

庸國：開啟中國古史寶藏的國度

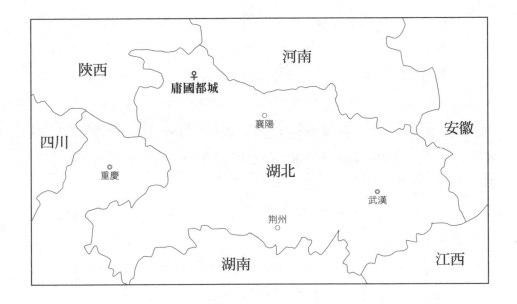

　　如果有人問起中華文化的發源地，一定有很多人說是黃河流域。但是隨著近年來考古學的發展，人們在更廣闊的領域發現中華民族的活動足跡，這些足跡不僅遍布黃河流域以外的地區，而且在某些地區達到空前的文明高度，其中就有長江中上游地區發現的庸國。在這裡考古發掘出神祕的歷史和燦爛的文化，以至於有一部分人開始認為庸國是中華文化的源頭，是華夏文化的發祥地。真的是這樣嗎？庸國到底是一個怎樣的國家？在這個國家中，到底有哪些獨特的文化？它是何時建立的，又是因何消失的？

盛極一時的古庸國

考古學家和歷史學家已經考證，古庸國與黃河流域的殷商之地一樣，也是中國古代文明的一個發祥地，同樣是華夏文化的搖籃。在春秋時期，古庸國曾經盛極一時。

首先，在科學技術方面，古庸國早在夏商時期就達到相當高的程度，這一點可以從「庸人」二字的變化中看出。庸國人掌握著先進的青銅鑄造技術，國都所處之地又盛產金屬，是一個鑄鐘大國，被稱為「鏞人」；庸人的建造技術也是當時十分先進的，他們善於築城建房，因此又被稱為「墉人」。周朝時期，周人就曾經請庸人在雒邑建造都城，竹山縣古庸方城遺址的城牆歷經3,000餘年的風雨侵蝕，仍然屹立不倒，足以證明庸人建築藝術的高超。

其次，庸人的生活水準相較周邊的國家也是相當高的。史書中記載「茶風源於巴山楚水間」，庸人是最早飲茶的先民；庸人還追求生活的藝術，注重娛樂，史料記載，庸人是圍棋的發明者，堵河流域的上庸是堯統治時期堯長子丹朱的封地，丹朱在此發明棋類博弈遊戲，史稱「堯時庸人善弈，性狂放狡黠」。

一個國家的強盛需要多方面的展現，其中疆域的遼闊是必不可少的條件之一。庸國的疆土，比早期的秦及周宗姬封侯國及巴國還大，與南方崛起的楚國不相上下。周武王在分封土地時，最大的宗姬國不過百里，小者僅五十里，而古庸國則是一個橫跨長江至漢水地域遼闊的大國。庸國疆土如此之大，在春秋前期少有。疆域廣大的庸國並非是徒有其表，其國力也非常強大。商朝時期，庸是群蠻之首，「百淮」都歸集在庸國麾下。春秋時期，庸國稱雄於楚、巴、秦之間，曾經打敗楚國的幾次入侵，以至於給楚國造成遷都的威脅。

此外，庸國的爵位也很高。《禮記・王制》記載：「王者之制祿爵，

公侯伯子男，凡五等。」《儀禮》記載：「同姓大國則曰伯父，其異姓則曰伯舅。同姓小邦則曰叔父，其異姓小邦則曰叔舅。」「其在東夷、北狄、西戎、南蠻，雖大曰『子』。」庸國國君世代為侯伯，其他諸侯國「雖大，爵不過子，故吳、楚及巴皆曰子」。

周時分封制度是嚴格的，非伯者不能稱其為諸侯，故楚子威逼周王室給其封號，「欲觀中國之政，請王室尊吾號」。庸既為伯，顯示其地位很高，也充分證明庸國的強盛。

無論是在政治、軍事上，還是在經濟、文化、技術上，庸國都稱得上是當時的大國。正是因為它的繁盛和文化的先進，因此有很多人猜測——庸國會不會才是中華文化真正的源頭？

庸國是中華文化的源頭嗎？

早在殷商之時，庸國就是一個橫跨漢中西部地區的泱泱大國，不僅疆域遼闊，而且實力雄厚，文化、科技繁榮。

按照今天中國的版圖區劃，庸國的領土分布在今重慶大部、陝西南部、湖北西部以及湖南西北部地區，其面積之大足以稱得上是大國。根據考古資料顯示，庸國存在的時間應當在秦之前，或與巴、蜀同代。可以說，庸國是與殷商一樣的中華文明搖籃地。

因為庸國在戰國時期之前就已經滅亡，所以在後代的史書中關於庸國的記載非常有限，因此這個曾經盛極一時的大國很難引起後人的注意，以至於造成人們對庸國的忽視和淡忘。隨著三峽地區和陝西省最新的考古發現，證明早在6,000多年以前，庸國地區的人們就已經發明文字，並形成源遠流長的庸國文化。這個文化，後來進一步融合演化，成為今日陝西「秦文化」、湖北「楚文化」、重慶「巴文化」的源頭，成就中華文明萌芽產生和發展的豐富的重要源頭。

在肯定庸國文化對中華文明做出巨大貢獻的同時，一個疑問油然而生，

庸國文化從何而來？

　　關於庸的起源，古往今來眾說紛紜，目前較流行的有以下幾種說法：一是「容成氏」說，二是「祝融」說。綜合這兩種說法和許多文獻中的記載，古庸人應該是顓頊苗裔的分支，但是對於其國君的祖先到底是誰，就根本無從考證。

　　雖然庸國的國君祖先無從考證，但是有一點是毋庸置疑的，那就是庸國的起源比夏朝更早。因為存在爭論的這些人物都是在夏禹之前的，而建立夏朝的是夏禹的兒子啟。

　　從古人類學上來看，庸人活動的長江流域中下游地區，早已有遠古人類的足跡。迄今為止發現的化石中，有距今約4,500萬年的古猿化石，距今約200萬年的「巫山人」，距今約50萬年以前的「長陽人」，距今約5萬年以前的「漢陽人」。

　　進一步縮小到古庸國的境內，在原古庸國屬地的堵河（注入漢水）入口處，發現比北京猿人早150萬年以上的古代猿人頭骨，10～6萬年的「鄖西晚期智人」牙齒，以霍山坡、黃土凸等為代表的渚河流域的新舊石器時代遺址的發現，顯示庸國地區確實是人類的搖籃，於是有人就大膽地推測，認為庸國是中華文明的源頭。

庸人到底去哪裡？

　　西元前611年，楚國遇上嚴重的災荒，餓死不少百姓，楚之四鄰乘其危難群起攻楚。庸國國君也起兵東進，率領南蠻附庸各國的軍隊會聚到選（今枝江）大舉伐楚，楚國危在旦夕。此時，楚莊王火速派使者聯合巴國、秦國從腹背攻打庸國。不久，楚與秦、巴三國聯軍大舉破庸，庸都方城被敵人攻破，盛極一時的庸國滅亡了。

　　庸國滅亡後，秦楚兩國疆域相連，在兩大強國近四百年的戰亂中，故庸舊地朝秦暮楚，昔日的古都方城不斷地變換著兩國的戰旗，陷入水深火熱之

中。這樣的生存境遇，是一個曾經擁有輝煌歷史的族群不能承受的。早在滅國之時，庸人就開始悲壯的遷徙，去尋找新的家園。

在四面強敵、遍地狼煙的虎視下，他們的遷徙路線沒有太多的選擇，只有沿著武陵山脈過峽江，進入清江、酉水、澧水流域。這些區域，正是現在土家族的主要分布地。

有關庸國的歷史記載，隨著楚、秦、巴三國的滅庸之戰煙消雲散，庸人在逃亡的遷徙中也從歷史中消失蹤跡。從流傳至今的張家界、湘西的地名中可以看到，從遙遠的庸國遷徙而來的是一個龐大的族群，在與當地族群經過最初的衝突後，他們融入土家族的先民中，並且為我們留下許多地名：庸州、大庸溪、施溶溪、大庸灘、大庸坪、大庸口、庸水、武陵江……

在鄂西、湘西、張家界更為廣大的山林中，庸人與當地的族群和諧共處，並且將大庸開發成為避秦遺世的武陵仙境，隱逸文化成為這個時期大庸文化的特質。歷朝歷代，這個隱逸文化吸引更多的人在此歸隱。

關於庸國的歸隱傳說

早在庸人舉族南遷之前，與庸人同宗同族的赤松子就已歸隱於大庸。

赤松子是道家的開山人物，《真君傳》記載：「赤松子者，神農時雨師也。服水玉以教神農，能入火自燒。往往至崑崙山上，常止西王母石室中，隨風雨上下。炎帝少女追之，亦得仙，俱去。至高辛時，復為雨師焉。」《直隸澧州志方外》中說：「赤松子，相傳隱於赤松山（今天門山），迄今有丹灶。」

赤松子淡泊人世，隱居深山，修煉長生之道，首創辟穀養生法，採百花為食，極山林之樂，是中國道家一脈的開創者。赤松子歸隱大庸，開中國隱逸文化的先河。

赤松子之後，鬼谷子也隱遁於大庸。其後，漢留侯張良同樣歸隱於大庸，這三人是中國歷史上大有名氣的人物，他們的歸隱自然是萬眾矚目，與

這些中國歷史上的文化名人相比,更多的隱者已然湮沒於歷史的清風裡,在無名中成就真正完美的隱逸。正是一代代無名的隱者,托起庸文化的隱逸風骨。大庸文化,就是一部華夏民族的隱逸傳奇史。

第三篇

漠北古國全知道：草原上傳來鐵蹄聲

匈奴鐵騎出草原，鞣鞨民族站海邊。
契丹建國開疆域，東胡遺址顯神奇。
烏桓引得曹操恨，夾縫之中難生存。
鮮卑命運今何在，且聽漠北鐵蹄聲。

匈奴古國：稱霸大漠南北的游牧民族

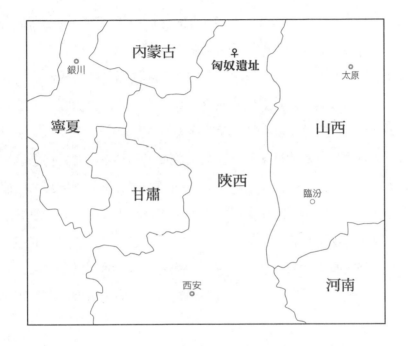

在廣袤的草原上，有一個像雄鷹一樣的民族，他們能征善戰，稱霸草原；他們被稱為是「馬背上的民族」。他們在馬背上締造強大的帝國，並創造和繼承草原文明；他們的鐵騎不斷踏入農耕地區，掠奪資源，延續自己的生存；他們從蒙古高原上衝下來，征服許多平原國家，並且一度成為半個歐洲的統治者，這個民族曾經讓一些國家聞風喪膽，這就是匈奴國。

來自高原的衝擊波

大概在西元前3世紀，原本默默無聞的匈奴人突然出現在華夏人的視野中。這支發源於蒙古高原上的游牧民族，以異乎尋常的速度和勢不可當的勢力向著中原和歐洲世界發起猛烈的進攻。匈奴人的出現，是游牧文明對農耕文明的一次衝擊，也是游牧民族文化與農耕民族文化的一次交流與融合。

特殊的地理位置和典型的大陸性氣候，造就匈奴人特殊的生活方式——隨水草遷徙的游牧生活。他們以草原為家，把草原當作生命的競技場。就是這樣乍看起來不太適合人類居住的生存區域，卻養育出驍勇剽悍、曾經稱霸一時的匈奴人，並且對人類的發展產生莫大的影響。

為了自身的生存和發展，他們開始覬覦周邊的國家，並最終憑著精湛的騎射和身體的優勢征服一個又一個小國，他們的鐵騎讓人聞風喪膽，他們的凶悍讓很多弱小的國家不敢反抗，於是很多西域小國成為他們的附屬國。就這樣，匈奴的疆域擴大了，人口增加了，實力增強了，野心也逐漸膨脹了。

說到這裡，有人會有這樣的疑惑：同樣是少數民族，為什麼匈奴人如此強悍，其他小國卻只能俯首稱臣？這是因為匈奴人的驍勇善戰，主要表現在以下幾個方面：

第一，他們具有所有游牧民族的共同優勢——騎術。但是不同的是他們的馬種，匈奴馬長得什麼樣子已經無從知曉，但是從文獻的描述中可以看出匈奴馬和蒙古馬很像，由於生存環境惡劣，所以這種馬非常能吃苦、有耐力、適應性強。為了使人和馬完美地結合，匈奴人設計一種「高橋馬鞍」，這樣可以確保騎手在任何情況下都不會掉下馬。

第二，作戰工具的精良。作為馳騁沙場的游牧民族來說，有一種武器是必不可少的，那就是弓箭。無論是在平時的狩獵中，還是在作戰的時候，弓箭都有至關重要的作用。有了馬，有了弓箭，也就有天生的騎射士兵。在冷兵器時代，騎兵具有十分明顯的優勢。

第三，作戰戰術也是非常重要的。匈奴人從小就開始跟隨父兄圍獵，習慣長期的埋伏和狩獵的各種詭計，他們會將生活中捕獵的經驗很自然地運用到戰場上。匈奴人戰術的核心是速度與突襲，其中最擅長的有兩個：一是誘敵深入，先派一支專門訓練的騎兵部隊向敵人發起猛烈進攻，當戰鬥呈現膠著狀態時，則佯裝撤退，迅速消失在地平線上，吸引敵人緊追不捨。待敵人超出其後援所能顧及的範圍或陷入包圍圈後突然返回來，依靠自己弓箭射程遠的特點，突然從上百公尺外用密集的箭雨攻擊敵人，隨後裝備精良的鐵騎會對陷入混亂和遭受嚴重傷亡的敵人發起最後一擊。二是突然地大規模襲擊，即閃電戰。由於擁有強大的騎兵，匈奴人在歐洲軍隊面前更多的是主動出擊，利用騎兵的攻擊力直接打擊敵人。

就是這樣一支天降之兵，也不是戰無不勝的，再強的民族也有其致命的弱點，匈奴國同樣如此。作為一個草原帝國，依賴英雄就是其致命的弱點。冒頓、阿提拉、成吉思汗、帖木兒……他們的名字幾乎出現在所有的歷史教科書當中。這些偉大的草原英雄有一個共同特點，都是在短短幾年之內就創立一個龐大的草原帝國，把漢帝國、羅馬帝國這些近鄰打得落花流水，製造一堆堆文明廢墟。然而，他們如狂風驟雨般地倏忽而來，又在轉瞬間消逝在歷史的暮靄之中，讓人無法捉摸。

尊敬英雄、服從英雄、爭做英雄，成為草原文化的一個鮮明特點。但是英雄畢竟不是隨時都可以出現，於是速興速亡成為這些過分依賴英雄的草原帝國始終無法逃避的命運枷鎖。

蒙古高原的第一個主人

每一個民族都是從不可思議的傳說和神話中走出來的，這不是因為他們喜歡故弄玄虛，而是因為其對自然以及作為自然化身的神靈的熱愛。關於匈奴的族源，歷來有多種說法。

其中《史記‧匈奴傳》中寫道：「匈奴，其先祖夏后氏之苗裔也。」

唐司馬貞《史記索隱》釋文說：大概西元前17世紀，夏朝被東方的商國君主湯推翻後，末代夏帝桀戰敗後被放逐到南巢，成為商朝的附庸，三年後死在亭山。夏桀的兒子淳維把父親的女人收為己有，為了躲避商湯的懲罰，率眾北走，開始在草原上游牧，並且自稱為「葷粥」。到了周朝，又改名為「獫狁」。夏王室在古史傳說中屬於黃帝的後人，獫狁是公認的匈奴舊稱，照此說法，匈奴是「夏后氏之苗裔」，是真正的華夏兒女。

王國維在《鬼方昆夷獫狁考》中，把匈奴名稱的演變做出系統的概括，認為商朝時的鬼方、昆夷、葷粥，周朝時的獫狁，春秋時期的戎、狄，戰國時的胡，都是後世所謂的匈奴。

目前，商代的鬼方、周代的獫狁，基本被學術界認定是匈奴的祖先。春秋時期的戎狄是否是前者的直接延續還有爭議。游牧民族天生有很強的流動性，非要給其找一個直系祖先似乎並不現實，把匈奴認定為由上古北方少數民族不斷融合而形成的一個新的民族共同體似乎較為合理。

在匈奴建國以前，東北亞草原本被許多大小不同的氏族部落割據。那個時候的部落和部族聯盟的情況是「時大時小，別散分離」，是「各分散居溪谷，自幼軍長，往往而聚者百有餘，然莫能相一」。當時，分布在草原東南西拉木倫河和老哈河流域的，是東胡部落聯盟；分布在貝加爾湖以西和以南色楞格河流域的，是丁零部落聯盟；分布在陰山南北包括河套以南所謂「河南」（鄂爾多斯草原）一帶的，是匈奴部落聯盟。此外，還有部落集團分散在草原各地。後來的匈奴國就是以匈奴部落聯盟為基礎，征服上述各部落聯盟和部落以及其他一些小國而建立，至此匈奴國成為蒙古高原上的第一個主人。

長城兩側的攻守易位

大概在西元前4世紀戰國時期，匈奴的名字開始出現在漢文史籍中。匈奴的活動區域，主要在漠南黃河河套地區（今賀蘭山以東、狼山和大青山

南、黃河沿岸地區）和陰山（今內蒙古狼山、大青山等）一帶。這裡「草木茂盛，多禽獸」，無論畜牧還是狩獵，都十分有利，游牧經濟發展迅速，很快就成為鄰近的燕國、趙國、秦國的心腹大患。三國先後在邊界修築長城，以阻止匈奴鐵騎長驅南下。為了在七國競爭中占據有利的位置，燕、趙等國還曾經拉攏匈奴一起進攻敵國。匈奴人繼承犬戎的「外交」政策，有意在中原各國之間縱橫捭闔，謀取自己的最大利益。

但是受到自然條件的影響，匈奴人在後勤補給匱乏時，仍然不時發兵南下侵擾，掠奪人口、財物。其中趙國相對軟弱，因此趙國受到的侵擾最為嚴重。直到趙國的武靈王進行大膽的「胡服騎射」改革——「師夷長技以制夷」，很快瓦解匈奴騎兵的優勢，實現長城兩側的第一次攻防轉換。

西元前221年，秦國經過幾代人的努力，終於完成統一大業，就在秦朝致力於統一六國之時，匈奴開始不斷地南下騷擾。西元前215年，頭曼單于又一次南下。秦始皇派大將蒙恬率大軍30萬北上，一舉奪回「河南地」，次年又奪取匈奴控制的高闕（今內蒙古臨河西北）、陽山（今內蒙古狼山）等地。

為了鞏固戰果，秦始皇在河套設置九原郡和44個縣，從內地遷徙3萬多人到這裡屯墾。鑑於匈奴主力未損，實力尚存，秦軍一直不敢回撤，而是長期駐紮在那裡。為了鞏固國防，秦始皇下令於西元前213年修築萬里長城，把以前秦、趙、燕三國的北邊長城連接起來，再加以修補和擴充，西起隴西郡臨洮，沿著黃河、陰山，蜿蜒曲折，直達遼東郡的碣石。

萬里長城對於抵禦匈奴騷擾發揮很大作用，但是動用的人力和物力過於龐大，而且由於無限制地役使民夫，致使60％的民夫被折磨死，民怨沸騰，對秦朝的滅亡產生推波助瀾的作用。

西元211年，陳勝和吳廣起義，秦王朝迅速瓦解，頭曼單于趁機南返，重新渡過黃河，進入河套地區。但是匈奴的真正崛起是在頭曼單于的兒子冒頓單于的統治時期。冒頓單于繼位後，開始對外擴張。在大敗東胡王之後，

隨即吞併樓煩、白羊河南王（匈奴別部，居河套以南），並收復蒙恬所奪的匈奴地及漢之朝那（今寧夏固原東南）、膚施（今陝西榆林東南）等郡縣，並對漢之燕、代等地進行侵略。

一直到漢朝建立，匈奴國始終稱霸於西域一帶，甚至漢高祖劉邦也曾經兵敗於冒頓單于。之後漢朝奉行和親政策，才得到西部和平。這種情況一直延續幾十年，即使是雄才偉略的漢武帝多次對匈奴用兵長達40年，也無法徹底征服匈奴人，在古長城的兩側，匈奴國與大漢互有輸贏。

沒有核心家族的尷尬局面

在漫長的古代社會，一個民族的歷史，基本就是一個家族的歷史。匈奴人——蒙古高原的第一個主人，諸事草創，命中註定要給後人提供教訓。善於向敵人學習的他們，偏偏沒有學得家族統治。也許驕傲的冒頓認為他的攣鞮氏家族世世代代都會有英雄。冒頓單于一家確實不缺少英雄，可是他卻無法阻止更厲害的英雄出世。於是，草原英雄們開始向單于寶座發起攻擊，展開不懈的爭奪。

中國社會是一個家族社會，至今仍然留下許多家族的歷史遺跡。在古代社會中，國即家，家即國，只是這個「家」是國王、皇帝、君主的家，這個「國」是國王、皇帝、君主的國。這個「家」統治著這個國，這個「國」又統治著成千上萬普通的家。從夏啟破壞禪讓制開始，家族統治就占據統治的主流。

匈奴、鮮卑、柔然、突厥、契丹、蒙古，這些游牧民族，這些依靠英雄建立的草原軍事帝國，如果沒有一個作為核心並且令人不敢望其項背的團結而具有凝聚力的家族，是很難長治久安的。

從冒頓單于開始，攣鞮氏家族成為單于事實上的壟斷者，但是他和成吉思汗一樣「只識彎弓射大雕」，而疏於文采，留下兩個致命的缺陷：一是沒有像漢人那樣確定一個大家共同遵守的繼承制度，匈奴對於繼承只有約定俗

成，沒有制度約定，因此很容易造成繼承人的糾紛；二是作為部落聯盟的一種遺存，大人或貴臣會議在匈奴國家的政權體系中仍然有特殊的地位，甚至可以決定新的單于的產生。

從冒頓單于到老上、軍臣單于，都是父死子繼，很順利地完成交接。軍臣單于時運不濟，碰上死硬的對手，幾次被漢武帝大敗，氣憤而死。這個時候，統治階級內部的第一次內訌爆發了。軍臣單于的弟弟伊稚斜搶走姪子於單的位置，當上單于。伊稚斜勇猛善戰，敢作敢為，很對貴人們的胃口。因為屢次敗北，貴人們感到很沒有面子，急需找一位英雄重振雄風。太子於單年幼軟弱，難當大任，不要也罷。伊稚斜順應「民意」，很順利地奪得單于寶座。於單丟掉夢寐以求的單于位，心懷不滿，乾脆投降漢朝，開了匈奴太子出奔異族的先河。

在隨後的幾年間，匈奴的單于頻頻更替，再加上漢朝的打擊和自然災害的影響，匈奴的實力大不如從前。一個建立在軍事基礎上的帝國，如果這個統治家族沒有讓自己的軍事機器始終高效運轉的能力，最終只會被人取而代之！

兩漢之交的短暫復甦

西元前62年，匈奴內部發生內亂，出現五單于爭位的局面，其中呼韓邪單于一支歸降漢朝。在漢元帝時期，呼韓邪單于向漢朝強求「和親」，漢元帝應允，王昭君以公主的身分遠嫁匈奴。王昭君對於漢匈之間的和平相處有至關重要的作用，漢匈之間近半個世紀的和平直到王莽篡位，推行新政失敗以後才被打破。

西漢末年，外戚王莽稱帝，並且推行許多新政。但是新政不僅在國內難以實施，而且在對待西域問題上更是荒謬，尤其是對匈奴的政策更是引起許多不滿，以至於從漢武帝以後漢匈的和平局面不復存在。匈奴在兩漢交替之時也得到一次短暫的復甦，但是隨著東漢王朝的建立，實力已經大不如從前

的匈奴開始走向更加衰落的道路。

被王莽多次羞辱，最終惱羞成怒的呼韓邪單于開始大舉進攻王莽政權，此時國內也紛紛起義，最終王莽被殺，但是他的死並沒有阻止匈奴大軍的鐵騎。自西元44～46年，短短兩年間匈奴就多次進攻漢朝，逼得漢朝先後放棄五原等邊境郡縣。呼韓邪單于不僅恢復匈奴舊疆，而且打得漢朝節節敗退。但是不得不承認，此時的匈奴和冒頓單于時期的實力是不可同日而語的，雖然打得漢人節節敗退，但是自己的實力也即將消耗殆盡，最終呼韓邪單于壯志未酬，離開人世。

後來，匈奴內亂又不可避免地發生，這次內亂不僅結束匈奴在兩漢之間短暫的繁榮，而且還分裂成南北兩部，為後來匈奴永遠退出西域埋下伏筆。

在東漢初年，匈奴就大量進入塞內。西元46年前後，匈奴國內發生嚴重的自然災害，人畜饑疫，死亡大半，統治階級因為爭權奪利，發生分裂。西元48年，匈奴八部族人共立呼韓邪單于之孫日逐王比為單于，與蒲奴單于分庭抗禮，匈奴分裂為兩部。後來，日逐王比單于率4萬多人南下附漢稱臣稱為南匈奴，被漢朝安置在河套地區，留居漠北的稱為北匈奴。

留居漠北的北匈奴，連年遭受嚴重天災，又受到南匈奴、烏桓、鮮卑的攻擊，退居漠北後社會經濟極度萎縮，力量大大削弱，多次遣使向東漢請求和親，其一怕東漢北伐，其二想挑撥匈奴人破壞東漢與南匈奴的關係，其三想在西域抬高自己的聲望，其四想透過和親與東漢互市交換所需物資。東漢政府沒有答應和親，僅同意雙方互市。北匈奴從西元65～72年不斷入侵東漢漁陽至河西走廊的北部邊塞，隨著東漢的政治穩定和經濟得到恢復發展，國力增強，在南匈奴的支持下，最終打敗北匈奴，迫使他們一路向西遷移，直到康居國附近（今烏茲別克、哈薩克地區）。後來因為無資料記載，其行蹤不得而知。

留在中原之匈奴民族的最後下落

北匈奴潰逃後，南匈奴逐漸成為東漢政府的邊防軍，配合政府軍對抗羌族和鮮卑人的侵擾。到了東漢末年，南匈奴捲入黃巾起義和後來的諸侯割據。西元194年，曹操為了防止匈奴再次參與中原的權力爭奪，把匈奴部眾一分為五。但是由於當時曹操控制的領土還很有限，匈奴雖然被分解，還是被全部安置在山西境內，彼此並不遙遠，由此留下後患。

西元265年，司馬炎建立晉朝，到晉惠帝時期，中原發生「八王之亂」。爭權奪利的諸侯王為了占據有利地位，紛紛主動引狼入室，拉攏邊境上的少數民族，匈奴和鮮卑是他們主要的拉攏對象，給匈奴民族重新崛起和掌握政權的機會。但是鮮卑人不甘心讓匈奴專寵，他們不斷地向匈奴政權發起進攻，致使匈奴民族在中華大地上的最後一次崛起曇花一現，很快就消失，而且整個民族都從中華大地上消失。

西元4世紀，匈奴人劉淵在成都王司馬穎手下為將。乘西晉「八王之亂」之後的混亂時期，劉淵在并州離石起兵立漢國，稱漢王，後稱帝，占領北中國的大部分地區。西元311年，劉淵子劉聰攻占洛陽；西元316年，攻占長安，滅西晉。西元318年，匈奴貴族靳准殺死劉聰子劉粲及其家族，自立為漢天王。劉聰族弟劉曜在長安稱帝，改國號為趙，消滅靳氏。因百姓負擔極重，民怨沸騰，引起大規模的反抗。西元328年，羯人石勒擒殺劉曜，次年在上邽殺其太子劉熙及其將相公卿等三千餘人，趙亡，史稱前趙或漢趙。匈奴在中國北方衰落後，鮮卑人迅速進入蒙古高原，餘下的匈奴約40萬人併入鮮卑。匈奴與鮮卑的混血後代稱為鐵弗人。

鐵弗人赫連勃勃被鮮卑拓跋氏擊敗後投奔羌人的後秦，自認為是末代的匈奴王，改姓赫連，在河套地區創立夏國，史稱胡夏，最後被北魏所滅。

西元425年赫連勃勃卒，子赫連昌繼位。西元428年北魏俘赫連昌，赫連昌弟赫連定在平涼自稱夏皇帝。西元431年北魏俘赫連定，夏亡。夏國的國都統萬城是匈奴在東亞留下的唯一遺跡。融入匈奴人中的月氏人，稱為匈奴

別部盧水胡。其中沮渠家族推後涼漢官段業為王，在今甘肅地區建立政權，史稱北涼。

　　後來沮渠蒙遜殺段業，自立為北涼王。西元433年蒙遜子沮渠牧犍繼位，西元439年被鮮卑人拓跋氏北魏所滅。沮渠牧犍弟沮渠無諱西行至高昌，建立高昌北涼。西元460年，高昌北涼為柔然所攻滅。融入靠近高句麗的宇文鮮卑部落的一小支匈奴，進入遼東半島。

渤海古國：毀於一場大火的國度

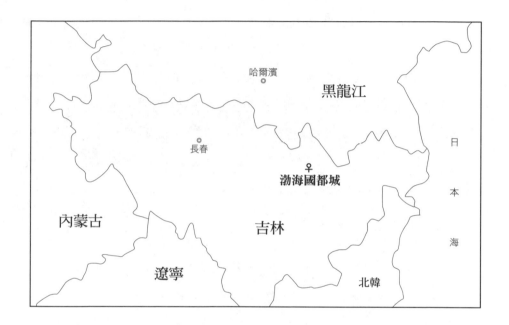

渤海國的建立，對於東北地區的開發以及東北各民族的融合，都有推動作用。渤海國在長達二百多年的發展過程中，全面效法唐朝，依靠渤海人的聰明智慧和勤勞勇敢，繁育發達的民族經濟和燦爛的渤海文化，促進東北邊陲的進一步開發，創造「海東盛國」的輝煌。

發現渤海古國

清朝初年，一些士人官宦因為「文字獄」冤案，被流放到黑龍江邊塞寧古塔（今寧安）。

從順治十二年到乾隆初年將近90年間裡，被流放的中原士人、官宦多達數十人。這其中包括吳兆騫和方拱乾父子，以及張縉彥、楊越和張賁。正是他們在漫長而痛苦的流放過程中發現渤海國上京龍泉府的遺址。

這些人雖然始終無法瞭解「古大城」的歷史淵源，但是他們都把已經湮沒無聞的古代都城遺墟介紹給世人，進而使沉睡幾百年的渤海古都遺址重新出現在時人的著書中，並且逐漸廣為人知，其功績也是絕對不容忽視的。

真正確定「古大城」的身分是在清末，後繼學者經過不懈的努力，終於確定「古大城」是渤海國都城上京龍泉府遺址。這個確定，也使得民國期間（20世紀初到20世紀40年代）掀起一股渤海考古熱，但是唱主角的卻是日本人。

20世紀初，日本人在東北亞地區的勢力猛漲，氣焰囂張，他們多次非法進入中國進行掠奪性考古。東北淪陷後，以原田淑人、池內宏等為首的日本東亞考古學會發掘隊，開始發掘渤海國上京龍泉府的宮殿遺址。發掘取得重大收穫，人們對渤海國的遺跡和遺物，特別是上京城宮殿遺址有更清楚的認識和瞭解，也促使日本的渤海熱升溫，並且持續下去。

1928年前後，由8個國家僑民組成的哈爾濱外國僑民會也進行一次對渤海國三靈墳的考察。但是由於三靈墳早就被盜了，他們的這次考察可以說是一無所獲。因為考古資料的大量出現，也使得曾經存在於雲霧中的渤海國歷史逐漸清晰。一批研究渤海國歷史的著作紛紛湧現，例如：唐晏的《渤海國志》、黃維翰的《渤海國記》、金毓黻的《渤海國志長編》。

透過考古學家的發掘以及各種文獻的紛紛湧現，人們對於這個消失幾百年的古國開始有初步認識，渤海古國曾經燦爛一時的文明隨著出土的文物及

文獻，它的風采將展現在世人面前。

渤海建國歷程

渤海最初建國的地方，史稱「舊國」。現在已經證實，此地位於現在
吉林省敦化市境內。現在敦化市境內有兩處渤海國城市遺址：一處為城子山
城，另一處為敖東城。一般認為，城子山城址是渤海人最初的都城，後來再
遷到坐落於平原上的敖東城。

渤海古國的居民主體為中國東北一個古老的少數民族——靺鞨族。隋代
的靺鞨族居住在高句麗以北，主要分成七部，分別為粟末、伯咄、安車骨、
拂涅、號室、黑水、白山。靺鞨族七部的經濟發展很不平衡，因為地區的氣
候差異和生產力水準的不同，有些部落以漁獵經濟為主，有些部落以農業經
濟為主。黑水靺鞨部下轄的十六部之間的經濟發展水準差別也很大，一般來
說，南方部落比北方部落的經濟發展水準要高。至於靠近高句麗的白山部、
靠近中原及高句麗的粟末部，受到高句麗和中原較為發達的農業文明的影
響，經濟發展水準要更高一些。

唐萬歲通天元年（西元696年），契丹首領李盡忠殺營州都督趙文翽叛
唐，為粟末靺鞨新貴族提供創建民族政權的時機。發生這個變故，主要是趙
文翽依仗手中的權勢，對東北的少數民族的剝削和壓迫越來越重，激起各族
人民極大的不滿，李盡忠藉機起事，居住在營州的粟末靺鞨族人加入反唐行
列。

事發後，武則天派曹仁師統率大軍前去鎮壓，為了瓦解東北少數民族
的反唐聯盟，唐政府在對契丹實行武力圍剿的同時，對粟末靺鞨族採用招撫
政策，分別冊封大祚榮的父親乞乞仲象為震國公，另一位首領乞四比羽為許
國公。但是乞四比羽不相信唐朝有此誠意，拒不受命，結果被唐朝追兵所擊
斬。此時乞乞仲象在奔逃中病故，大祚榮代父而立，率所部繼續東逃。武則
天派契丹大將李楷固前往討伐緊追不捨，西元697年9月唐軍追大祚榮至天門

嶺（今遼寧省青源境哈達嶺）處。善於用兵的大祚榮，借助天門嶺的複雜地形，「合高麗、靺鞨之眾，大敗唐軍」。至此，靺鞨人終於依靠自己的力量獲得自由。

唐聖曆元年（西元698年），突厥攻入唐朝的媯州、檀州、定州、趙州等地（今河北省中西部），契丹人與奚人又依附於突厥，於是中原通往東北的道路被阻隔。大祚榮審時度勢，在今吉林省敦化縣敖東城建立靺鞨政權，並以尊稱「da」（古通古斯語即酋長）自創其姓大氏，以武則天封其父為震國公之「震國」對外稱「大震國」，自稱震國王，從此開創渤海國的前身。大祚榮為了鞏固大震國政權，不僅遣使與突厥結盟，而且又通好新羅，巧妙地在強權林立的四鄰之間斡旋，故在數年之間，勢力得到迅速發展。其疆域南接新羅，北鄰黑水靺鞨，西連契丹、突厥，所屬人囊括靺鞨、高句麗、漢、契丹、奚、突厥、室韋等許多民族，有戶10餘萬，勝兵數萬，地方5,000（一說2,000）里，成為當時東北地區一支舉足輕重的政治力量。

遊歷渤海國

渤海國上京龍泉府遺址坐落在距鏡泊湖不足20公里的寧安市渤海鎮，已經列為全國重點文物保護單位。契丹滅渤海改建為東丹，為了鎮壓渤海人的反抗，使其忘卻故土，契丹曾經把龍泉府及寺廟等古都著名建築付之一炬。故國遺址可見城址、上京龍泉府遺址、故井址、禁苑址、街壇址、寺廟址、古墓、古橋址和興隆寺，主要遺物有石燈幢、大石佛、舍利函、大石龜、文字瓦。

龍泉府遺址是中國古城遺址中保存較好的一處。根據調查，該城形制和規劃與唐朝的首都長安相似，呈長方形，周長達16,296.5公尺。北面為宮城，南面為外廓城。宮城為長方形，四面宮牆均為石砌，各有一門。宮城前部為官衙，後部為王宮。宮城內部被南北向牆分隔為東、中、西三區，各區內部又以縱橫牆垣分成若干部分或院落，各院落都有宮殿房屋遺址，環宮城

東、西、北三面是禁苑等附屬部分。南面的外廓城，由坊、街道、市場及城牆、城門等部分組成。城牆用石塊砌築，厚2.4公尺，外有壕溝。共設10個城門，東、西垣各2門，南、北垣各3門。城內街道共發現9條，南北向5條，東西向4條，以縱向全城的「朱雀大街」最為典型，它將全城分為東、西兩部分。坊呈長方形，四面築牆，坊內有若干院落，大小兩種。東、西二市尚難斷定具體地點。

此外，在渤海國都城內外還發掘佛寺若干處，其規模都較大。佛寺面積占據半個坊區，而且數量較多，反映出渤海國佛教盛行的景況。

渤海國不僅有豐富的人文景觀，還擁有迷人的自然風光，其中最著名的就是有「北國西湖」美名的鏡泊湖。

鏡泊湖，在渤海國時期被稱為忽汗海，明代稱鏡泊湖，是世界上少有的高山湖泊之一，堪與著名的瑞士日內瓦湖媲美。它位於牡丹江市西南100多公里牡丹江上游張廣才嶺與老爺嶺的群山環繞之中，平均海拔達到350公尺。湖身略似S型，呈東北─西南走向，沿山谷蜿蜒，水道曲折有致，峰迴路轉，宛若一條銀帶，浮現在張廣才嶺下的群山翠綠之中，因為湖身綿延百餘里，所以又被稱為百里長湖。

鏡泊湖附近最著名的景點就是被譽為「鏡泊八景」的吊水樓瀑布、白石砬子、大孤山、小孤山、珍珠門、道士山、老鷹砬子和地下森林。

渤海古國遺風

渤海國的都城雖然被契丹人燒毀，但是這裡的人類文明卻是大火燒不掉的，從考古發掘和文獻中我們可以得知，當時的渤海國在政治、經濟、文化、社會生活中都比較先進。接下來就讓我們透過古國的遺風一覽一千多年以前這裡的繁華。

渤海人喜食豬肉，飲食講究，又因為其臨海而多湖泊的特殊地理位置，所以水產品也是其飲食的一大特色。根據《遼史》中關於渤海地區飲食的記

載可知，渤海人也過端午節，但是與中原人所食不同，他們在端午節這天吃艾糕，喝大黃湯。

渤海人的飲食講究，但是衣著卻十分簡陋，在隋唐以前，渤海地區沒有像樣的衣服，只是用豬狗的皮毛做遮蓋，這種情況直到隋朝開皇年間才得以改善。隋朝時靺鞨人遷至營州等地，受到漢人的影響，衣著逐漸漢化，直至後來與中原並無兩樣。

渤海國盛時號稱「海東盛國」，自然也是禮儀之邦。亡國後，其禮樂為遼金王朝所承用。渤海儀衛有乘輿、羽衛等物，僅用於東丹王或駐守東京的地方官，以示其為渤海人的首腦。由此推知，渤海國當年國王出巡儀衛是何等威武。

渤海人的婚戀習俗非常有特色，他們可以稱得上是現代一夫一妻婚姻制度的先驅。迄今所發現的渤海族墓葬中，凡男女合葬墓均為一男一女，無一男多女的例證。這足以證明渤海社會實行的是嚴格的一夫一妻制的婚姻形態。渤海人令人欽佩的地方，不僅在於他們實行一夫一妻制，還在於他們盛行「自由戀愛」。其祖先挹婁男子到了適婚年齡後，求偶時只需將羽毛插在自己的頭上，等到哪個女子看上他，就會拔下他頭上的羽毛。一枝羽毛定終身，這樣的婚戀方式看起來雖然簡陋，但至少也是一種自由選擇。在渤海國的前期階段，婚戀雖然簡單粗糙，但是他們卻是自由結合，「執子之手，與子偕老」，比起那些父母之命媒妁之言、結婚前連面都沒見過的夫妻，實在是要幸福多了。

渤海國的婦女可以與陌生男子同桌共飲，乃至深夜結伴遊玩，顯示當時渤海族青年男女間的交往是相當自由的。青年男女自由交往，才有產生愛情的可能。一旦他們定情以後，男子就可以不徵求女方家長的意見，任意把女方帶回家做自己的妻子。這種結婚的方式雖然被稱為「搶婚」，但是這裡的「搶」顯然並非明刀真槍地去搶，而只是民間百姓心照不宣的一種結婚儀式。

遼金時期，隨著渤海族與外族通婚的現象越來越普遍，具有原始遺風的嚴格一夫一妻婚制首先在族際通婚中被破壞。渤海人在長期與外族通婚中慢慢被同化，渤海國原有的婚俗開始不斷地遭到破壞。大定十七年（西元1177年），金世宗以無視禮法為名，下詔嚴令禁止反映自由戀愛的搶婚習俗，要求渤海人按照女真族的方式來進行婚配，到了金朝後期，渤海人與其他民族尤其是漢族通婚的現象更多，渤海族各方面的習俗都日趨於漢化，曾經「只羨鴛鴦不羨仙」的渤海人也逐漸拋棄自己民族的傳統婚俗，與漢族無異。

　　民俗是一個民族存在的重要象徵之一，當渤海人基本上以他族的習俗取代本族的習俗時，這個民族就不復存在。所以元代以後，渤海人不再見於史書記載。

契丹古國：一個剽悍勇猛的國度

　　契丹，一個發源於遼闊草原的剽悍民族，自北魏開始就以驍勇凶悍的形象出現在中原人的視野之中。西元916年建立龐大的帝國，雄踞於中國的北方；西元12世紀遠走他鄉，在伊朗高原上建立最後一個政權——克爾曼王朝。隨後就在異國他鄉悄無聲息地淡出人們的視線，留給人們的是謎一樣的契丹文字。曾經盛極一時的強大帝國，和歷史上許多存在過的王朝一樣，終究敵不過歲月的流逝，如過眼雲煙一般，在浩渺的草原上消失得無影無蹤。

契丹民族的來源之謎

「契丹」在漢語中的意思是「鑌鐵」，由此可見，這是一個有鋼鐵般意志的民族。它曾經叱吒蒙古草原800年，並且長期控制絲綢古道，以致亞歐大陸中西部的國家誤認為整個中國都在其治下，「契丹」也因此成為當時中國的代名詞。

直到西元388年，北魏道武帝北征，戰火一直燒到西拉木倫河畔，居住在這裡的契丹人被迫潰散逃亡，這次戰爭使契丹第一次進入書史者的視野。在此之前，這個被阿拉伯人和歐洲人視為全中國統治者的民族，竟然對自己民族形成和發展的漫長歷史沒有留下任何記載。這讓後來研究契丹歷史的史學家們非常苦惱，這個強悍的民族究竟從何而來，在其衰敗之後來又走向哪裡？

關於契丹族的起源有一個美麗的傳說：在茫茫的北方草原上流淌著兩條河流。一條叫西拉木倫河，意思是「黃水」，人們把它看作是黃河在遠方的女兒，所以文獻上寫作「潢河」；另一條河叫「老哈河」，也叫「土河」，兩河流域孕育草原文明。傳說中，一位駕著青牛車從潢河而來的仙女，與一位從土河騎著白馬來的仙人，在兩河的交匯處相遇，兩人相戀，並結為夫妻，他們就是契丹族的始祖。歷史學家根據這個傳說和一些相關史料的考證，對契丹族的起源做出以下解釋：他們認為仙女和仙人所代表的分別是居住在兩河流域的兩個原始氏族，一個以「白馬」為圖騰，居住在「馬盂山」；一個以「青牛」為圖騰，居住在「平地松林」。後來兩個氏族都遷徙到兩河匯聚處的木葉山，他們聯姻繁衍，他們的子孫繁衍成為八個部落，逐漸發展成為以後的契丹族；也有一種說法是白馬仙人和青牛仙女生下的八個兒子發展成後來的契丹八部。

由於沒有切實的文字記載，因此關於契丹人的起源也存在多種觀點：其一，認為契丹屬東胡族系，源出鮮卑，是由宇文鮮卑的一支發展起來的。

其二，認為契丹是「匈奴之種」。匈奴被漢軍擊敗後，北單于率大部分族人被迫西走，但是仍然有大量的匈奴人留在故地融入到強大的鮮卑部落。宇文鮮卑，就是這支匈奴人的後裔。來自於宇文鮮卑的契丹人，自然也就是「匈奴之種」。其三，契丹是炎黃之後。《遼史·世表》稱「耶律儼稱遼為軒轅後」，就是說，在遼代時，認為契丹源於古契國，就是商代始祖契最初的封國，契為黃帝之裔，則契丹自然為黃帝軒轅氏之後，所以契丹是炎黃子孫。

綜合上述史家觀點，基本上肯定契丹是來自於鮮卑宇文部，根本的分歧在於宇文部的來源。現代考古學家和科學家透過對古墓中出土的匈奴人、鮮卑人、契丹人的人骨中提取DNA，進行樣本的比較，證明契丹和鮮卑人種的遺傳距離相對較近，可以認為有明顯的繼承關係，這個結論有力地證明契丹是源於鮮卑族。

北中國版圖的奠定者

有許多研究世界史的專家學者認為，契丹帝國是亞洲歷史上最為濃重的一筆。據說，哥倫布的出海航行，就是為了尋找他仰慕已久的契丹帝國，然而他並不知道，當時契丹帝國已經滅亡，甚至連契丹民族也消失得不知所蹤。歐洲和阿拉伯人直到西元13世紀，還把中國稱為契丹（Cathay）。直到現在，俄文和拉丁文中，還把「契丹」作為對中國或中國人的通稱。

西元907年，契丹迭剌部的首領耶律阿保機統一各部。他先後鎮壓契丹貴族的叛亂和征服奚、室韋、阻卜等部落，聲勢浩大，不同凡響。西元916年，耶律阿保機稱帝，建立奴隸制國家——契丹國。

耶律阿保機創建奴隸制國家後，確定皇權世襲，建立軍隊，制定法律，修建都城，創造文字，此後繼續向外擴張，西打到甘州回鶻，東滅渤海國，南占燕雲十六州。

西元916年，契丹貴族耶律阿保機於唐亡後的亂世中建立契丹帝國，其子耶律德光曾經改國號為遼，故而契丹帝國也稱遼國。從耶律阿保機建國至

天祚帝被女真所建立的金國推翻，部分契丹民眾西走中亞建立西遼，契丹帝國共傳九世。

　　契丹帝國的疆域，以今內蒙古赤峰地區為中心，雄跨長城內外。極盛時的版圖：北至色楞格河流域，南至河北中部和山西北部，西至阿爾泰山以西，東臨大海，東北到外興安嶺和鄂霍次克海。契丹建國半個世紀之後，被尊為「正統」的北宋王朝才在其南方誕生，所控制的領土面積還不及契丹的一半。可以說，歷史上真實的契丹帝國，絕對不是一個渺小而殘暴的存在，它疆域遼闊，民族眾多，是隋唐之後中國歷史上的另一個「北朝」——一個強大的帝國。它對中國北部、東北部的有效開發，以及對多民族國家的歷史發展，都有巨大的作用。

　　如果說現在中國的版圖是在清帝國時最後確定下來，可以肯定的是，中國北方和東北這個部分的輪廓是由契丹帝國勾畫出來。在中國的北方和東北地區，生活著許多民族。他們在這裡游牧、漁獵；他們強壯剽悍、各自為政；他們逐水草而居，流動性很大。儘管曾經有匈奴、突厥這樣的強大帝國崛起，卻都未能真正統一過這片廣袤的草原。可是契丹帝國做到了，它透過軍事征服，把分散的北方各族先後置於自己的直接統治之下。為了鞏固統一，契丹在地方上的行政設施比之前任何一個朝代都要完備：藉由設官置府，派遣官吏，大大加強對北方各族的直接統治。將北方如此廣闊的地區統一在一個政權的直接管轄之下，在中國歷史上是第一次，為以後元代多民族國家的統一奠定基礎。

帝國建立前的漫漫長夜

　　前文中也提到，在北魏時期「契丹」這個名字才開始出現在中原人的視野中。原來的契丹人分為八個部落，居住在潢水（今內蒙古西拉木倫河）之南，黃龍（今遼寧朝陽）之北。這八個部落經常以名馬向北魏進貢，並且進行貿易往來，八個部落之間也是友好往來。

北魏後期，契丹人經常受到鮮卑慕容部落以及逐漸壯大的柔然部落的侵襲，被迫遷到今遼寧省阜新境內，憑藉中原勢力的保護逐漸發展。但北魏滅亡後，契丹出兵新建政權北齊，結果大敗，向北齊稱臣。但是禍不單行，契丹又受到突厥的攻打，最終迫使契丹八部分裂為三大部分，一部分為北齊「分置諸州」的俘虜，另一部分東遷，還有一部分受突厥國統治，由可汗設官管理。

　　西元628年（唐貞觀二年），契丹首領摩會率其部落背突厥附唐。此時，契丹已形成部落聯盟，君長出自大賀氏。西元648年，契丹諸部皆請內屬，唐王朝以其地置松漠都督府（今內蒙古巴林右旗南），以其首領窟哥為都督，封無極縣男，賜姓李氏。又置羈縻州十，各以其部落首領為刺史。契丹有別部酋領孫敖曹，西元621年（唐武德四年）附唐。其曾孫萬榮，武周垂拱（西元685～688年）年間為歸誠州刺史，萬歲通天（西元696～697年）年間，與其妹婿松漠都督李盡忠（窟哥之後）並為唐營州都督趙文翽所侵侮，遂舉兵殺趙文翽，據營州反，進攻河北地區，屢敗唐軍。武則天徵發大兵討之，借奚及突厥之助，始得平定。此後，契丹附於後突厥。西元715年（唐開元三年），其首領李失活來附，唐王朝復置松漠都督府，以李失活為都督，封松漠郡王，唐玄宗又以甥女楊氏為永樂公主妻之。其後，契丹首領可突干再次叛唐，唐為了防禦契丹，加強東北邊防兵力，建立范陽、平盧兩節度。唐至德（西元756～758年）年間，契丹與唐保持朝貢貿易關係，但亦受崛起於漠北的回鶻國控制。西元9世紀中葉回鶻國破亡，契丹又歸順唐，唐賜以「奉國契丹之印」。

　　在西元9世紀末，隨著唐朝的衰落，直至滅亡，再加上契丹西北面的兩個強鄰突厥和回鶻的衰落，契丹終於迎來發展壯大的時機，此時契丹內部的國家機制的一些因素已經開始萌生。

　　在外部條件和內部條件都成熟的時候，一個強有力的領導者就是建國的關鍵，此時契丹的偉大領袖——耶律阿保機正是將契丹社會推向更高階段的

關鍵人物，歷經幾百年的發展，契丹終於擺脫其他民族的壓迫，開創一個偉大的帝國。

皇位之爭背後的文化角逐

西元926年，耶律阿保機回師途中因病去世，皇后述律平掌握政權。述律平是耶律阿保機的表妹，自幼生長於草原，善騎射，具有卓越的政治和軍事才能，曾經多次隨耶律阿保機征戰。耶律阿保機的突然離世給契丹人留下一個難題——帝位繼承問題。

因為契丹剛建國，並沒有像漢人一樣有完整的繼承制度，而且部落世選中的「任賢」意識尚有殘存。於是在帝位的繼承上就出現立長和立賢的分歧。根據史書記載，耶律阿保機與述律平皇后共有三個兒子：長了耶律倍、次子耶律德光和三子耶律李胡。三子年幼，而且品行不及兩位兄長，因此繼承權就在長子與次子間進行選擇。

長了耶律倍是漢文化的篤信者，敬仰孔子和儒家學說。在耶律倍的影響下，耶律阿保機登基後，首先建孔廟，並多次派耶律倍主持祭孔儀式，以示對中國傳統文化的崇敬。由於受儒家文化的影響較深，耶律倍待人寬厚，辦事認真。耶律阿保機在稱帝之後，借用古老傳說中「三皇」的名稱，分別以天皇帝、地皇后和人皇王作為自己和妻子、長子的尊號，以此確立權威。包括耶律倍在內的大多數人認為，耶律阿保機的用意是期待耶律倍在父親身後接過所向披靡的軍隊，再以一個博通經史的儒者風範在皇帝的寶座上指點江山。而且在當時的契丹帝國中，漢族官僚日漸增多，漢化勢力顯然更希望這位「親漢」的皇子繼承皇位。

次子耶律德光，契丹的名字為堯骨，自幼英勇善戰，長年隨父親南征北戰，在20歲的時候就當上契丹帝國的天下兵馬大元帥，耶律阿保機對他寄予的希望很大，在耶律阿保機的三個兒子當中，他和長兄耶律倍都很受耶律阿保機的喜愛。但耶律德光更像他的父親，在耶律阿保機四處征戰時，耶律德

光都跟著出征，因此立功甚多。

既然兩個兒子都非常優秀，繼承權最終可以花落誰家，其關鍵就在於掌權的皇后述律平更傾向於哪個兒子，顯然善於征戰的次子耶律德光更符合她的胃口。述律平選擇耶律德光不僅僅因為他英勇善戰，還因為他的婚姻。因為他迎娶的正好是述律平的女兒、耶律德光的同胞姐妹質古與述律平的弟弟、耶律德光的舅舅蕭室魯所生的女兒蕭溫，即述律平的外孫女兼內姪女。可以說，耶律德光繼承王位，對自己的家族勢力是最大的保護，同時也是述律平繼續掌控契丹帝國的最佳方式。

於是，天顯二年十一月，25歲的耶律德光在傳統的蟠柴禮之後，於宣政殿正式即契丹帝位，是為遼太宗。後來的事實證明述律平的選擇是正確的。耶律德光在位期間，確實對契丹帝國的貢獻很大，在許多方面都促進契丹國政治和經濟的發展。政治方面，他完善從耶律阿保機開始的北、南官制，並使之系統化。他還繼續擴大領土，使契丹國走向強盛。耶律德光在位期間，契丹國的農業也有較大的發展。此外，契丹國的文化也發展到一個很高的水準。

在這次爭權的背後，實質上是兩種文化的角逐。長子崇尚漢文化，次子遵循游牧民族文化，掌握實權的皇后述律平也傾向於游牧民族文化，因此地位的繼承就顯而易見。耶律倍不僅失去繼承王位的機會，而且總是被弟弟提防，以至於最後不得不遠走他鄉，來到中原，在後唐明宗時期當上懷化軍節度使，最終客死他鄉。

契丹太宗的南下戰術

遼太宗耶律德光在趕走哥哥之後，終於坐穩帝位，開始繼承父親的事業——向南用兵，爭霸中原。

唐朝滅亡之後，中原出現群雄割據的局面，就像一個大雜院一樣。直到宋朝建立，期間經歷五代十國，中原的混亂局面讓契丹國得到很好的發展。

雄踞各處的勢力相互牽制，勢均力敵，誰也不能將對方趕出去，因此只能在這些勢力之外尋求盟軍。與耶律阿保機兩度南下鎩羽而歸相比，耶律德光的運氣顯然好得多，他剛一繼位，就有人送上一份大禮：燕雲十六州加上一個「乖兒子」。條件僅僅是南下「調停」一下「鄰里」關係，居間調停也就成為遼太宗的南下之術。

遼太宗耶律德光充分吸取父親的教訓，這一次鄰家又發生爭端，他在受邀進行武力調停時，很冷靜地分析當時的形勢，在眾多的邀請者中，最終選中石敬瑭。實際上，契丹國當時出兵南下已經是勢在必行，因為那個時候南下能為契丹謀求更多的政治利益，更何況石敬瑭開出的條件對遼太宗更有誘惑力。石敬瑭開出三個條件：請稱臣，以父事契丹；約事捷之後，割盧龍一道及雁門關以北十六州給契丹；每年進貢大批的財物。正是這三個條件，尤其是第二個條件割據燕雲十六州，打動遼太宗皇帝。

其實，當時燕雲地區是趙德鈞父子的管轄之地，石敬瑭如此大方地放棄這片土地的管理權，完全是慷他人之慨。趙德鈞父子也曾經向遼太宗求助，但是他們無論如何也不會把自己的土地讓給契丹。如此一來，兩家的「調停費」高下立見。當時的燕雲地區，就是今天的大同、北京一帶，是溝通南北的重要要道，而且土地肥沃，適合農業發展，契丹國覬覦已久。石敬瑭的這招借刀殺人可謂是用得精彩，不僅贏得遼太宗的幫助，而且自己也沒有什麼損失，真是一舉兩得。

但是幾年之後，石敬瑭於後晉天福七年（西元942年）六月去世，其姪子石重貴繼位。石重貴不僅荒淫無道，而且在對遼國的態度上也發生變化，對耶律德光只稱孫不稱臣，這樣的態度激怒遼太宗。幽州的趙延壽還想像當年石敬瑭那樣當皇帝，屢屢在遼太宗的耳邊煽風點火，勸遼太宗出兵懲治這個不肖孫子。後晉將領楊光遠也暗通契丹，說後晉違背盟約，正好藉機出兵，而且後晉境內發生大的災害，軍隊死亡過半，只要出兵，定能一舉成功。當然，這一次遼太宗南下，還有一個原因，就是與自己的母親爭權。

把耶律德光推上皇位之後，述律平發現自己的如意算盤打錯了，二兒子並沒有想像中那麼有勇無謀，容易操控。隨著耶律德光勢力的逐漸增強，特別是石敬塘「稱兒獻地」之後，母子倆的衝突突顯出來。當耶律德光即位之後，契丹帝國的權力實際上還是掌控在這位已經斷了一隻手的太后手中，皇帝對中原作戰，不如說是述律平在用兵，她不希望與中原保持過於緊密的關係。但是她的兒子並不滿足，耶律德光想要更多的土地，他要成為中原的皇帝。在這個問題上，母子二人出現嚴重的分歧，她曾經不止一次地表示反對繼續向中原用兵。遼太宗雖然暫時接受母親的意見，背後卻在做著各種準備，等待機會，從母親手中奪回軍隊的控制權。石重貴的不敬，正好給他提供一個合理的出兵理由。

這場戰爭持續三年，共發動三次大的戰役，終於第三次遼太宗打敗石重貴。西元947年，遼太宗用中原皇帝的儀仗進入開封，在崇元殿穿上漢族皇帝的裝束，接受文武百官的朝賀。

挑戰祖母權威的皇長孫

為了不違背母親的心願，耶律德光違心地冊封小弟耶律李胡為「皇太弟」。就在述律平心滿意足地準備繼續掌舵時，耶律德光卻像他父親一樣，不爭氣地死在回鑾的路上。為了不再充當殉葬品，急紅眼的大臣們匆匆忙忙地選擇一位仁慈的君主——耶律倍的兒子耶律阮為遼世宗。無意中，契丹帝國再次面臨痛苦的抉擇：是堅守草原本位，還是向漢文化靠近。

述律平一心想讓自己的小兒子耶律李胡做皇帝，所以對這個大臣推舉的遼世宗大為不滿，於是準備發兵攻打自己的孫子。但是因為述律平早年的凶殘，以及耶律李胡現在的無道和無能，所以多數契丹臣僚都不願意打內戰，為了避免戰爭，雙方在身為惕隱的耶律屋質的極力勸說下開始談判。

談判初期，雙方互相指責，毫無進展。但是耶律屋質憑藉自己的三寸不爛之舌以及鞭辟入裡的厲害分析終於達成雙方的和解，太后同意停戰，但

是她仍然對耶律李胡即位留有一絲幻想，她又提出「議既定，神器（代指皇位）竟誰歸」的問題。為了國家的利益，耶律屋質敢於逆太后之意，言人所不敢言，堅決地說：「太后如果把皇位交給永康王，才是真正順天意合人願的事情，您還有什麼可疑慮的？而且世宗已經在太宗靈柩之前即位，沒有理由改換他人，於情於理都應該立永康王為帝。」

耶律李胡在旁邊，立即厲聲反駁：「我在，兀欲安得立！」耶律屋質毫無畏懼，據理力爭地說：「把皇位傳給嫡長子才是合乎禮法的，哪有傳給弟弟的道理？當年捨人皇王而立太宗，就已經是於禮不合，才有今天的戰局；何況你性情乖僻殘暴，完全不得人心。如今萬口一辭，願立永康王，這是不可更改的事實。」迫於輿論，太后不敢再固執己見，她無可奈何地對耶律李胡說：「你聽到這些話了嗎？當年我和太祖皇帝就溺愛你超過其他皇子，如今真的應了諺語『偏憐之子不保業，難得之婦不主家。』不是我不想立你做皇帝，而是你自己多行不義，不得人心啊！」

最後，太后終於認可遼世宗的地位。契丹第二次權力交接得以和平解決，為這個政權的延續和鞏固創造條件。隨後，述律平又和耶律阮達成正式的會議約定——「橫渡之約」，承認耶律阮稱帝，罷兵同返上京。31歲的耶律阮終於成為明正言順的遼國皇帝，並且追封一生不得意的父親為「讓國皇帝」。

雖然議和時耶律阮言之鑿鑿地表示要守人臣孝道，但是成為皇帝之後，他自然不會再把這些話當一回事。在這個方面，述律平和這個孫子反而心有靈犀：她也不甘心讓耶律阮把皇帝一直當下去，同時也沒有放棄讓心愛的兒子當皇帝的念頭。然而述律平和耶律李胡的政變尚未來得及發動，就被人告發。耶律阮先下手為強，將祖母述律平和叔父耶律李胡同時捉住，強行遷居到祖州圓土（即耶律阿保機的祖陵所在地，今內蒙古巴林左旗石房子村）「定居」，也就是把他們幽禁起來。但是也有人說，並不是述律平和耶律李胡真的想發動政變，而是遼世宗實在太害怕這個強勢的祖母，於是直接扣了

一個意圖謀反的帽子給她。不管怎樣，述律平徹底地敗在自己的孫子手下，無奈地遷到祖陵陪伴丈夫。

契丹的第三任繼承者——遼世宗耶律阮既沒有祖父的魄力，也沒有叔父的能力，他繼承的這個王位，完全是別人送的，那些人也不是真正擁戴他，而是害怕耶律李胡即位，述律平重新掌權，會重新上演太祖逝世後的大屠殺一幕，所以才極力推舉當時也在軍中的耶律阮做皇帝。然而，這些人沒有一個是真心支持遼世宗，當年的忠誠只是情勢所逼而已。所以遼世宗在位的四年間不斷出現叛亂，而遼世宗自己也死於叛亂。

又一個病急亂投醫的錯誤選擇

遼世宗在叛亂中被殺之後，討叛軍隊急需一個新的領袖，病急亂投醫的耶律屋質找到遼太宗皇帝的長子——壽安王耶律璟，壽安王耶律璟平亂後，即位當上皇帝，是為遼穆宗。遼穆宗即位後的十年間，多次爆發謀反事件，這些叛亂的貴族們，包括述律太后兄長蕭翰、太祖弟安端及其子察割、耶律倍之子婁國和耶律李胡之子宛、喜隱，實際上仍是太祖、太宗死後爭奪皇權鬥爭的繼續。遼穆宗只是在鎮壓這些謀反者後，才逐漸鞏固他的皇權。

在鎮壓察割叛亂的過程中，耶律屋質等人病急亂投醫地把遼太宗的兒子、壽安王耶律璟推上皇帝寶座，以其為旗號討伐叛軍。俗話說病急亂投醫就是說這個遼穆宗，真的是比遼世宗還不適合當皇帝。

遼穆宗雖然在位19年，但是《遼史》的《穆宗本紀》中只有寥寥的十幾頁，除去記載進貢、反叛、天災人禍，這位遼穆宗皇帝沒有出現過幾次，其中最主要的原因，恐怕就要提到他的愛好。遼穆宗不愛金銀、不愛美女，甚至對政治、治國也無興趣，他最大的興趣就是喝酒，而且喝醉之後亂發酒瘋，口不擇言，因為醉酒殺的近侍不計其數，導致那些長年生活在恐慌之中的近侍為了自保而發動叛亂，最後將遼穆宗殺死在遊獵的大帳之中。

遼穆宗確實是歷史上比較少見的皇帝，好酒、嗜殺，卻偏偏不喜女色。

從目前的史料來看，完全沒有關於這位皇帝寵幸過哪個女人的記載。另一個事實也證明遼穆宗不好女色，就是到遼穆宗38歲被害為止，並沒有子嗣留下來。這樣，遼穆宗一死，就沒有所謂的正統繼承人來繼承皇位。皇位只能在有皇室血統的人中選出一個適合的。

可是遼穆宗剛即位的那十年，沒有做什麼事情，就是思考怎麼把有皇室血統、可能發動叛亂的人全部殺掉。經過十年的打壓，契丹帝國內部能繼承皇位的人所剩無幾。這種情況下，又有一個人撿到大便宜，就是遼世宗的兒子耶律賢。

當年遼世宗在火神淀被耶律察割殺害，年僅4歲的耶律賢也在場，並且成為叛軍追殺的對象，幸虧被一個叫劉解里的御廚用被子裹起來藏在廚房的柴火堆裡，才逃過一劫。遼穆宗激烈鎮壓反叛者的十年間，儘管耶律賢身分特殊，但還未達到被列為鎮壓對象的年齡，所以幸運地躲過皇帝堂叔的屠刀。等到耶律賢長大到開始懂得培植自己勢力的時候，周圍也有一批擁戴他的文武大臣。此時，遼穆宗已經每天泡在酒罈子裡，頭腦也開始不清不楚。遼穆宗被殺死後，立刻有人通風報信給耶律賢，他連忙與侍中蕭思溫等帶領一千兵士趕到遼穆宗靈柩前，次日（己巳日）黎明宣布即位，是為景宗，改年號為「保寧」。從遼景宗開始，契丹帝國的皇位一直就在耶律倍一支中，並延續到帝國末期。這與契丹後來完成封建化，建立嫡長子繼承制有直接的關係。

鼎盛帝國背後的女掌門

遼景宗即位之後，開始著手處理遼穆宗在位期間未處理的國家大事，他開始進行大刀闊斧的改革，使得凋敝的國政終於有所改善。在遼景宗統治期間，契丹帝國內部政治穩定，農牧業興旺，對宋朝的戰爭也基本上占了上風。從此，契丹帝國進入中興時期，開始向遼聖宗的全盛期邁進。這就與唐高祖為「貞觀之治」奠基，雍正帝為乾隆盛世奠基一樣，所以歷史上稱為

「景宗中興」。

為了徹底改變遼穆宗留下的混亂局面，遼景宗對吏治進行改革。他向漢官室防詢問治國之道，研究古今各朝代的經驗教訓，然後運用在改革實踐中。在實施過程中，遼景宗賞罰分明，大膽用人，使得百官恪盡職守，絲毫不敢懈怠，遼穆宗時期的許多弊端很快被清除掉。在君臣的共同努力下，契丹帝國的政治開始顯現出一派清明氣象，國力也隨之上升。

可惜，景宗皇帝因為小時候親眼目睹父親被殺，自己又被叛軍追殺的情景，雖然保住性命，但是精神上受到很大的刺激，嚇出一身的毛病，身體一直不好。即位為帝後，又患上風疾，身體非常虛弱，嚴重的時候，連馬都無法騎，更不要提處理軍國大政。每逢犯病，都要由皇后蕭綽代他上朝處理國事，蕭氏就是漢人所熟知的蕭太后。遼景宗在位不滿14年，還來不及把自己的抱負全部施展出來，就與世長辭，年僅35歲。

遼景宗的皇后蕭綽，出身於契丹貴族家庭。蕭綽的父親蕭思溫是「斷腕太后」述律平的族姪，其人不僅足智多謀、工於心計，堪稱幹才，而且「通書史」。蕭思溫因為不善騎射打仗，所以在契丹這個尚武的帝國中，他的仕途並不順利，照理說這樣的人在當時是難有出頭之日的。但是蕭思溫在關鍵時刻押對寶，成為契丹帝國最重要的人物之一。

當年遼穆宗被殺，就是遼穆宗帶著蕭思溫等親信大臣前往黑山打獵，結果被近侍殺死在行帳中。蕭思溫素來與耶律賢來往甚密，所以他一面封鎖消息，一面連夜報訊給耶律賢。耶律賢聞訊，立即率親信高勳等人，帶著千名鐵甲騎兵奔赴黑山，抵達時，正是遼穆宗遇刺的次日黎明。他立刻就在遼穆宗的靈柩前行即位之禮，當上遼國的景宗皇帝。為了表示感激，遼景宗一回到上京，就晉封蕭思溫為北院樞密使、北府宰相、尚書令、魏王，並且下詔徵他的小女兒蕭綽入宮為妃，後來封為皇后。

遼景宗娶蕭綽，目的當然是為了報答蕭思溫的輔政有功。但是這場最初以政治交易為目的的婚姻，最終的受益者還是遼景宗自己。登基以後的遼景

宗身體一直不好，空有一腔治國熱情，卻心有餘而力不足。初期政令的上傳下達，全都是依靠聰慧過人的皇后蕭綽。遼景宗發現妻子的才華以後，更加放心地將朝政交給她。

保寧四年（西元672年）十二月，19歲的蕭綽在治理國家的同時，為遼景宗生下長子耶律隆緒。遼景宗後繼有人，對蕭綽更是寵愛無比。遼景宗對蕭綽可以算是專寵，在他們14年的夫妻生活裡，蕭綽不僅全權掌握朝廷的軍政大事，而且還為遼景宗生下四子三女共計七個孩子。隨著時間的推移，年輕的皇后蕭綽已經被錘鍊成一個成熟的政治家，在遼景宗的默許下，遼國的一切日常政務，都由她獨立裁決；如果有什麼重要的軍國大事，她就召集各族大臣共商，最後綜合各方意見再做出決定。她所做的決定，遼景宗最多只是聽聽通報，表示「知道」了，大多不會有反對意見。

在遼景宗的支持和蕭綽的努力下，帝國對外的軍事實力日漸強盛，內部的社會經濟也步入正軌。皇帝對皇后的才華非常瞭解，為了對妻子幾年來的辛勞表示回報，他將一個皇帝可以給予的最高嘉許和信任都給自己的皇后。保寧八年（西元976年）二月，遼景宗傳諭史館學士「此後凡記錄皇后之言」，「亦稱『朕』暨『予』」，並「著為定式」。這就是說，遼景宗將妻子的地位升到與自己等同的程度，並且將此著如法令，使得蕭綽實際上成為契丹帝國的女皇。

疲態盡顯的老大帝國

龐大的契丹帝國與其他少數民族建立的政權有一個顯著的不同點，即女強人在建國、治國之中發揮很重要的作用，從開國皇帝耶律阿保機的皇后述律平到後來有「北國武則天」之稱的蕭氏。但是在蕭太后與世長辭之後，蕭家的女人們就開始沉迷於詩詞，丟掉祖先的英姿。失去女人支持的耶律家的男人們好像丟了魂，進退失據，做事毫無章法，於是雄霸百餘年的契丹帝國不可避免地走向衰落的深淵。

遼景宗死後，傳位於自己的長子、年僅12歲的耶律隆緒，是為遼聖宗。蕭綽被尊為太后，掌握實權，待遼聖宗成年後蕭太后於統和二十七年（西元1009年）十一月，歸權於遼聖宗，並於同年十二月去世。遼聖宗堪稱為一代聖君，遼聖宗親政後，在對內對外方面都做出不少重要的事情。他在位的40年時間裡，契丹帝國進入鼎盛時期，因此被稱為「小堯舜」。

他死後由長子耶律宗真即位，號興宗。遼興宗即位後嚮往跟自己的父親一樣開疆擴土，再創帝國輝煌。遺憾的是，帝國已經開始走向腐化。長期的興盛和平局面滋生契丹貴族的腐朽傾向，遼興宗不僅無所作為，反而更為奢侈，極端迷信佛教。朝野上下奸佞當權，政治腐敗，百姓困苦，軍隊衰弱。

面對日益衰落的國勢，遼興宗仍然連年征戰，多次征伐西夏，逼迫宋朝交納更多的歲幣，企圖以此來轉嫁國內衝突，但戰爭並沒有舒緩國內問題，反而使百姓怨聲載道，民不聊生。

早在遼興宗即位之初，就把姐姐興平公主許配給西夏的李元昊，純粹的政治婚姻使得夫妻關係一直不和睦。後來，興平公主病重，李元昊仍舊摟著其他美女狂歡，對公主不聞不問。直到公主病死，李元昊才向遼興宗「彙報」此事。遼興宗聞訊大怒，立即派人持詔「切責」李元昊。沒多久，帝國內部的党項族叛亂，遼興宗派軍前去鎮壓，李元昊卻派兵救援，還把帝國的招討使也殺掉。新怒舊怨之下，遼興宗調集人馬，打敗李元昊，但是在李元昊請降後遼興宗並未答應，而是想一舉滅掉李元昊，但是他打錯如意算盤，在後來的河曲之戰中大敗而逃。

遼興宗死後，遼道宗耶律洪基即位。道宗皇帝是契丹帝國歷史上壽命最長的一個皇帝。他在位日久，沉湎酒色，文治武功均荒廢。特別是他統治後期的皇后案、太子案，株連甚眾，從根本上動了帝國的元氣。遼道宗的長壽，對於整個契丹的國運，並不是一件幸運的事情。

遼道宗繼位八年之後，遼國發生「皇太叔之亂」，也叫做「重元之亂」。重元即耶律重元，是遼興宗的弟弟，在遼興宗剛即位時，其母親蕭耨

斥對遼興宗不滿，欲廢之，立次子耶律重元為帝。但是耶律重元當時尚且年幼，不知皇帝的意義，就向遼興宗告發蕭耨斤，遼興宗奪去她的權力，並且將其幽禁。

因為耶律重元告發有功，遼興宗封其為皇太弟。在興宗、道宗兩朝，耶律重元兩次蒙賜金券，父子皆居顯位，尊寵無比。遼興宗在世時，還曾經許下承諾，答應千秋萬歲之後傳位於耶律重元，於是耶律重元「更加驕縱不法……朝臣無敢言者，道路以目」。但是，遼興宗顯然並不想兌現自己的諾言，從長子耶律洪基6歲起，就開始培養他為自己的接班人；遼興宗病重之際，又召耶律洪基「諭以治國之要」。因此，遼興宗死後，耶律洪基順利地繼承皇位，是為遼道宗。耶律重元也就順理成章地晉封為「皇太叔」，徹底跟皇位沒關係。可是耶律重元已經不是當年那個什麼事情都講給哥哥聽的小孩，隨著年齡的增長，他慢慢地明白皇帝是什麼東西，皇位意味著多麼大的權力，而且法天太后和遼興宗的言行，也助長和鼓勵耶律重元的權力欲，最後發動叛亂，但是很快被鎮壓，耶律重元兵敗自殺。

「皇太叔之亂」的平定，清除耶律重元父子對皇權的危及，但是卻成就另一個禍國殃民的大奸臣，此人就是耶律乙辛。耶律乙辛為了達到自己的目的，排斥、打擊阻礙他的耶律仁先，栽培自己的勢力，並誣陷皇后致死。

耶律乙辛的所作所為激起朝中正直人士的普遍不滿。誣陷皇后時，就遭到樞密使蕭惟信的公開指責，護衛蕭忽古則欲隻身暗殺耶律乙辛為國除害，林牙蕭岩壽也向遼道宗揭露耶律乙辛的奸狀。但是，耶律乙辛及其黨羽卻揚言遭到讒毀，爭取遼道宗的信任。

耶律乙辛自咸雍元年（西元1065年）年底排擠耶律仁先外任，至大康六年（西元1080年）正月出知興中府，專擅朝政達14年之久，興起兩次令朝野震驚的特大冤獄，不僅殘害皇后和太子，而且還殺害大批正直的契丹貴族和官僚，使統治集團元氣大傷。致使天祚皇帝即位時，帝國已經面臨治國乏才的局面，加之天祚皇帝缺乏振興的抱負和才華，契丹帝國的統治不可避免地

走向衰亡。

轟然崩塌的帝國大廈

耶律乙辛謀殺太子耶律濬後，又企圖謀殺耶律濬的兒子耶律延禧。西元1079年初，遼道宗外出遊獵時，耶律乙辛請求把皇孫留下，以便乘機下手。北院宣徽使蕭兀納等提醒遼道宗注意皇孫的安全，遼道宗醒悟，攜皇孫同行，才避免一次暗殺。西元1101年遼道宗病逝，耶律延禧繼皇帝位。

耶律延禧即位後，祖母宣懿后和父親耶律濬的冤情得以昭雪，被耶律乙辛陷害的大臣也得以平反，耶律乙辛的黨羽被誅殺。但是他在位期間，基本上走的是與祖父相同的統治路線，繼續寵信奸臣、殘害忠良，一味地遊獵，生活荒淫奢侈，不理國政，致使宗室貴族之間的爭鬥越演越烈。這個時期，天祚皇帝並沒有從祖母和父親的被殺中吸取經驗，反而有樣學樣。

天祚帝的文妃蕭瑟瑟也是一位才女，為勸諫夫君，作《諷諫歌》，勸天祚帝刷新政治，信賴忠臣，堵塞奸邪之路。歌曰：「勿嗟塞上兮暗紅塵，勿傷多難兮畏夷人。不如塞奸邪之路兮，選取賢臣。直須臥薪嚐膽兮，激壯士之捐身。可以朝清漠北兮，夕枕燕雲。」可惜的是，蕭瑟瑟出於良好願望的勸諫，天祚帝是聽不進去的。但是這首詞卻讓奸臣蕭奉先記在心裡，再加上文妃也同樣有一個有勇有謀的好兒子，更讓人看不順眼。文妃所生的晉王聰明懂事，朝野上下對他寄予厚望，「晉王最賢，國人皆屬望」，一些朝臣甚至希望他將來繼位，以復興契丹帝國。然而，蕭奉先卻對妹妹、元妃蕭氏的兒子秦王抱有很大的希望。

老奸巨猾的蕭奉先誣陷蕭瑟瑟的姐夫耶律撻葛里和妹夫耶律余睹等人勾結駙馬蕭顯準備立晉王為帝，逼迫天祚帝退位為太上皇。不明真相的耶律延禧竟然信以為真，立即下令殺掉蕭顯和蕭瑟瑟的姐姐，同時「賜文妃（蕭瑟瑟）死」。

文妃蕭瑟瑟無端被殺，還連累自己的娘家人。妹夫耶律余睹在軍中聽到

這個消息，為避免受害，立即攜家屬及部屬千餘騎叛逃金國。耶律余睹投金以後，已經自立為金太祖的完顏阿骨打，對帝國的情況更是瞭若指掌，之後不斷派兵攻打遼國。無力抗衡的耶律延禧，只好以兄禮事金主，同時又將大片土地割讓給金朝。

第二年，耶律余睹引金兵襲擊駐紮於鴛鴦泊（今河北省張北縣西北）的耶律延禧。蕭奉先獻計殺晉王，耶律延禧當時也嚇糊塗了，趕忙處死無罪的晉王。這個舉動使當時追隨左右的大臣們十分寒心，紛紛反叛。耶律余睹非但沒有退兵，反而引金軍直逼耶律延禧行帳。耶律延禧只得率領衛兵五千人逃往西京。很快金軍又攻陷雲中，他又逃入夾山（今內蒙古土默特左旗北），南京（今北京市）等地相繼失陷。

西元1112年（天慶二年）二月十日，天祚帝赴春州（今內蒙古興安盟突泉縣寶石鎮寶城村古城），召集附近的女真族酋長來朝，宴席中醉酒後令女真酋長為他跳舞，只有完顏阿骨打不肯。天祚帝不以為意，但從此完顏阿骨打與遼朝之間不和。從九月開始完顏阿骨打不再奉詔，並開始對其他不服從他的女真部落用兵。西元1114年（天慶四年）春，完顏阿骨打正式起兵反遼。一開始天祚帝不將完顏阿骨打當作大的威脅，但是他派去所有鎮壓完顏阿骨打的軍隊全部被戰敗。

西元1115年（天慶五年），天祚帝開始察覺到女真的威脅，下令親征，但是遼軍到處被女真戰敗。與此同時，遼國國內也發生叛亂，耶律章奴在上京叛亂，雖然叛亂很快就被平定，但是這場叛亂分裂遼國內部，遼軍主力在護步達岡之戰中，70萬大軍全軍覆沒。此後，位於原渤海國的東京也發生高永昌叛亂自立。這場叛亂一直到西元1116年（天慶六年）四月才被平定，但是在五月女真就藉機占領東京和瀋州。西元1117年（天慶七年），女真攻春州，遼軍不戰自敗。這一年，完顏阿骨打自稱皇帝，建立金朝。

西元1125年（保大五年）二月，天祚帝在應州被俘，八月被解送金上京（今黑龍江省阿城縣白城子），被降為海濱王，大遼帝國從此滅亡。

東胡古國：翱翔在科爾沁草原上空的雄鷹

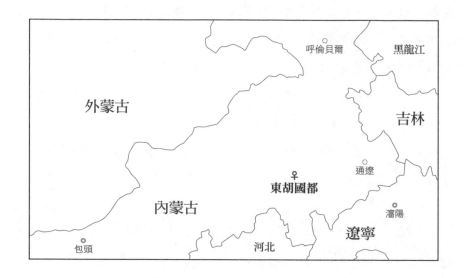

東胡是中國東北部古老的民族，以游牧為生，與匈奴同時興起於戰國末期。當時，燕國北部和東北部多有他們活躍的身影，他們是一個強大的部落聯盟，決定歷史的風起雲湧。直到秦漢之際，東胡逐漸衰落。西元前206年，東胡被匈奴冒頓單于擊敗，部眾逃散，後來聚居烏桓山和鮮卑山，形成後來的烏桓族與鮮卑族。隨著時間流逝，朝代變換，原先盛極一時的東胡成為匈奴的奴隸，逐漸地，東胡的名字湮沒無聞。現在留存下來的關於東胡的文獻資料不足，這個背負游牧傳奇的強悍民族在歷史的記憶中呈現過多的空白，它究竟是怎樣的？

探索東胡的奧祕

東胡是中國北方少數民族之一，周秦兩漢以至魏晉、南北朝時期活動在今東北和內蒙古東部，在歷史上占有重要的地位。他們一面和草原上的各族互相融合，一面又遷入中原與漢族融合，最後都融入漢族之中。從其發展軌跡來看，東胡實際上是漢族祖先的一個主要支系。

關於東胡最早的記載出現在《逸周書·王會篇》中，書中提到「東胡、黃羆」的記述。當時，東胡與屠何、孤竹、令支等族是並存的，這些古老的民族在戰國以後已經被燕所併。由此可見，這個記載不會晚於戰國。《逸周書·王會篇》中又說「正北有……匈奴……東胡……」，孔晁注解說：「東胡，東北夷」；又說匈奴、東胡是「北狄」的別名。《山海經·海內西經》也說：「東胡在大澤東，夷人在東胡東。」後來經過考證，是今天內蒙古的達里諾爾。東胡在大澤東，在今西拉木倫河流域，夷人應為居住在今遼東一帶的東夷。《管子·小匡篇》記載：「（桓公）中救晉公，擒獲王敗胡貉、破屠何，而騎寇始服」中的胡貉應該指的是東胡。《史記·匈奴列傳》記載：「晉公文初立，欲修霸業……內迎周襄王，居於雒邑。當是之時，秦晉為強國……而晉北有林胡、樓煩之戎，燕北有東胡、山戎。」這也應該在春秋時期，因為春秋以後，山戎已經不見於史。

以上關於東胡的記載，都證明東胡是周代一個古族，主要活動於近西拉木倫河流域。但是關於東胡國的建立，文獻中並沒有翔實地記載。史學家只是從《史記·匈奴列傳》中提到燕將秦開曾經在東胡做人質及東胡已經有王的記載，推斷出東胡在戰國時就已經建立國家，因此同時也形成東胡民族。

由於主體是游牧民族，狩獵和放牧的生活使東胡人強壯剽悍，崇尚武力和戰爭，經常透過戰爭掠搶財富和奴隸。《戰國策》中記載的齊國民謠，形容東胡人的形象：「大冠若箕，修劍拄頤。」可見，當時東胡人的帽子很大，像個簸箕，使用的青銅劍，豎在地上長度可以頂到下頦。當時，東胡人

帶著這種可以遮風擋雨的箕形大帽，騎著高頭大馬，手揮長劍，腰懸牛角製成的短弓，經常襲擊燕、趙、齊等國。向中原人展示他們的騎兵及其戰術。強悍的兵種和有效的戰術立即被中原人學習和推廣，靈活的馬戰取代笨拙的車戰。

春秋時期的東胡，還僅為晉、燕兩國北部諸「戎」之一，而且尚處於原始社會末期氏族部落的發展階段。東胡人居住在燕國北部，當時的東胡部族，已經是燕山以北和松遼平原上最大的部落聯合體。但是，這些部落分散居住在不同地域，每個部落有各自的首領，不相統屬，只有盟會時，部落首領才會聚在一起。雖然東胡有一百多個部落，但當時還無法形成統一的政體。他們的實力還不足以與中原各國相抗衡，在歷史上，這個時期他們還僅僅是若有若無的部落。

因為不斷地發展和兼併，到了周朝乃至春秋戰國時期，東胡已經不再是單一的民族，而是一個部落聯合體，東胡強盛之時，有「控弦之士十餘萬」，以每戶五人出一個能騎善射的控弦之士計算，東胡強盛時的人口達到70萬左右。

在近800多年的發展過程中，東胡人始終生存在以蒙古科爾沁草原為中心的廣大地域上。經過與中原各國發生的往來和摩擦，雙方加深瞭解，相互融合的過程加快，為中華文明注入新鮮的血液。

經受戰爭洗禮的游牧民族

戰國時期的東胡，堪稱北方的霸主，多次侵入中原，上谷（今河北懷來縣一帶）至遼東一帶經常有他們的身影，戰爭對於當時的趙國和燕國來說是讓人深惡痛絕的災難，但是站在歷史的角度來看，東胡的馳騁讓中原民族多了一份血氣方剛。西元前302年前後，趙國武靈王在位時，與東胡間的戰火更加頻繁。東胡的長年侵擾，讓趙國境內民不聊生。但幸運的是，趙武靈王是一位英明神武的君王，在多次與東胡交手戰敗之後，他發現東胡人善騎馬

作戰，速度快，其應變靈活；趙國卻是以戰車為主，雖然看似攻擊力很強，但是因為笨拙，所以在對東胡的戰爭中處於劣勢，並且從戰士的衣著來看，東胡人的窄袖緊身衣服讓他們在戰爭中毫無牽絆，行動自如；但是趙國卻是寬衣長袍，因此在作戰過程中，趙國的軍隊經常被精騎善射的東胡人打得落花流水，趙國人付出慘痛的代價。

具有軍事才能以及戰略目光的趙武靈王決定向東胡人學習，不僅學胡人穿窄袖緊身的衣服，學習胡人的騎馬和射箭，還用騎戰取代車戰。皇天不負苦心人，趙武靈王的改革終於發揮作用，打敗東胡，為趙國百姓帶來平靜。也由此，東胡人最先創建的騎兵開始傳入中原，並且逐漸改變中原戰爭的面貌。

被趙國打敗之後，東胡無奈之下選擇依附趙國，但是這個強悍的民族怎麼可能就這樣屈居人下。他們暗地裡積蓄力量，再次崛起的東胡在趙國掀起一場血雨腥風，並占領趙國管轄的代郡地方（今大同一帶）。此時，東胡人的勢力已經發展到蒙古高原中部，還在向南、向西繼續發展，這是東胡歷史上至為輝煌的一筆。

再度崛起的東胡，其野心已經不止於趙國。大概在西元前315年前後，東胡人將擴展的方向指向燕國，並一舉大敗燕國。戰敗的燕國不得不向東胡求和。但是好景不長，趙國大將李牧在擊敗匈奴的同時，又一次大敗東胡。這一挫，東胡整整十年一蹶不振，只有暗自修補創傷，不敢再犯趙國。

被趙國打敗的東胡還沒有緩過氣來，表面上俯首稱臣、暗地裡不斷強大的燕國卻派出大將秦開反擊東胡，其結果可想而知——東胡被擊敗，向北退卻逃遁。這一路，不知多少健兒血淚，不知多少亡國之恨，都被匆匆逃亡的腳步碾踏。東胡被迫遷到今遼河的上游老哈河、西拉木倫河流域。

秦開對東胡的反擊，可謂是用心良苦。當時，戰國七雄爭霸正酣，東胡的南界已逼近燕國北境，對燕國造成嚴重的威脅。燕昭王為了對付齊國，就派秦開等人到東胡當人質，以求穩定後方。秦開到了胡地後，逐漸取得東胡

人的信任，摸清東胡的虛實底細，瞭解他們的兵馬布置。至燕武成王時，秦開回國。所謂知己知彼，百戰不殆，回國後，秦開就率軍襲擊東胡，大獲全勝。從此燕國北境大展，號稱拓地「千餘里」的燕軍又乘勝東擊遼水一帶的朝鮮，奪取遼東的廣大地區，疆邊甚至伸過今鴨綠江以南，「直至滿番汗為界」。秦開的功勞，堪與樂毅媲美。據說，這位秦開將軍的孫子就是荊軻刺秦王時的副手秦舞陽。《史記·匈奴列傳》記載：「燕有賢將秦開，為質於胡，胡甚信之。歸而襲破走東胡，東胡卻千餘里，與荊軻刺秦王秦舞陽者，開之孫也」。

經此一戰後，燕國也像趙國那樣，開始築長城，從河北宣化一直修築到遼寧遼陽，設上谷、漁陽、右北平、遼西、遼東五郡，用以防禦東胡南下。東胡連受重創，一邊是燕、趙兩國的共同抵禦，再加上匈奴的威脅，日子一天比一天緊迫。

到了戰國末年，為了抵禦強秦兼併，燕趙可以說是窮盡國力，精銳之師都用於對秦作戰，北部邊防懈弛。東胡乘機又強大起來，成為與匈奴齊名的北方強國。兩大強國對峙，整個戰況卻對匈奴不利。原來，秦始皇派蒙恬率大軍進攻匈奴，把匈奴逐出河套地區，趕到陰山以北。這一戰，匈奴元氣大損，逃回北方的草原，疆域和實力都大不如東胡，東胡就成為蒙古高原上的霸主。

然而，世事難料，風雲難測。這個時候，東胡又怎麼能想到，正是今日丟盔棄甲的匈奴，有一天將會把自己打得七零八落？

與匈奴的恩怨

雖然經歷兩次戰敗，但是勢力強盛的東胡並未傷及筋骨。當中原七國陷入連年征戰的時候，東胡就趁此時機休養生息，逐漸恢復往日的強盛。等到秦始皇一統天下的時候，東胡已經成為一個強盛的民族，甚至可以與秦國抗衡。

匈奴剛興起時，面對強大的東胡，僅僅算是不起眼的塵埃，經常受到東胡的敲詐勒索。因此，歷來不是東胡人對手的匈奴，一直不被東胡看在眼裡。特別是匈奴被秦打敗之後，在實力上更是不如東胡。

但是風水輪流轉，當偉大的冒頓單于成為匈奴的首領之後，匈奴開始走向強大。與此同時，統治蒙古高原西部的匈奴也在崛起，這個崛起為日後的歷史發展規劃重要方向。東胡人怎麼可能想得到，自己昔日的手下敗將——匈奴，有朝一日將給自己帶來滅頂之災。

西元前206年，匈奴部落發生內訌，冒頓殺其父頭曼自立為單于。東胡王聞冒頓殺父自立，認為這是入侵匈奴的大好時機，於是就遣使者至匈奴，向冒頓索取頭曼生前所有的一匹千里馬。

冒頓單于召開氏族部落首領會議商議，如何應對此事。各部落首領當然是持反對意見，千里馬是匈奴的寶馬，怎麼可以輕易地送與他人。況且，東胡索要千里馬一事，顯然是在向匈奴挑釁。

但是冒頓單于從大局考慮，立足長遠，對眾部落首領說：「奈何與之鄰國而愛惜一馬？」於是就把千里馬給東胡。得到千里馬的東胡王非常得意，以為冒頓怕他，就得寸進尺，又遣使向冒頓索取單于的閼氏（冒頓眾妻妾之一）。

這一次，各部落的首領更加義憤填膺，紛紛請求對東胡發兵。但是深謀遠慮的冒頓單于心平氣和地說：「奈何與人鄰國而愛惜一女子？」於是又把所愛之閼氏送給東胡王。這一次東胡王更是深信匈奴懼怕東胡，因此更加自負狂傲，並自以為是地認為消滅匈奴指日可待。

在東胡與匈奴兩國之間有一塊荒無人煙的緩衝地帶，向來被匈奴稱為「棄地」，平時雙方均不越界。但是此時的東胡已經有吞滅匈奴的野心，所以不經匈奴同意，就擅自占用此地，並遣使向冒頓說：「你們和我們交界的哨所以外的空地，你們不能去，我們要占有它。」

冒頓第三次將各部落首領聚在一起，進行商議。經過前兩次的經驗，各

部落首領均認為冒頓單于會以「奈何與人鄰國而愛惜一棄地」為由，同意東胡的不合理要求。但是讓大家沒有想到的是，一直沉默不語的冒頓單于在聽了大家的意見之後大發雷霆：「土地是國之根本，斷不能讓。」早就對東胡不滿的各部落首領，聽到冒頓單于這次下決心不再忍讓，個個摩拳擦掌。匈奴攻打東胡已經是勢在必行，於是冒頓立即下令調動全國的兵馬，為了維護國家利益，進攻東胡。

其實，智謀過人的冒頓在東胡王索要千里馬和閼氏的時候是故意忍讓，這正是欲擒故縱之計，這樣做是為了讓他們放鬆警惕，等到機會成熟，再給東胡致命的一擊。

狂傲的東胡王果然中計了，經過前兩次的試探，他早已不把匈奴放在眼裡，以致邊防鬆懈，防備疏漏。當匈奴兵臨城下的時候，東胡人都慌了手腳，他們根本沒有想到一向屈服的匈奴人會出兵，因此一敗塗地。東胡王庭被襲破，部族被擊散，人民、牲畜及財產被擄掠。頃刻間，東胡只剩下殘兵敗將，僥倖在戰爭中倖存下來的兩支部落分別逃到烏桓山（今赤峰市阿魯科爾沁旗西北西罕山）和鮮卑山（今興安盟科右中旗西北蒙格罕山），此後這兩夥人各自以所居之山為部族之名，自稱為烏桓族和鮮卑族。東胡逐漸湮沒無聞，一個強大的民族在歷史過程中消失無蹤。

至此，東胡人徹底分化為兩個不同的部落聯盟，「東胡」的名字也從歷史上消失。

還原東胡的真實面貌

從歷史文獻中，我們可以看到東胡古國在中國歷史上重要的地位，雖然東胡古國消失的時間比較久遠，但是現代考古學家一直沒有放棄過對東胡的考古發掘，依然努力地從一些殘章斷句中，試圖一點一滴地還原東胡的面貌。幸運的是，在今天的東北地區老哈河與西拉木倫河流域，發現不少東胡人的墓葬，這些墓葬成為我們瞭解幾千年以前東胡古國真實面貌的重要窗

口。從這裡，我們看到東胡人使用的工具，見到他們的作戰武器，以及他們生活和文化的各種遺跡。

東胡的起源一直是一個謎，歷史的文獻中寥寥數筆的介紹，不足以讓我們將曾經強盛一時的東胡瞭解全面，但是經由考古挖掘出來的遺物，或多或少地幫助我們更多地瞭解東胡。東胡墓葬的陪葬品中以青銅製品居多，就向我們傳達東胡是處於青銅時代的重要資訊。處於這個時代的東胡，已經開始具備自己的民族特點。其中出土的雙側曲刃青銅短劍，與中原地區出土的青銅形制完全不同，它具有地區特點和民族特點，是典型的東胡早期遺物。

在對這些出土的銅製品進行研究的過程中，考古學家發現，東胡人鑄造的銅劍、銅鏈、銅刀、銅戈、銅盔，除了鋒利實用之外，同時具有較高的工藝價值。東胡人的銅飾品種類較多，最典型的雙虺糾結形銅具、龍形銅飾件、雙獸銅飾牌等也都達到較高的藝術水準。考古人員從遼寧朝陽十二台營子挖掘出土銅飾具和人面形銅飾牌，就是具有典型特徵的東胡早期遺物。這些都表示早在春秋戰國時期，東胡人就掌握高超的青銅冶煉技術。

在匈奴與東胡未發生戰爭之前，兩個部落之間在文化上也有相互的交流與影響。1958年，內蒙古赤峰市寧城縣南山根出土的一批銅器就顯示文化的流動性，這一批銅器中最具特徵的青銅短劍，其雙側曲刃的特點仍然保存，但是有些刃部已成直線型。匈奴的劍，刃部通常都是直線型的，東胡的文物帶有匈奴的特徵。

有些學者根據考古結論，以及史書的記載推測：東胡人是騎戰和騎兵的始祖。在與中原的不斷衝突和戰爭中，騎戰和騎兵逐漸被中原人學習，進而逐漸取代中原各地的戰車作戰。這對於中原的發展史來說，是巨大的貢獻。

對於游牧民族來說，除了善於騎術，還要精通射箭。當時的東胡人已經開始使用碩大的牛角、牛筋和鹿筋，製造既短小又強硬有力、殺傷力極強的角弓，他們還用雕翎、紅柳桿、青銅鏈製成羽箭，配以角弓，輕便靈活，非常適用。這種角弓羽箭一直到唐、宋戰爭中，都是較為先進的武器之一，唐

人有「將軍角弓不得控，都護鐵衣冷猶著」的詩句，都是對東胡征戰武器的形象描述。

生活方面，東胡人不僅外出打獵，還擁有發達的畜牧業。東胡人馴養的家畜種類很多，有豬、狗、羊、馬、鹿、兔。此外，從出土的農業工具石鋤、石鏟等來看，顯示當時東胡人已經開始從事一些較為簡單的農業活動，但是在社會經濟中並未占有重要地位。東胡地區出土的文物、戰國時代各國的貨幣也證明，當時的東胡與中原各國之間存在貿易往來。

東胡的文化遺產

歷史長河中的每一個民族，都有屬於自己的多樣的文化，東胡古國也是如此。豐富多彩的民族生存狀態，使得東胡文化具有多樣性、交融性的特點，為人類以後的發展留下一筆豐厚的寶藏。由於東胡是多個部落之間的融合分化，其民族成分比較複雜，有東北部的漁獵為主的部族，有中部的游牧、狩獵兼備的部族，有西部和南部游牧、農耕互滲的部族。因此，它的文化也具有多樣性。

最初的東胡是沒有文字的，他們記事的方法還是原始刻木、結繩、繪畫，所以他們在游牧過程中創造大量內容豐富的岩畫，反映當時的社會生活狀況。但是因為沒有文字記載，所以為考古工作增加難度。在後來淪為匈奴人的種族奴隸後，匈奴人使用的阿勒泰語逐步滲入到東胡語中，直到契丹人的出現，阿勒泰語才在東部草原逐步流行。

東胡人的信仰與同一時期的其他種族相似，那個時候科學還不發達，人類對自然有懵懂的認識與嚴肅的敬畏，信仰物都以自然為主。東胡人崇拜日、月、星辰、水、火、樹、木，以及自然萬物。祭祀時，多以拜日、拜火、拜山川草木為主。以熊、虎、鹿、狼等動物為圖騰，信奉祖先和神靈。他們是懷著原始的質樸之心在感恩生活中的日月流轉，感恩大地賜予他們的食物與牛羊。

東胡人的服裝也帶有民族與地域特色。他們就地取材，多以獸皮製衣，款式以窄袖和緊領的袍服為主。內穿緊身、緊領、緊袖內衣，下穿窄腿和緊襠長褲，外罩上述袍服，並且在腰部用長寬布帶束緊，布帶上飾以多種形態的獸面形制的銅帶勾作為裝飾。

　　人類早期的舞蹈都是從原始的祭祀活動分化而來，東胡人的舞蹈也不例外。在游牧生活和祭祀活動中，世世代代的東胡人創造出以「旋轉」為主要動作的舞蹈體系，這種舞蹈流傳甚廣，一直被後人稱作「胡旋」。說到舞蹈，就不得不提一下音樂。現代的「二胡」又被稱為「胡琴」，它音色婉轉悲涼，帶有草原特定的音韻表現，它是東胡人所創。東胡人在游牧生活中，把常見的圓楊木墩掏空，蒙上蟒蛇之皮，製成二胡的琴箱，用獸筋做弦，用柳木桿做琴弓，用柳枝和馬尾做弓弦，滴以松脂，在草原上創制出弦樂器的祖先——「二胡」，並且在此基礎上發展成馬頭琴等許多弦樂器。可以看出，東胡人不僅是馬背上馳騁的英雄，更是能歌善舞的民族。

　　戰國後期，東胡人的農業和手工業得到一定的發展，著名的「胡麻」就是東胡人在這個時期培育出的農業品種；東胡人還用剩餘的糧食釀製白酒，在當時其他種族中是不多見的；東胡人還善於製作烤製食品，特別是「烤肉」、「烤餅」等食品，正是在那個時期興起並且流傳至今。東胡食品口味獨特，帶有游牧民族的酥軟香氛，成為中國飲食文化的一絕。現代人們常吃的「燒餅」的前身，就是由東胡人烤製的「胡餅」。

　　從商周到戰國後期，精騎善射、民風古樸而剽悍的東胡民族，在中國的東北部孕育、出生、發展、壯大，並且創造出許多讓後人敬仰的民族文化，譜寫「胡服騎射」、秦開質胡、屢辱匈奴等許多精彩的故事，也創造冶煉、青銅鑄造、製酒等燦爛的文化。東胡人還在通古斯語系的基礎之上創立相對獨立的東胡語，並且在宗教、文化、音樂、舞蹈、飲食、農業等多方面創建輝煌的文明。

烏桓古國：雄風威震中原的「天下名騎」

　　烏桓，又名「烏丸」、「古丸」、「烏延」，原本與鮮卑同為東胡部落之一。烏桓的語言與鮮卑相同，屬東胡語言的分支，無文字，刻木為信。秦漢之際，活動於西拉木倫河一帶，東接挹婁、扶餘、高句麗，西連匈奴，南與幽州刺史所部相接，鮮卑居北，烏桓居南。

烏桓的由來與振興

在上一節介紹東胡古國的時候，我們提到當年東胡被匈奴所滅，其中有兩個部落逃到烏桓山和鮮卑山一帶，並且建立新的部落。遷至烏桓一帶的東胡人就成為後來的烏桓族人。由此可見，烏桓族應該是東胡人的後裔。《後漢書・烏桓傳》記載：「烏桓者，本東胡也。漢初，匈奴冒頓滅其國，餘類保烏桓山，因以為號焉。」

漢時期的烏桓，正處於從原始社會末期向階級社會的過渡時期。這個時候的烏桓還沒有文字，他們使用東胡語，語言系屬與鮮卑相同，有突厥語族、通古斯語族、蒙古語族等不同的說法。開始時烏桓比匈奴落後，沒有國家政權，還遺留不少原始社會母系氏族公社時期的痕跡。他們實行收繼婚和抱嫂婚，即父親和兄長死後，兒子和兄弟可以娶其繼母和嫂子，伯叔母與姪子、叔父與姪媳之間甚至可以通婚，從這些可以看出烏桓文明程度的落後，但是他們正是從這樣的原始文明開始走向振興，後來的烏桓無論從畜牧業還是手工業、經濟上都不輸匈奴，從以下幾點可以簡單地勾勒出當時烏桓振興的情狀。

畜牧業

烏桓是游牧部落，因此以畜牧業為生，兼營狩獵和簡單的農業。從古書的記載中，可以看到烏桓當時畜牧業的情況。《後漢書・烏桓傳》記載，烏桓「俗善騎射，弋獵禽獸為事。隨水草放牧，居無常處。以穹廬為舍，東開向日。食肉飲酪，以毛毳為衣。」

農業

在進入西拉木倫河流域後，烏桓人逐漸定居下來，兼事一些農業。從西岔溝墓葬出土的鐵斧、鐵鍬、鐵鋤等農具來看，其中有些還鑄有漢字，證明這些農具大多來自中原漢族地區。西元49年（東漢建武二十五年），烏桓部

分遷入沿邊各郡塞內後，發展農業有一定的條件。至漢魏之際，烏桓再次內遷到漁陽、雁門等地後，就逐漸以農業為主。

民族手工業

在對烏桓游牧地區的發掘中，發現有大量的馬具、箭鏃、劍、刀、矛、斧以及繪有馬、牛、羊等牲畜圖案的飾具。從這些可以看出烏桓的農業和民族手工業也有一定的比重，手工業中較為重要的有鑄銅、冶鐵、製陶、紡織。范曄《後漢書·烏桓傳》則云：「婦人能刺韋作文繡，織氀毼。男子能作弓矢鞍勒⋯⋯」但是這些大多控制在邑帥和部落大人的手中。

階級社會的產生

在歷史的發展軌跡中，有一條亙古不變的規律──經濟基礎決定法律制度。所以隨著經濟的緩慢發展，烏桓社會也逐漸出現私有化，並開始產生法律和奴隸。法律用來保護私有財產，例如：規定「盜不止死」。隨著私有制的產生，階級分化日益明顯，特權階層也就隨之產生，軍事首領逐漸成為統治者，作為氏族部落的貴族和握有統治權力的部落「大人」因而出現。到這裡，我們已經看到一個封建王朝的雛形，其實任何社會的發展都是一樣的，烏桓部落大人最初是由選舉產生，但是到了東漢末期，世襲制逐漸代替選舉制。據《後漢書·烏桓傳》載：「獻帝初平中，丘力居死，子樓班年少，從子蹋頓有武略，代立。」顯示烏桓「大人」已經是父子相承。

「大人」是烏桓各部落的最高領袖，而各部落則是由邑落組成的，每個部落統轄數百乃至數千個邑落。烏桓每一邑落有人口100至200多人不等，由不同的氏族相聚融合而成。烏桓氏族成員沒有自己的姓氏，經常以大人或部落中英雄的名字作為姓氏。大人發布命令時，以刻木為信，上面沒有文字，但部眾絕對不敢違犯。一旦有人違背大人的命令，就會被處死。邑落的頭目稱為「小帥」，邑落小帥受制於部落大人。透過戰爭、朝貢、胡市，邑落小帥的權勢有所增長，並且受漢魏賜封。

烏桓最初是臣服於匈奴的，但是在西漢沉重地打擊匈奴之後，烏桓就

附屬西漢，雖然有時候也迫於西漢的暴虐統治而與匈奴有往來。到了東漢時期，漢朝與烏桓之間的關係得到真正的改善。光武帝以大量的錢和絲綢做代價，使烏桓成為東漢的內屬。東漢還授予81名烏桓部落領袖王侯榮譽爵位，並允許這些烏桓部落居住在沿邊各郡。東漢還重新設立烏桓校尉府，負責處理烏桓、鮮卑事務。有漢朝這個強大的靠山，烏桓也加快興盛的腳步。

東漢與烏桓之間的和平關係保持半個世紀，烏桓堅定地和東漢一起抵抗匈奴和鮮卑的侵略，還參加對付東漢境內其他叛亂的軍事行動。尤其在西元2世紀，烏桓騎兵開始為東漢皇帝服役，被用來作為皇宮侍衛。建安元年（西元196年）以後，袁紹和公孫瓚連年征戰不休，烏桓首領蹋頓派遣使者與袁紹和親，並派兵幫助袁紹。建安四年（西元199年），袁紹打敗公孫瓚後，為了酬答烏桓高層對他的幫助，也為了進一步拉攏烏桓，假託獻帝名義，封蹋頓為烏桓單于，並以宗親之女當作自己的女兒，嫁給烏桓單于為妻。

後來，曹操與袁紹相拒於官渡，曹操想拉攏三郡烏桓，但是三郡烏桓仍然繼續為袁氏出力，並無歸附曹操之意。曹操就於西元207年親率大軍征討，殺掉烏桓首領蹋頓，一舉平服烏桓各郡，並且將烏桓的一萬餘部眾遷至內地，還把烏桓的精兵編為騎兵部隊。這支部隊英勇善戰，在曹操統一北方及與劉備和孫權角力的戰爭中發揮巨大的作用。

在漢匈夾縫中生存的烏桓

烏桓人原本是東胡部落聯盟中的一支，所以繼承東胡人驍勇善戰的特徵，由於是游牧民族，因此他們逐水草放牧，居無常處，但是都勇猛善戰，「俗善騎射」。

烏桓人最初生活的地方，在史籍中被稱作「烏丸川」，即西拉木倫河以東、烏力吉木倫河新開河以南、洮兒河以西、西遼河以北的狹長帶狀草原。剛開始時，由於力量薄弱，烏桓人被匈奴人欺壓，被迫成為匈奴人的種族奴

隸，受到殘酷的奴役，他們「歲輸牛、馬、羊皮，過時不具（不繳），輒沒其妻、子（為奴婢）」。因此，不堪忍受的烏桓人不斷起來反抗匈奴人的奴役和壓迫，但是由於力量對比懸殊，都被匈奴人所鎮壓。這些並沒有阻止烏桓人繼續反抗的決心。

漢武帝元狩四年，漢武帝派衛青、霍去病進擊匈奴左地，匈奴人敗逃入漠北，西漢大軍把烏桓人從匈奴人的壓迫下解放出來。隨後，經過西漢和匈奴的許多戰役，西漢王朝徹底統治原烏桓人居住的科爾沁草原腹地。烏桓人接受西漢王朝的管轄，並被遷徙到上谷（今河北懷來縣東南）、漁陽（今北京密雲西南）、右北平（今遼寧凌源縣西南）、遼西（今遼寧義縣西北）、遼東（今遼寧遼陽市）五郡的塞外居住。他們一方面開始發展農業，一方面幫助偵察匈奴，漢廷還設置「護烏桓校尉」監領他們，以防他們與匈奴人交往。

烏桓擺脫匈奴奴隸主貴族的統治，密切與中原地區的交往，社會經濟得到恢復發展，逐漸由原始公社制向奴隸制過渡，烏桓各部落「大人」也逐漸貴族化。但是到了東漢初年，由於王莽下令不許烏桓再向匈奴進貢，並且經常以烏桓貴族的妻子為要脅，迫使他們征戰匈奴，直接導致烏桓與漢朝的反目，於是烏桓經常與匈奴聯結，對漢朝沿邊各郡多次殺掠，使郡縣遭毀，人民流亡。

建武二十二年，匈奴內亂，又遇上自然災害，實力大損，烏桓趁機打敗匈奴，匈奴被迫北徙千里。光武帝使用安撫政策使烏桓叛依，於是烏桓部族中勢力最強大的遼西烏桓大人郝旦率領各郡烏桓首領900餘人歸附東漢。

到東漢末年，北方名將騎都尉公孫瓚對烏桓人一心要趕盡殺絕。烏桓人奮起反抗，與袁紹聯合共同攻打公孫瓚。公孫瓚慘敗，最終被袁紹除掉。袁紹因為滅掉北方名將騎都尉公孫瓚而聲名大噪。

袁紹從此開始崛起，他幫助烏桓人建立正規的軍隊，烏桓鐵騎的實力進一步提升。後來，遼西、遼東、右北平三郡烏桓被曹操平定。他把烏桓人全

部遷入中原,將烏桓兵士經過精選和整編,改編成精良的騎兵部隊,仍然由烏桓的王、侯大人率領,隨同曹操轉戰南北。西元219年(建安二十年),烏桓騎兵編入張遼和李典的軍中,在合肥與孫吳大軍作戰。在敵眾我寡、數百倍於己的吳軍面前,張遼率軍奮勇攻擊,大敗吳軍,幾乎活捉吳王孫權,大獲全勝,張遼因此有威震逍遙津的美談。這不僅是張遼本人的勇猛,更重要的是烏桓騎兵的英勇善戰成全張遼。

後來,曹操屢征西羌,與馬超開戰。西羌人勇猛善戰,曹操屢屢戰敗,最終還是靠無可匹敵的烏桓騎兵,才打敗同樣以騎射聞名的西羌騎兵。自此,烏桓騎兵終在史書中留下「由是三郡烏桓為天下名騎」的評價。這支來自蒙古草原的「天下名騎」,幫助曹操完成統一北方的大業。後來與吳、蜀對峙時,吳蜀聯軍進攻曹操都不能成功,而曹操卻屢屢在進攻中取得戰果,烏桓鐵騎在其中有非常大的作用。

曹操北征烏桓

東漢末年,天下大亂,東漢政權名存實亡,各地諸侯稱霸一方。一代梟雄曹操更是挾天子以令諸侯,不斷地絞殺和吞併其他割據勢力,擴充自己的力量。野心勃勃的曹操想自立為王,他的首要目標就是成為北方的霸主。此時的烏桓經過兩漢時期的發展,實力不容小覷,再加上烏桓與袁紹聯手,成為曹操統一北方最大的障礙。

西元200年,曹操在官渡之戰中打敗袁紹,袁紹的河北四州全部落入曹操的手中,基本上統一北方。袁紹死後,西元205年,袁紹的兩個兒子袁尚、袁熙投奔北方的烏桓部落。由於曾經得到過袁紹的幫助,袁尚、袁熙在烏桓暫居下來,並且逐漸形成自己的勢力,糾集力量進攻曹操,以圖報仇。三郡烏桓也經常與曹操為敵,建安十年(西元205年)四月,三郡烏桓進攻鮮於輔於獷平(今密雲縣東)。曹操率兵前往援救,烏桓於是出走塞外。三郡烏桓曾經攻破幽州,掠搶漢民十餘萬戶,而且欲助袁熙、袁尚恢復故地。

曹操深知不征服烏桓，不掃除袁氏的殘餘勢力，北邊的局勢就不可能真正穩定下來。為了消滅袁紹餘部，曹操決定北上征討烏桓，解除後顧之憂。曹操認為有必要在北方進行最後一次征戰，但是又一時無法下定決心，因為遠征烏桓不是一件容易的事情，須在人力、物力各方面做好充分的準備。他最擔心的就是南邊緊靠自己領地的劉表趁機襲擊他的後方。

但是謀士郭嘉的一席話徹底打消曹操這個顧慮。郭嘉看出曹操為此猶豫不決，於是說：「曹公雖然威震天下，但是烏桓仗著距離我們很遠，必然沒有防備，我們可以乘其不備，發動突然襲擊，這樣肯定可以將其一舉殲滅。過去袁紹有恩於烏桓，現在袁尚兄弟又留在那裡，對我們來說，這終究是一個隱患。再說，現在青、冀、幽、并四州的人，只是迫於形勢歸附我們，並沒有得到我們多少好處。如果我們捨北而征南，袁尚就會借助烏桓的力量，招納舊部，一呼百應。這樣一來，恐怕青、冀二州就將不再屬於我們。劉表這個人，只是一個清談客而已。他對劉備所抱的態度是矛盾的：重用劉備，怕控制不住劉備；如果不重用，劉備又不肯真心實意地為他出力。因此，即使我們動用全部軍隊遠征烏桓，劉表也不會有大的舉動，曹公不必為此多慮。」

曹操並沒有急於點頭，而是繼續聽郭嘉的分析。郭嘉認為：劉表尚不足懼，也不會因為劉備的慫恿就貿然與曹操作對。二劉之間並不是真正親密無間的，他們的這種關係也決定他們不可能真正聯合起來攻打曹操的後方，根本沒有必要顧慮這些。所以，郭嘉力主北擊烏桓。

曹操覺得郭嘉分析得十分有理，於是下決心攻打烏桓。其實，曹操對此早有準備。早在西元206年，曹操就接受董昭的建議，動用大批民工開鑿兩條水渠，一條是平虜渠，另一條是泉州渠，以便於運糧北上。平虜渠自呼淪河（今河北保定滹沱河）入低水（今天津市海河上游），泉州渠自河口入潞河（北運河之上游，流經今北京密雲縣東之鮑丘水，亦稱東潞水）以通海。此外，曹操還收買人心，在建安十二年（西元207年）二月，下了一道〈封

功臣令〉，有20多名功臣被封為州侯，其中還指派日後管理烏桓的官員。

郭嘉不愧為曹操身邊最得力的謀士，他在曹軍一切都準備就緒的時候，對曹操進言：「兵貴神速。現在我軍襲擊千里之外的敵人，輜重太多，行動遲緩。如果敵人得到消息，必然預作防備。不如留下輜重，輕裝快速前進，以出其不意打擊敵人。」曹操聽取郭嘉的建議，率兵輕裝簡行，疾進千里突襲烏桓，並重金聘請隱居在徐無山（今河北玉田縣西今北）的右北平義士田疇為嚮導。當時夏季多雨，道路積水，泥濘難行，烏桓人在沿途險要的地方派兵把守，以為曹軍無法越過。誰知田疇帶領曹操的軍隊沿舊北平郡治平剛（今遼寧凌源以西）取道出盧龍塞（今河北喜峰口），直奔柳城（當時遼西烏桓蹋頓的統治中心、今遼寧朝陽西南）。來到城外約二百里時，烏桓才驚覺，倉促召集數萬人在凡城（今遼寧朝陽市附近）迎戰曹操。開始戰事進展並不順利，烏桓雖然倉促應戰，但是由於曹軍的輜重都在後面，前軍甲兵又少，許多人不禁有些膽怯。兩軍從早晨混戰到傍晚，此時曹軍幾近不支，紛紛敗退下來，烏桓蹋頓坐在青牛駕轅、黃色傘蓋遮蔽的車帳之內，得意地觀戰。

曹操沒有想到形勢對自己這麼不利，正在愁眉不展之時，手下大將張遼忽然一聲大喊：「主公平時厚待我們，此時不戰更待何時！」說完，撕下手中扛著的帥旗，挺起旗矛，策馬疾速下山，在烏桓兵眾一片驚呼之中，張遼直奔毫無準備的蹋頓青牛車帳前，一矛把蹋頓刺下車來，割下首級，大呼著率軍衝入烏桓軍中。烏桓部眾毫無準備，遂散亂崩潰，四散而逃。曹軍乘勢追擊，當場「斬蹋頓及名王以下，胡（烏桓）、漢降者計二十餘萬口」，直追逼至柳城之下，樓班、蘇僕延、烏延與袁尚、袁熙等人逃跑後，投奔遼東太守公孫康，公孫康畏懼曹操勢力，害怕得罪曹操，於是將這些人全部斬首後將首級送給曹操。

從此，烏桓逐漸消失在歷史的舞台上。

鮮卑古國：引人遐思的游牧部落

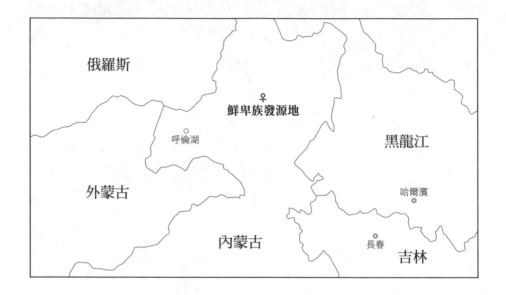

鮮卑是東胡族的一支，秦漢時期，從大興安嶺一帶南遷至西拉木倫河一帶過著逐水草而生的游牧生活。後來又附屬於匈奴，在北匈奴西遷以後，進入匈奴故地，併其餘眾，勢力強盛。

在大鮮卑山的峭壁之上，有一處天然形成的巨大洞穴——嘎仙洞。這裡曾經居住過一個傳奇式的偉大民族——鮮卑部落。站在嘎仙洞口，面對拓跋鮮卑先帝舊墟，讓我們不禁好奇，這個茹毛飲血的部落群體，是如何在大鮮卑山的群峰密林之中繁衍生息的，是如何在歷經上千年的遊獵生活之後走出叢林的，又是如何經歷千難萬險輾轉中原建立偉業的？

蒙古草原的第二個主人

在南下的過程中，鮮卑人一直在關注著蒙古草原的變化，他們不斷地吸納自匈奴帝國中游離出來的游牧民族部落。根據研究，《魏書》中記載的拓跋鮮卑75個「內人諸姓」中，有匈奴姓6個、丁零姓6個、柔然姓3個、烏桓與東部鮮卑姓9個、其他各族的姓7個。這個時期，鮮卑人的族群中已經融入匈奴、丁零、柔然、烏桓等民族。鮮卑人與這些加入鮮卑族群的異族通婚，使鮮卑人受到影響，發生變化。南下之後的鮮卑人，已經不同於生活在鮮卑山的鮮卑人。遷徙造就一個新的民族，最典型的例子是拓跋鮮卑，所謂「拓跋」是指那些父親是鮮卑人、母親是匈奴人的混血兒，拓跋鮮卑就是一個混血的族群。

東漢以後，匈奴分裂為南匈奴與北匈奴，實力大為削弱，不僅鮮卑人，幾乎所有的草原民族都意識到，匈奴人註定將被漢王朝打敗。於是，曾經被匈奴征服、受匈奴奴役的各草原民族紛紛背叛匈奴，站在漢王朝一邊，向北匈奴展開進攻。在這種形勢下，鮮卑人各部也加快南下的過程。

剛建立的東漢意識到，想要徹底消滅匈奴，就要拉攏鮮卑與烏桓，瓦解這三個強悍游牧民族的聯合。西元49年，東漢遼東太守祭肜向鮮卑傳達漢廷修好的信號，在豐厚的賞賜以及祭肜的積極勸說下，鮮卑著名的首領偏何表示願意歸順漢朝。受其影響，鮮卑的其他部落也紛紛表示歸順。為表誠意，他們不僅向匈奴開戰，而且各部落首領還把自己的兒子送到漢朝做人質。

對匈奴人的戰爭加速鮮卑人的南遷過程。由於得到漢王朝的支援，至西元1世紀中葉，鮮卑人已經廣泛分布於東起遼東半島西至敦煌的狹長地帶，占據漠南草原的大部分地區，較早歸附東漢的南匈奴反而局限於河套一隅之地。由此我們可以看出，在鮮卑人助漢攻匈奴的過程中，獲利最大的不是漢王朝，而是鮮卑人。

東漢王朝幾乎繼承西漢王朝的一切，其中也包括對匈奴人的戰爭。但真

正打敗北匈奴的不是實力遠遜於西漢的東漢王朝，而是大自然的威力。東漢時期，匈奴分裂為南北兩部。南匈奴南下依附漢朝，北匈奴成為東漢的重點打擊對象。

自東漢時期開始，中國的氣候趨於寒冷乾旱，年平均溫度逐年降低，發展至南北朝時期，進入中國歷史上溫度最低的時代。北匈奴占據的漠北草原最先受到氣候變化的衝擊，寒冷乾旱的氣候對草原造成嚴重的破壞，使草原的載畜量下降，北匈奴的畜牧業已經無法為其提供足夠的食物，於是他們開始向受破壞較小的蒙古草原西部遷移。就這樣，北匈奴在氣候的影響下，逐漸退出中國的版圖，走向歐洲。

伴隨北匈奴的西遷，鮮卑族以漠南草原為根據地，開始向漠北草原進軍。漢王朝雖然打敗匈奴，但是身為農耕民族的漢人無法征服廣闊的蒙古草原。大自然決定這裡只能屬於游牧民族，於是蒙古草原在送走第一位主人——匈奴人之後，又迎來第二位主人——鮮卑人。

在鮮卑人進入漠北草原以後，留在這裡沒有西遷的十餘萬匈奴人都加入到鮮卑人之中，自稱是鮮卑人，並且站在鮮卑人的旗幟下東征西討，鮮卑的實力陡增。但是由於氣溫仍然在持續下降的過程中，漠北草原的生存環境變得越來越惡劣，生活在這裡的鮮卑族及其他游牧民族的部落紛紛外遷，因而鮮卑人雖然成為整個蒙古草原的主人，但其主要居住地仍舊是在漠南草原。在這裡，鮮卑各部曾經統一起來，要歸功於鮮卑人的英雄——檀石槐。

鮮卑人生活在鮮卑山的時候，始終沒有統一部落聯盟，在向南遷移的時候也是各個部落獨立進行的。占據漠南草原之後，鮮卑人的分布呈東西狹長狀態。由於兩部分距離較遠、交通困難，所以東部與西部的鮮卑人之間的交往越來越少。當他們進入漠北草原，並企圖統治整個蒙古草原的時候，他們開始意識到團結的重要性。這個時候，鮮卑人急切地需要一位領導者統一鮮卑族，凝聚鮮卑人的力量。時勢造英雄，檀石槐成為這個時期鮮卑人眼中的英雄。

據史料記載，以及後代學者的推測，檀石槐大概生活在西元137～181年，他的父親名叫投鹿侯。據說，投鹿侯從軍打仗，一去三年，他的妻子卻在家生下一個兒子，顯然這是他妻子的私生子。憤怒的投鹿侯將這個孩子扔到荒郊野嶺，但是他的妻子卻悄悄地讓娘家人把孩子撿回去撫養，這個孩子就是後來的檀石槐。

死裡逃生的檀石槐由外祖父家收養，慢慢長大，在草原艱苦生活的磨練下，到十四五歲時，已經具有成年男子的體魄，使他聞名草原的是他單槍匹馬從劫匪的手中奪回被盜的牛羊。當時，他們所在的部落都不敢相信，一個十四五歲的孩子，可以孤身一人追回被盜的牛羊。由此，檀石槐的英勇一時之間傳遍整個部落，並且被擁立為部落首領（鮮卑人擁立首領的原則就是英勇）。

十幾歲的檀石槐在成為部落首領之後表現出非凡的才能，他勇敢而公正，可以非常好地處理部落內的所有問題，也可以協調與其他部落的關係，深得部落族人的擁戴。在他的領導下，其部落越來越強大，周邊的鮮卑部落紛紛歸附。檀石槐在今山西省陽高縣以北三百里的彈汗山（今內蒙古商都縣附近）建立自己的王庭，東征西討，大概在西元2世紀中葉以後，最終統一鮮卑各部，並率領鮮卑人打敗北方的丁零、西方的烏孫，以及東方的扶餘人，完全控制蒙古草原。

為了對下屬進行有效地管理，檀石槐借鑑匈奴人的做法，將鮮卑族分為左、中、右三大區域。這種統治方式也顯示鮮卑人並沒有形成自己的國家，他們只是建立一個空前龐大的軍事聯盟。這個聯盟的內部——各部落首領之間的關係十分複雜，不是像漢人一樣軍權統一，也為後來鮮卑人的內亂埋下伏筆。

檀石槐統一鮮卑各部之際，正是東漢王朝走向衰落之時，游牧民族與農耕民族之間勢力的此消彼長對檀石槐十分有利。鮮卑人已經取代匈奴人成為蒙古草原的主人，各游牧民族都處於檀石槐的領導之下，其控制的地域面積

甚至遠遠超過東漢的疆域，檀石槐與鮮卑的權貴們開始重新定位鮮卑與漢王朝的關係。

由於氣候的原因，鮮卑人的生活環境越來越惡劣，他們需要充足的食物以保證人民的生存和部落的發展。於是，檀石槐開始對漢王朝的北部各郡進行試探性進攻。經過多次的戰爭，東漢政權搖搖欲墜，就在東漢王朝無力抵禦南下的鮮卑人的時候，鮮卑人的英雄檀石槐卻於西元181年不幸病逝。

失去傑出的領袖，草原民族往往很難克服其致命的弱點——內部的紛爭。當不存在一位可以使各個部落都傾心擁戴的領袖的時候，沒有什麼可以阻止草原民族的內部分裂。分裂中的草原民族，他們最大的敵人就是他們的同伴，他們因此失去一切活力，再也無力向草原以外進軍。

此後，鮮卑內部發生長達數年的內亂，鮮卑族再也沒有形成統一的聯盟。在三國時期，影響最大的鮮卑部落是東北鮮卑發展形成的鮮卑宇文部、段部和慕容部。

東部鮮卑的南向之路

檀石槐死後，鮮卑內部出現混戰局面，一部分部落大臣擁兵獨立於西部，一部分則重新選舉最高首領擁兵於中部，東部地區則在檀石槐的後代手中。在西晉時期，東部的鮮卑部落經歷重新組合，最終形成段部、宇文部和慕容部三大鮮卑部落，其中段部最先崛起並南下。

鮮卑段部的居住地大致上在今天的河北省撫寧、遷安及遼寧省的建昌、朝陽南部一帶。段部可以在東部鮮卑中率先崛起，主要是因為其居住地靠南，因而能大量地吸納漢人。段部統治下的漢人，大概有以下幾方面的來源：一是自漢末、魏晉以來留在幽州和逃往鮮卑的漢族子孫；二是段部在段就六眷時期從代郡、上谷、廣寧三郡擄掠來的漢人；三是魏晉時期幽州、冀州等地因為受不了王浚的暴政，主動逃入鮮卑的漢人。段部始終向晉朝稱臣，這是吸引中原漢族流民進入段部的重要原因。我們也不應該忽視地理方

面的因素，段部控制區是連接中原地區與東北地區的交通樞紐，為躲避戰亂而北遷的中原移民要經過的第一站就是段部控制區。

　　段部雖然依靠漢族流民的勢力而崛起，但卻未能充分發揮這個優勢。自段日陸眷開始的三代段部首領，重視的都是征戰與劫掠，不知道引進漢族先進的技術在統治區內發展農業生產，也沒有借鑑漢族先進的統治方式來管理投附的漢人，卻希望用其他鮮卑人已經逐漸拋棄的部落制來管理漢人。段部雖然強盛一時，但也未能建立自己的國家，雖然東征西討，英勇善戰，卻難以保存其勝利的果實。段部強調的是弓馬，除了弓馬，他們一無所有。

　　進入中原的少數民族，即使他們自己不能從馬背上跳下來，由騎士轉變為農民，至少也要瞭解農業經濟的重要性，並學會欣賞中原的農耕文明，才可以從中汲取營養，發展自己民族的文化，才能在中原建國立足。在這個方面，段部顯然是最典型的反面教材。

　　西晉時許多進入中原的少數民族首領都受到漢文化的薰染，為自己取漢語名字，而見於史書記載的段部首領的名字卻都與漢語無關，反映出段部首領即使在鮮卑人中也是文化層次較低者。他們自身的素質決定他們只能瞭解武力的作用，而不具備欣賞和學習漢文化的最基本素質。也許這是段部衰落的根本原因，最後段部在內憂外患的情況下，全部投降石勒建立的後趙政權。

　　段部可以迅速興起，是因為其內部不存在鮮卑人強固的血緣組織，可以迅速而大量地吸納漢族成員，但這也正是其部落迅速瓦解的原因。在失去軍事方面的強勢地位之後，段部既沒有保持部落完整性的血緣紐帶，也不存在統治漢人行之有效的方法。段部自日陸眷算起，至分裂投降後趙以前，只經歷三代人的發展，其強盛時間甚至不到三十年。綜觀東部鮮卑歷史，段部的曇花一現，更像是此後慕容部興起的序曲。

　　相對於段部而言，慕容部的歷史要悠久得多。在西元3世紀早期，慕容部已經在其首領莫護跋的率領下遷入遼西地區，從此開始其漫長而艱難的發

展歷程。史書中記載，慕容部曾經追隨司馬懿的部隊討伐在曹魏時割據遼東的公孫氏政權，其首領莫護跋因為戰功卓著而被曹魏封為率義王。由此推測，慕容部更可能是在軻比能遇刺、鮮卑各部分立發展之際，較早投降曹魏政權的一支鮮卑人小部落。他們之所以會來到遼西，並不是出於自願地遷徙，而是從軍征伐之後留駐當地的結果。

自涉歸的時代起，慕容部已經接受中原漢族統治者早已實行的嫡長子繼承制。慕容廆即位初期曾經與晉王朝為敵，率部劫掠遼西郡，因而受到晉軍的討伐，在肥如一戰中，慕容廆慘敗。見西向發展受阻於晉王朝，慕容廆轉而向東發展，於西元285年出兵攻破位於慕容部東北方的扶餘國都城。扶餘王依慮自殺，王室子弟退保沃沮。慕容廆俘獲扶餘人一萬多人，轉賣為奴隸。晉王朝得知消息後，命東夷校尉何龕派部隊迎立依慮之子為扶餘王，殺慕容廆的部將孫丁，並贖回被賣為奴隸的扶餘人。復國後的扶餘國成為慕容部的死敵，慕容廆的東向發展方案不僅因此受阻，還在無形中為自己製造一個敵國，可謂偷雞不成蝕把米。

這兩次失敗使慕容廆深刻地體悟到，與中央王朝對立極不利於慕容部的發展。於是，在西元289年，慕容廆派人向晉朝稱臣，晉朝順水推舟，封其為鮮卑都督。同年，慕容鮮卑又因為其所居之地偏僻，遷居到今遼寧義縣一帶，後來又繼續南下，重新定居於今遼寧錦州附近。

慕容鮮卑越是向南遷移，遠離自己的原本居住地，越是靠近漢族聚集區，其部落成員就越是可以較快地擺脫落後的生產方式，更容易吸收漢族的先進文明，逐漸由牧民轉化為耕種小塊土地的農民，最終使其整個部落由游牧轉向農業的定居生活。

大概在西元2世紀初，鮮卑宇文部進入東北亞的西南部地區，逐漸成為與鮮卑慕容部和鮮卑段部鼎足而立的勢力，雖然他們也自稱是鮮卑人，但是從族源上講，他們很可能不是鮮卑人。多數學者認為，宇文部是鮮卑化的匈奴人，應該是北匈奴主體部分西遷之後留在蒙古草原並且加入鮮卑的匈奴人

一支，他們在語言與風俗上都與鮮卑人存在明顯的差異。但是可以肯定，在遷入遼西地區以前，宇文部中就已經存在比較重的鮮卑人成分，並且已經鮮卑化。

宇文部的實力相對於段部和慕容部較弱，最終在沒有進入中原之前就敗給慕容部，不得不退回西拉木倫河與老哈河流域，但是他們並沒有因此滅亡。在鮮卑以後，東胡族系最有影響力的民族就是契丹、奚、室韋與蒙古，他們或者是宇文部的後裔，或者多少與宇文部有一點關係，由此看來，慕容部雖然曾經對宇文部構成沉重的打擊，卻未能消滅宇文部。宇文部的餘眾，或西向進入蒙古草原，後來可能也是從這裡趕著他們的畜群來到西拉木倫河與老哈河流域，最終發展為契丹與奚；或是向北避入大興安嶺，就像曾經保護過鮮卑人的祖先一樣，大興安嶺也保護宇文部的後裔，使他們在大興安嶺的密林中緩慢地發展，最終與其他族群相融合，形成室韋人。從這個角度看，東胡族系在唐代以後的發展，可以追溯到宇文部。

在與鮮卑其他部族特別是慕容部的競爭中，宇文部顯然是失敗者，但是從東胡族系的延續與發展的角度來看，宇文部應該是鮮卑各部族中的唯一成功者，因為其他鮮卑部族都沒有明確的後裔遺留下來。

也許這是上天對宇文部的一種補償！

但更可能的原因卻是：宇文部在鮮卑各部中滅亡較早，其居住地又與草原相鄰，使得宇文部的後裔失去進入中原和接受農耕文化洗禮的機會，他們傳承東胡族系的血脈與傳統，不是他們自主的選擇，而是草原強加在他們身上的使命。

淹沒於河西走廊的西部鮮卑

當北匈奴占據漠北草原的時候，鮮卑人就已經沿著漠南草原開始西遷。大概是在西元前1世紀中葉，西進的鮮卑人的前鋒已經到達河西走廊西部的敦煌一帶。

從很早的時候開始，中國的北方就存在這一條東起遼西，西至河西走廊的農耕經濟與游牧經濟的過渡帶。生活在這個地區的人民往往是農牧並舉的，在他們的風俗文化中，既接受中原的文化的影響，也保存游牧民族的文化特徵。進入這個地區的漢族移民，往往也向草原民族學習，保持農耕傳統的同時，兼營畜牧業，文化上也深受草原民族的影響，甚至在民風上也變得粗獷豪邁、驍勇善戰。鮮卑人早期的西遷，應該就是沿著這條過渡地帶行進的。

在檀石槐的三部中，西部鮮卑占據的地域最為廣大，但是很長一段時間內西遷的鮮卑各部一直默默無聞，直到十六國時期，它們才重新走上歷史的舞台。在此時期建立政權的西部鮮卑主要有三支：禿髮鮮卑、乞伏鮮卑以及最初由東部鮮卑的慕容部中分出的遷往西部的吐谷渾部。

禿髮鮮卑的始祖匹孤是拓跋鮮卑首領詰汾的長子，卻未能繼承詰汾的位置。在詰汾去世後，匹孤的弟弟力微成為拓跋部的首領，匹孤於是率領自己的部眾脫離拓跋部自行發展。

禿髮鮮卑自遷入雍、涼後，曹魏及西晉統治者以其與羌、胡相似，設「護羌校尉」監領之，各部仍然自有部帥。但鮮卑等往往被徵召為兵，或被掠淪為奴婢或佃客，同時還要繳納賦稅，使民族衝突日益尖銳。西晉初，終於爆發以禿髮樹機能為首的西北民族反晉抗爭。

西元279年，禿髮樹機能攻破涼州，占據主要城鎮，阻斷西晉與河西之交通，西晉朝廷大震，遣武威太守馬隆統軍攻之。禿髮樹機能部碎跋韓、且萬能等率眾萬餘落歸降，馬隆又「前後誅殺及降附者以萬計」。是年十二月，隆遣歸降的率善戎設骨能等與禿髮樹機能大戰，禿髮樹機能終因寡不敵眾，兵敗被殺，禿髮部復降於西晉。

禿髮樹機能的反晉抗爭雖然失敗，但是禿髮鮮卑部落並沒有因此而潰散。數傳至禿髮烏孤立，採取養民務農的經濟政策，在政治上禮俊賢、修政刑，對外「循結鄰好」，不事爭戰。十餘年間，禿髮部在後涼東南廣武一帶

勢力漸盛。

西元376年，占據河西的前涼張氏政權被前秦的苻堅消滅。淝水之戰後，苻堅的部將呂光割據河西，史稱後涼。禿髮部先後隸屬於張氏的前涼與呂氏的後涼。在此興旺起來的禿髮鮮卑並不甘心屈服於呂光，而是隨時在尋找機會擺脫後涼對他們的控制。

淝水之戰後，禿髮新首領烏孤雄勇有大志，試圖奪取涼州之地以重新振興禿髮部。他採取養民務農的經濟政策，在政治上禮賢下士，對外「循結鄰好」，不事干戈。十餘年間，禿髮部在後涼東南廣武一帶的勢力逐漸興盛起來。後涼呂氏也感受到禿髮鮮卑的日益強盛對其產生的威脅，但卻苦於兵力不足，不能立刻消滅他們，因而只好採取籠絡禿髮鮮卑的策略。這使得禿髮部有機會逐一兼併河西地區的鮮卑各部，其勢力進一步增強。西元397年，禿髮烏孤自稱大都督、大將軍、大單于、西平王，改元太初，建立自己的政權，史稱南涼。

西元414年，南涼連年不收，上下饑窘，傉檀率軍西擊乙弗鮮卑，留太子武台（虎台）守樂都。西秦乞伏熾磐乘機襲取樂都，俘武台等及百姓萬餘遷於枹罕（今甘肅省臨夏市西南），傉檀降西秦，年終被毒死，南涼亡。

南涼亡後，原禿髮氏部人大部分為西秦所統治，後來西秦為夏所滅，夏又亡於吐谷渾部，西秦領域大部分入於吐谷渾部，後來又為北魏所占有。在隴西、河湟的乞伏、禿髮鮮卑最終與北魏拓跋鮮卑同被漢化，至今在青海省西寧市還留存禿髮氏的後代。

禿髮鮮卑的另一部分貴族和部民則投歸河西的北涼，例如：傉檀弟、南涼湟河太守文支、傉檀兄子樊尼。傉檀子保周、破羌（即源賀）在南涼亡後，亦投奔北涼。後來北涼亡於北魏，在河西的禿髮氏皆歸北魏統治，北魏封保周為張掖王，破羌為西平公。源氏一族在北魏地位顯赫，後裔賀乾曜曾經相唐玄宗，已經完全漢化，與漢官無別。

乞伏鮮卑為隴西鮮卑最重要而強大的一支，包括乞伏、斯引、出連、叱

盧等部，原本居於漠北，東漢中後期南遷至大陰山（今內蒙古自治區陰山山脈）。乞伏（如弗）部原本為鮮卑人，其餘三部中的叱盧部，即高車十二姓中的吐盧氏。乞伏鮮卑是鮮卑與高車融合後的鮮卑部落。原本居於今貝加爾湖一帶的丁零（南北朝時稱高車），南下與鮮卑融合而成，西秦上層多有屋引氏、翟氏、叱盧氏等高車人可證。

乞伏等四部南出大陰山後，住牧於河套之北。西元265年左右（泰始初），乞伏國仁五世祖祐鄰（拓鄰）率5,000戶，又南遷至夏（或夏緣，今河套南），部眾稍盛，約5萬。由此向西遷至乞伏山，即今賀蘭山東北抵黃河的銀川一帶。後來，祐鄰又率部向南遷徙，與居於高平川（今寧夏回族自治區清水河流域）的鮮卑鹿結部（有7萬餘落）「迭相攻擊」，鹿結敗後，南奔略陽（今甘肅省秦安縣東南），於是祐鄰等居高平川，勢力漸盛。

祐鄰曾孫述延在位時期，相當於十六國初前趙雄踞中原、張軌初有河西之際，北方群雄割據，使乞伏氏為首的部落聯盟得以進一步發展。述延討擁有2萬餘落的鮮卑莫侯部於苑川（今甘肅省蘭州市東，城址在榆中縣東北），後遷於土地肥沃的苑川，為「龍馬之沃土」。乞伏聯盟增至10萬餘落，一落按5口計算，即有50餘萬人。同時，由於內部游牧經濟的發展和受到鄰近封建國家的影響，逐漸向國家政權過渡，建立簡單的官制。例如：述延「以叔父柯埿為師傅（相當於丞相），委以國政，斯引烏埿為左輔將軍，鎮蔡園川，出連高胡為右輔將軍，鎮至便川，叱盧那胡為率義將軍。鎮牽屯山」。各部落首領分鎮一方，而統主（聯盟首領）則一直為乞伏氏世襲。

遠走中亞的厭噠人

自西元1世紀開始的鮮卑族群大規模西遷，並沒有因為鮮卑各部在五胡十六國時期紛紛加入中原地區的割據混戰而結束。當禿髮鮮卑、乞伏鮮卑，以及從遼東鮮卑慕容部中分離西遷的吐谷渾人，在河西走廊停下他們遷徙的腳步時，另一支鮮卑人已經越過茫茫沙漠，一直向西，走向中亞草原。在一

個他們完全陌生的環境中，這支來自東北亞的蒙古人種部落，與當地的白種人群結合，形成一個新的民族——厭噠人。

如同大多數游牧民族一樣，厭噠人沒有自己的文字，自然也沒有自己的史書流傳下來。由於他們曾經立國於中亞，處於歐亞大陸東西方交通的必經之路，所以他們的歷史散見於東西方各國的史書記載之中。但是這些記載不僅零散，而且相互矛盾，就是其族名也存在多種不同的記載。中國史書中也稱厭噠人為「厭達」、「厭怛」、「悒怛」、「悒闐」，稱他們建立的國家為滑國。

西元4～8世紀起源於歐亞草原上的北方游牧民族多被稱為「匈奴」或「匈人」，厭噠人被稱「匈奴」或「匈人」並不奇怪。奇怪的是，他們還被稱為「寄多羅匈人」、「貴霜匈人」或「匈奴貴霜」。從其稱號的複雜性，我們可以窺見厭噠人的歷史是多麼複雜與神祕。

厭噠人的族源是更為複雜難辨的歷史學難題，目前學者們有十幾種不同的猜測，但沒有一種可以稱得上是定論。《梁書‧滑國傳》中說厭噠人的語言「待河南人譯然後通」，此處的河南人是指當時已經遷入黃河以南的吐谷渾人。厭噠人與出自鮮卑的吐谷渾人語言相通，證明厭噠人與鮮卑人淵源很深。也有學者提出看法，認為厭噠人最初可能是乙弗鮮卑的一支。

自西元1世紀鮮卑人大量進入遼東半島的北部地方以後，鮮卑人就已經成為在遼東、遼西占有優勢地位的民族，隨著東部鮮卑三大部（慕容部、段部、宇文部）的興起，鮮卑人成為東北南部地區的統治民族。到東晉時期，一支鮮卑化的「灌奴部」人與一些鮮卑人的部落相融合，以鮮卑人的面目逐步遷徙到高平川地區（今寧夏固原一帶），就是我們之前提到的乞伏鮮卑。最初的乞伏由如弗、胡引、出連、叱盧四部組成，我們可以肯定，其中的如弗部出自鮮卑，這一支鮮卑人後來被稱為「乞伏」鮮卑也與此有關。現代學者多認為，乞伏部包含鮮卑、揭胡、匈奴和敕勒等民族成分，是一個十足的「雜胡」。

大概在西元371年，前秦苻堅發動對乞伏鮮卑的戰爭。在受到沉重打擊後，乞伏鮮卑分裂，一部分投降前秦，但是在淝水之戰後又復興，建立自己的政權，這就是西秦；一部分留在塞北，依附拓跋部，慢慢地融入到拓跋鮮卑之中；另一部分則開始進一步的西遷。這些西遷的乞伏鮮卑人又分為兩支，一支到達美麗的青海湖畔，成為後來的乙弗部；另一支則越過阿爾泰山，經過伊犁河流域最終進入中亞，發展為後來的厭噠。

　　在拓跋鮮卑遷入漠南草原並且將注意力轉向南方的黃河流域以後，鮮卑各部留居漠北草原的已經很少了，南遷已經成為各部的共同目標，並不是鮮卑人願意放棄草原，而是逐年降低的氣溫使他們感覺到，只有南下才可以尋找到更適宜居住的地方。

　　匈奴人被氣候驅趕到遙遠的東歐草原，出於同樣的原因，鮮卑各族南下進入黃河流域。長期與漢王朝處於敵對狀態的匈奴人無法南下，不得不西走異域。相比之下，鮮卑人是幸運的，不僅毫不費力地從匈奴人手中接管蒙古草原，而且衰弱的西晉與隨後混戰不斷的各割據勢力都無力阻擋鮮卑人南下。如同匈奴人西遷之後，鮮卑人進入蒙古草原填補勢力的真空一樣，在鮮卑各部南下之後，草原上新興起的柔然人又填補勢力的真空，繼鮮卑人之後成為漠北草原的主人。

　　面對來自東方柔然人的壓力，厭噠人的祖先無力與之抗衡，不得不離開令他們眷戀的阿爾泰山，向更遙遠的西方走去。他們也不知道自己的目的地在哪裡，只是在無意中，他們踏上從前游牧民族所走過的西行之路，向西進入伊犁河流域。沿途沒有路標，引領他們的是水草與河谷。大概在西元4世紀70年代初，厭噠人經過巴爾喀什湖及楚河流域，來到中亞的索格底亞那，並且順利地控制澤拉夫尚河流域。為了免遭柔然人的襲擊，厭噠人主動向柔然稱臣，並且與柔然通婚，曾經有三位厭噠王的妻子都是柔然首領婆羅門的姊妹。

　　秦漢之初，大月氏在匈奴的擠壓下遠走中亞。幾百年後，厭噠人走上與

大月氏相同的西遷之路。其實，循水草西遷的中國北方草原民族的歸宿只有兩個，如果他們在越過阿爾泰山脈之後，不向西南進入中亞地區，限於地理環境，他們就只能一路向西進入俄羅斯草原。大月氏人、厭噠人走的是前一條路，匈奴人走的則是後一條路。大月氏人與烏孫人都是白種人，中亞的阿姆河、錫爾河流域一直就是白種人的分布區，最晚在進入這個地區之後，厭噠人因為與當地居民通婚，或是因為有當地的部落加入厭噠人，使厭噠人已經開始具有白種人的某些特徵。有些史書中稱厭噠人為「白匈奴」，恐怕也是這個原因。

在鮮卑人持續數百年之久的遷徙浪潮中，厭噠人是鮮卑人在西遷的道路上走得最遠的一支，但是關於他們遷徙的歷程，中外史籍卻都是語焉不詳。我們只知道，這支鮮卑人一直保持游牧風俗，始終是馬背上的民族，正是游牧生活的機動性才使他們有能力自東北亞走到萬里之外的中亞，並征服當地在很大程度上已經轉操農業與商業的民族。在中亞，在這個東西交往的咽喉要道，多種民族與文化的交融之地，厭噠人開始建立自己的國家。

最後走出興安嶺的拓跋部

以層林疊嶂和蒼茫林海為主旋律的大興安嶺，就像是上天設計的天然屏障，把這裡與外界隔絕開來，使之很少受到外界的影響和干擾。甚至在現今，生活在這裡的鄂倫春人和鄂溫克人仍然保持古老而傳統的生活方式。大興安嶺是游牧民族天然的王國，是草原民族的孕育之地，這裡也是拓跋鮮卑先祖們世代繁衍生息的地方。

在鮮卑人的遷徙浪潮中，拓跋部是最後一批走出大興安嶺的鮮卑人，但是他們所取得的成就，卻是其他鮮卑部落無法望其項背的——他們開創中國歷史上的第一個南北朝時代，他們建立北魏政權，是中國歷史上第一個統治黃河流域的少數民族。

《魏書》中提到，拓跋鮮卑原本居住地在「大鮮卑山」，就是東胡被匈

奴打敗之後殘部退守的鮮卑山，也就是鮮卑民族的發源地。可是，因為文獻記載本身非常模糊，鮮卑山的位置一直無法確定。有一派學者認為鮮卑山當在洮兒河以南，或是我們可以籠統地認為，是在大興安嶺南麓；另一派學者卻認為，鮮卑山可能在外興安嶺。但是兩派學者的觀念南北相差近千里。

後來《魏書》中的一段記載，引起學者們的注意。根據《魏書》的記載，拓跋鮮卑先祖生活在鮮卑山附近的時候，曾經鑿石為祖宗之廟。在拓跋鮮卑南遷建國之後，由於遠離故土長達數百年，他們已經不知道這個祖宗之廟的確切位置。西元443年，生活在大興安嶺的烏羅渾人遣使向北魏朝貢。使者稟告北魏皇帝，在烏羅渾人居住地的西北還有拓跋鮮卑先祖留下的舊墟，並稱拓跋人的祖宗石廟依然存在，並且經常有附近的百姓前往祈拜。烏羅渾人的報告令北魏的統治者將信將疑而亦驚亦喜。就在烏羅渾人朝貢的第二次，北魏太武帝派遣中書侍郎李敞遠赴大興安嶺北麓，去考察烏羅渾人所說拓跋人的祖宗石廟。李敞不僅找到所謂的祖宗石廟，還在這裡舉行告祭天地的儀式，並且在石廟中「刊祝文於室之壁」。

千百年來，《魏書》這段記載究竟是否可靠，從來無人知曉。直到1980年，在鄂倫春自治旗阿里鎮西北十餘公里的嘎仙洞石壁上，發現李敞當年留下的祝文，才證實《魏書》記載的真實性。發現嘎仙洞石刻祝文之後，大多數學者都認為，這裡就是拓跋鮮卑祖先石廟的所在地，也就是他們的發源地，嘎仙洞所在的山區就是當年的鮮卑山。

嘎仙洞位於北緯50度38分，東經123度36分，在大興安嶺北部頂端的東側，海拔約為520公尺，是一處天然石洞。此洞突兀地屹立在高山石壁之上，洞的四周古木參天，峰巒疊嶂。山腳下有溪水汩汩而流，攜沼澤窪地徐徐遠去。洞外壁是青苔綠地，洞頂蒼松翠柏，陣陣徐風，松濤湧湧，氣勢宏博。洞前為50度左右的斜坡，距地面約25公尺，雜草叢生，亂石嶙峋。洞口略呈三角形，高12公尺，寬19公尺。洞內南北長92公尺，東西寬28公尺，高20餘公尺，占地面積約為2,000平方公尺，足以容納數千人。四壁弧度均勻，

恰似穹頂，洞身曲折深邃，氣勢雄偉，給人一種神祕的氣氛。

　　或許嘎仙洞一帶就是從前的大鮮卑山，或許大鮮卑山還遠在嘎仙洞以北的某個地方，但是無論如何，嘎仙洞一帶也應該是拓跋鮮卑南下遷徙過程中曾經路過的地方。可以肯定，拓跋鮮卑人早期的遷徙，是沿大興安嶺逐步南下。在山區中南向移動，氣溫變得越來越溫暖濕潤，自然資源越來越豐富，已經可以解決拓跋鮮卑人的衣食問題，使他們一時之間還不必離開這座生活上百年的大興安嶺。美麗富饒的大興安嶺養育和保護鮮卑人，使他們可以擺脫強敵，在林海中默默地發展。但是大興安嶺的美麗富饒，也使得鮮卑人長久以來一直保持漁獵採集的生產方式。從本質上說，漁獵採集活動還僅僅是靠對自然資源的利用來解決人類的食物問題，人類還不知道自己生產食物。在這種生產方式下，單位面積土地所能供養的人口數是極低的。當林區中的人口繁殖突破森林所能供養的極限時，山中的民族就不得不開始遷移，向深山周圍的平原地區傾瀉那些多餘的人口。

　　西元1世紀，曾經雄踞蒙古草原的匈奴人走向衰落，其部眾一分為二：一部分匈奴人西遷，另一部分南移保塞。草原上的人口密度為之大幅度降低，大量的鮮卑人乘機從大興安嶺中走出，進入蒙古草原。林區的人口壓力因此而降低，為南遷的拓跋鮮卑人提供生存空間，使得他們並不忙於走出大興安嶺。大概在西元1世紀中葉的時候，拓跋部在宣帝推寅的率領下南遷，拓跋部第一次走出大興安嶺深處，沿西南方向遷移，最終在呼倫湖東畔暫時停駐下來。

　　呼倫湖又叫達賚湖，現在位於內蒙古自治區境內，面積兩千多平方公里，湖水澄澈，浩渺如海。呼倫貝爾草原就是因為呼倫湖與貝爾湖而得名，它們彷彿草原的一雙明眸，是那樣的含情脈脈。

　　關於呼倫湖與貝爾湖，草原上還流傳一個美麗的傳說：很久以前，草原上有一對情侶，姑娘能歌善舞，才貌雙全，叫呼倫；少年力大無比，能騎善射，叫貝爾。他們為了拯救草原，追求愛情，與草原上的妖魔奮勇搏殺，呼

倫化作湖水淹死眾妖，貝爾為了尋找愛人勇敢地投湖，他們化作一對相望於草原的明珠——呼倫湖與貝爾湖。

呼倫湖每年春季都有南雁北來，在此脫毛換羽，產卵孵化。拓跋鮮卑人如同那些脫毛換羽的鳥兒一樣，也在呼倫湖畔蛻變和新生。

呼倫湖畔處於呼倫貝爾草原腹地，離大興安嶺比較遙遠，在這裡已經看不到高山和樹林，只有一望無垠的草原。呼倫貝爾草原，東起大興安嶺西麓，西鄰中蒙、中俄邊境，北起額爾古納市根河南界，南至中蒙邊界，總面積約10萬平方公里，是世界上最優良的三大牧場之一。這裡的野生資源極為豐富，有天然種子植物653種，牧草茂密，每平方公尺生長二十多種上百株牧草。這裡地勢坦蕩、綠波千里、一望無垠，遠處只看見藍天與綠地相接一線，不禁讓人想起「天蒼蒼，野茫茫，風吹草低見牛羊」的詩句。呼倫貝爾草原還散布上千個大小湖泊，宛如鑲嵌在綠茵毯上的鑽石，草原風光奇美綺麗，令人心曠神怡。

在最初的日子裡，拓跋鮮卑人的生活是異常艱難的，為了使每一個成員可以存活，他們組成以大家族為單位的聯盟。每個大家族中推舉一位長老，大家都服從長老的領導，長老在生產、生活、戰鬥中具有權威。他們在聯盟中一起生產，均分食物，甚至聯合抵抗異族的侵襲。這種合作模式，從某種程度上，保證他們的存活，使之可以繼續繁衍下去。在呼倫貝爾草原靠涉獵和採集來獲取食物，是不足以保證生存的，處在與大興安嶺完全不同的環境中，他們很難也不可能保持那種古老的獲取食物方式，因而他們也開始仿效其他民族，過著畜牧遷徙的生活。這個轉變對拓跋鮮卑人的歷史影響是巨大的，一個嶄新的游牧民族在呼倫湖畔產生。

美麗的呼倫貝爾草原為拓跋鮮卑人的生活注入新的元素，多元的民族文化交融促使他們發生著蛻變、新生與成熟，正是這個精彩紛呈的世界，使他們不願意回到遙遠而閉塞的大興安嶺。或許他們已經逐漸忘記曾經的樂園，忘記回家的路。

拓跋鮮卑人由大興安嶺深處到呼倫湖畔，是他們重新得到鍛造的一個過程。他們從森林到草原，從漁獵經濟到游牧經濟，從山區單調的生活到山外的五彩繽紛，從單一的文化構成到多元文化的碰撞和交融。在與其他草原民族相融合之後，拓跋鮮卑逐漸發展為草原游牧民族，他們將從這裡走向蒙古草原，也將作為來自草原的游牧民族入主中原，在中國歷史打上他們的深深烙印。

北魏：一個性格裂變的王朝

西元315年，拓跋力微之孫拓跋犄盧曾經因為幫助西晉并州刺史劉琨與匈奴族劉聰、羯族石勒相對抗有功，被西晉封為代公，進而封為代王。西元338年，首領什翼犍建立代國，都於盛樂，邁入奴隸主占有制的階級社會，逐漸強大起來。

拓跋珪與北魏的壯大在淝水之戰後，前秦瓦解，以前被苻堅征服的各族紛紛獨立，建立自己的王國。西元386年，劉庫仁的兒子劉顯派兵護送什翼犍的少子窟咄和拓跋珪爭國。拓跋氏原有立少子的習俗，窟咄之來，對拓跋珪構成很大的威脅。許多部落都有動搖，引起騷動，拓跋珪的左右也陰謀執珪以應窟咄。拓跋珪懼，北逾陰山，依於賀蘭部，派人向慕容垂求救。慕容垂派慕容麟領兵救拓跋珪，大敗窟咄。什翼犍的孫子拓跋珪也乘機恢復拓跋族的獨立。西元386年，拓跋珪糾合舊部，在牛川（今內蒙古錫拉木林河）召開部落大會，即代王位。即位不久，因為牛川偏遠，就遷都盛樂。同年四月，改國號為魏，自稱魏王，史稱「北魏」、「後魏」、「拓跋魏」，孝文帝改漢姓後也稱「元魏」。

北魏統一北方的戰爭，是在十六國之時諸侯紛爭的歷史條件下進行的。它雖然面臨許多對手，情況複雜多變，但是可以審時度勢，確定先後打擊的目標，採取靈活機動的戰略戰術，達到各個擊破的目的。

北魏登國十年（後燕建興十年，西元395年），後燕攻北魏，拓跋珪面

對後燕軍的進攻，針對其恃強輕敵，採取示弱遠避、待疲而擊的方針，同時注重瓦解對方的軍心，奮勇追擊，在參合陂（今內蒙古左涼城東北）決戰中殲滅數萬燕軍，從此改變兩國力量的對比，北魏勢力進入中原。

西元396年，拓跋珪乘勝進擊，親率大軍南下進攻後燕，拓跋珪率大軍出馬邑，克晉陽，取并州，東下井陘關，收降後燕將領李先，封其為征東左長使，繼而長驅直入，直抵滹沱。西元397年10月，北魏大軍大破後燕，繁華一時的後燕國從此滅亡。

北魏天興元年（西元398年），拓跋珪遷都平城，稱帝，史稱道武帝。拓跋珪擊敗後燕進入中原後，鼓勵農業生產，其奴隸主貴族也逐漸漢化轉化為封建地主。拓跋珪招納漢族大地主加入統治集團，加快鮮卑拓跋部的漢化過程。

此後數年，北魏注重於鞏固內部及既得地域，也時而與北部的柔然和關中的後秦交戰，例如：北魏天興五年（後秦弘始四年，西元402年），北魏大軍以圍城打援、分而殲之的戰法，於柴壁（今山西襄汾西南）大敗後秦軍，殲滅3萬餘人。

永興元年（西元409年），拓跋珪被殺，其子拓跋嗣繼位稱帝，史稱明元帝。泰常七年（宋永初三年，西元422年），北魏明元帝乘宋武帝劉裕病卒之機，憑藉強大的軍力，沿黃河流域全面開戰，重點進攻，奪取黃河以南虎牢（今河南滎陽西北）、洛陽、滑台（今河南滑縣東）等軍事重鎮。由於南朝宋軍善於守城，頑強抵抗，也使北魏軍付出重大的傷亡代價。

北魏泰常八年（西元423年），拓跋嗣卒，太子拓跋燾繼位，史稱太武帝。此時，北方除了大夏、北涼、西秦、北燕和柔然以外，皆為北魏所占。拓跋燾雄才大略，通曉兵法，在歷次戰爭中，經常親自率軍出征，臨陣勇猛，多獲勝利。

魏始光三年（夏承光二年，西元426年）至四年，拓跋燾趁胡夏皇帝赫連勃勃卒，諸子相殘殺之機二次進攻胡夏，一舉攻破夏都統萬城。隨後北魏

又先後擊敗柔然、北燕，降服北涼，統一北方。繼前秦苻堅後再度使北方歸為一統，進而與南方的劉宋政權並立，形成南北朝對峙的格局。

拓跋燾死後，文成帝拓跋濬、獻文帝拓跋弘、孝文帝拓跋宏相繼登基，逐步實施改革，使社會經濟由游牧經濟轉變為農業經濟。孝文帝即位後，為了緩和階級問題，限制地方豪強勢力，加強中央集權，使鮮卑貴族進一步封建化，與漢族地主緊密結合，更有效地共同統治各族人民，並且在馮太后的輔佐下進行大範圍的改革，例如：實行俸祿制、均田制、三長制、遷都、漢化政策，極大地促進北魏經濟社會的發展與民族大融合，也為隋唐統一全國創造條件。

隨著生產力的發展和鮮卑貴族漢化的加深，北魏統治者日趨腐化，吏治逐步敗壞。高陽王元雍富兼山海，其住宅和園圃像皇宮一樣豪華，僮僕多達六千，妓女五百，一餐費數萬錢。他與河間王元琛鬥富，奢侈豪華程度超過西晉的石崇、王愷。被稱為餓虎將軍的元暉做吏部尚書時，賣官鬻職都有定價，人們稱吏部為賣官的市場，稱這些官吏為白晝的劫賊。地方州郡的刺史和太守也聚斂無已，徵收租調的時候，重新使用長尺、大斗、重秤。

繁重的兵役和徭役使大批農民家破人亡。破產農民紛紛投靠豪強，重新淪為依附農民，或逃避賦役，入寺為僧尼。北魏控制的編戶日益減少，影響政府的收入。北魏統治者除了加重剝削未逃亡的農民以外，多次檢調逃戶，搜捕逃亡的農民，因而引起農民的反抗。延昌四年（西元515年），冀州僧人法慶領導的大乘教起義，公開宣稱「新佛出世，除去舊魔」。北魏朝廷動員十萬軍隊才鎮壓下去。

北魏前期，柔然是其最主要敵人，北魏將主要軍事力量都集中在沃野鎮、懷朔鎮、武川鎮、撫冥鎮、玄柔鎮、懷荒鎮這六鎮。每鎮設置鎮都大將，鎮將由鮮卑貴族之中傑出的軍事人才擔任，而戍防的士卒多是拓跋聯盟各部落的牧民和中原豪強地主的高門子弟。隨著北魏一統北方，柔然政權在北魏的打擊下也日益衰落，對北魏已經無法造成致命的威脅，六鎮的軍事政

治地位開始變輕。

西元523年，塞北的柔然政權出現饑荒，柔然大汗阿那環率兵30萬南侵，在六鎮進行一場燒殺搶掠，將六鎮人的家財糧食一掠而空。北魏孝明帝年幼，年輕的胡太后聽政當家，對六鎮問題，只是簡單地發放一些賑恤糧款，西元523年4月，懷荒鎮軍民強搶官府糧倉，並殺掉懷荒鎮鎮將于景。懷荒鎮的事情引發骨牌效應。西元524年4月，沃野鎮轄區的高闕戍兵拔陵帶著手下的兄弟們起事，揮刀殺掉戍主，宣布起義。六鎮軍民紛紛跟進，北魏政府先後三度易帥，鎮壓起義軍，但是與義軍的交鋒卻一再失利。西元524年8月，六鎮東西兩部敕勒酋長皆歸附於義軍，義軍完全控制六鎮地區。後來北魏雖然成功地鎮壓這次六鎮起義，但是激烈的階級鬥爭卻使北魏政權搖搖欲墜。

西元528年，在北魏都城洛陽，靈太后為了長期控制政局，毒死自己親生兒子孝明帝元詡。之後，靈太后另立3歲的元釗為皇帝。駐紮在晉陽的柱國大將軍爾朱榮素有政治野心，他以為孝明帝報仇為藉口，率大軍南下，進軍洛陽，殺死靈太后，爾朱榮假裝邀請元子攸帶領朝中百官到河陰之陶渚（今孟津東）祭天。當2,000多名朝中官員陪同元子攸到達陶渚時，爾朱榮下令早已守候在此的士兵將文武百官2,000餘人全部殺害，北魏諸王中的元雍、元欽、元略、元劭等人也在這次殺戮中遇害，製造駭人聽聞的「河陰之變」。

河陰之變之後，爾朱榮掌握實權，後來因為在洛陽城中無惡不作，激起人們的憤恨。晉州刺史高歡於西元531年乘機攻占洛陽，並於西元533年進兵晉陽，消滅爾朱氏的勢力，控制朝政。

西元534年，高歡立元善見為皇帝，即孝靜帝，並遷都於鄴（今河北臨漳），就是歷史上的東魏政權。遷都的時候，高歡將洛陽城內40萬戶居民遷到鄴城，並且大拆洛陽宮殿，將所拆的建築材料運往鄴城，致使漢魏洛陽城300多年的錦繡帝都，逐漸化作一片廢墟。第二年，孝武帝與宇文泰有隙，

被宇文泰毒死，雍州刺史兼尚書令宇文泰立元寶炬為帝，建都長安，就是歷史上的西魏政權。

東魏、西魏都沒有維持多久，西元550年，高歡的兒子高洋廢掉東魏，自己當上皇帝，建立北齊政權。西元557年，宇文泰的兒子宇文覺廢掉西魏，建立北周政權，北魏正式滅亡。

盛唐氣象的歷史因緣

按照正史中的說法，唐王朝的皇室李氏家族出自隴西，唐朝開國皇帝李淵是隴西成紀人（今甘肅秦安）。李淵的七世祖李暠，就是五胡十六國時期割據河西的西涼政權創立者。在最講究門第的魏晉南北朝時代，北方四大名門世家為崔、盧、李、鄭，但其中的「李」姓指的是趙郡李氏，而不是隴西李氏。為了抬高自己的門第，在唐朝初年，皇室也曾經自稱出於趙郡李氏。有學者認為，李唐的先世要麼是趙郡李氏的「破落戶」，要麼是趙郡李氏的「假冒者」。但是根據《元和郡縣圖志》記載，趙郡李氏的顯著支派其活動範圍，不出原本常山郡，其微弱支派也有在鉅鹿居住，但是都與隴西沒有關係。

據說李暠是西漢名將李廣的十六世孫，可是世家大族重視的是文官而非武將，將家世追溯到抗擊匈奴一輩子也未能獲得封侯的李廣，不見得可以給李氏增加光彩。

來自於隴西的李氏並不是傳統的世家大族，即使在其奪取帝位以後，在老牌世家的眼中也還只是一個「暴發戶」，這些魏晉以來的名門望族甚至以與李唐皇室通婚為恥辱。為了彌補自家出身低的不足，唐太宗李世民即位之後，就命大臣高士廉、韋挺等人重新排定全國世家大族的等級，寫成《氏族志》一書。高士廉等人沒有明白李世民的用意，在書的初稿中，還是將山東世族黃門侍郎崔氏定為第一等。李世民看過後大為不滿，對高士廉等人說：「我現在要重新確定族姓等級，目的是要提高當朝官員的社會地位，為何還

要把崔氏列為第一？現在確定等級，不必考慮各家族幾代以前的門第，只以現在的官職高下作為劃定等級的依據。」高士廉等人雖對原書進行修改，將皇族隴西李氏列為第一，后族長孫氏列為第二，但還是不得不把崔氏列為第三。

但是這種事情需要社會至少是世家大族的普遍認同，並不是皇帝的一紙命令就可以改變的。李世民新刊定的《氏族志》，傳統的高門大族都不屑一顧，他們雖然嘴上不敢說，但是心中仍舊蔑視隴西李氏。

為了改變這種狀況，皇室不得不為自己尋找一個更富有號召力的祖先。於是，李氏將其始祖由李暠上溯到李廣，再上溯到先秦道家學派的始祖、後來被道教奉為太上老君的老子李耳，宣稱唐高祖李淵是李耳的五十六代孫，唐太宗李世民是李耳的五十七代孫。

在中國的姓氏發展史中，李姓的歷史並不十分古老，其出現不會早於周代。《姓解》即說：「周之前未見李氏。」傳說老子的母親懷胎長達81年，最後在李樹下割左腋而生老子。如果將在母腹中的時間記入其年齡，老子出生時就已經81歲，所以傳說老子生下來頭髮就是白的。傳說中沒有提到老子的父母是誰，只是說他「生而指李樹，故為李姓」。如此看來，在老子之前是沒有「李」這個姓的。

可是《史記》中卻明確記載，老子是楚國苦縣人，也就是今河南鹿邑縣人，他的後裔何時遷入隴西成紀卻又是一個說不清楚的問題。

改認祖宗，是一個漫長的過程。從李淵開始經過六代皇帝，直到唐玄宗天寶元年（西元742年）才正式完成這個過程。唐玄宗下詔改趙郡郡望為隴西郡望，並且宣布李暠的後裔都被視為李唐的宗室皇親。始祖李耳世居隴西，也就成為李唐皇室家譜的正統說法。目前已經發現的李唐宗室的墓誌，例如：淮安靖王李壽、擄王李鳳、越王李貞、汝南公主李字、長樂公主李麗質、永泰公主李仙蕙、爵德太子李重潤、潞王李賢、雲摩將軍李思訓，這些人的墓誌上都稱其是「隴西狄道人」，可見這種編造的家譜已經成為李唐宗

室對外的統一口徑。

不僅李唐皇室自稱隴西李氏，在整個唐代，凡是李姓，要顯示其門第的高貴，也都要假稱為隴西李氏，以便與皇室拉上關係，成為「皇親宗室」。這已經成為一種流行的社會時尚，以至有些來自天竺、大食、波斯的外國人的後裔，在被賜姓李氏之後，也都想辦法攀附隴西李氏。

按照李唐皇室的正統說法，西涼李暠總共有10個兒子，其中李歆（字士業）為西涼後主，也就是唐皇室的祖先。

照這樣看來，李沖與李熙是同一祖先的堂兄弟，血統十分接近。在北魏太和年間，李沖宗族十分顯貴，當時的世家沒有人可以與之相比，他們一系為隴西顯貴望族，但是他們並不承認李熙這一族是同族兄弟。由此看來，李唐皇室自稱是西涼李暠之後，雖然這個門第不夠輝煌，但很可能也是冒充的。

此外，有學者發現，李熙的父親李重耳的經歷，與史書中記載的李初古拔的經歷幾乎一模一樣，很可能李重耳就是李初古拔，也就是說，李唐王室可能是李初古拔的後裔，而不是西涼李暠的後裔。

自李熙之孫李虎開始，李唐皇室祖先的事蹟才開始清楚起來。李虎，字文彬，隴西成紀人，曾經是北周宇文泰手下的大將，後來被封為柱國大將軍、太尉、尚書左僕射、隴西郡公，並賜姓大野氏。至隋文帝楊堅在北周執政時，允許其復姓李。李虎生有八子，李昺為小兒子，就是李淵之父、李世民的祖父。可是，如果李唐皇室不是出自隴西李氏，他們究竟是出自何種民族？

根據釋彥琮《唐護法沙門法琳別傳》記載，唐代僧人法琳曾經當著李世民的面，對李家出自老子、屬於隴西李氏的說法加以駁斥：「琳聞拓拔達闍，唐言李氏，陛下之李，斯即其苗，非柱下隴西之流也。」法琳明確指出，唐皇室的李氏不是出自老子，也不是隴西李氏，而是拓拔達闍改漢姓的產物，李家是拓拔達闍的後裔。由此看來，李家祖上是鮮卑人，其鮮卑語的

姓氏為拓跋，與北魏皇室同姓。如果此說成立，我們倒可以將唐王朝看成鮮卑人建立的北魏王朝的復興。

我們在史書中還可以發現，李淵的祖父李虎有兄名「起頭」，有弟名「乞豆」，「起頭」之子名「達摩」，這些顯然都不是漢語名字。如果李氏始祖真的是李初古拔，這也不是漢語名字。這提醒我們，法琳的說法是有根據的，否則他也不會當著皇帝的面指斥皇族出自鮮卑人，畢竟這是要冒著被殺頭的風險。

如果真的如法琳所說，李氏出自鮮卑人，我們對中國古代的歷史就要有一個新的認識。北周不再是鮮卑人建立的最後一個王朝，此後鮮卑人不僅又建立自己的政權還統一全國，成為中國歷史上最鼎盛的時代。在中國的政治舞台上，自西元439年北魏統一黃河流域之後，至西元1911年清王朝滅亡以前，除了明王朝統治下的267年時間以外，主宰中國政壇的都是北方民族。

當然，說李唐皇室出自鮮卑人，目前還只是部分歷史學家的推測，遠不足以形成定論，這是一個需要繼續研究的問題。但說李唐皇室具有鮮卑人的血統，則是毋庸置疑的。

李世民的祖父李昺的妻子獨孤氏，是鮮卑名將獨孤信的女兒。獨孤信共有六子七女：長女嫁給北周明帝，生周宣帝；小女兒嫁給隋文帝楊堅，生隋煬帝楊廣；四女兒就是李昺的妻子，唐朝開國皇帝李淵的母親。因為他的女兒中出了三位皇后，而且是不同朝代的皇后，還各自都有兒子繼承皇位，所以獨孤信也被稱為「三朝國丈」、「中國第一岳父」。

李世民的外祖父竇毅也是鮮卑人，在北周為八大柱國之一。竇氏是其漢姓，其鮮卑語的姓氏為紇豆陵氏。李世民的外祖母是北周武帝的姐姐襄陽長公主宇文氏，而建立北周的宇文氏被認為出自東部鮮卑三部之一的宇文部，是鮮卑化的匈奴人。在北魏統治期間，他們已經被視為鮮卑人。李世民的母親竇氏與李淵的婚事，在某種意義上可以稱得上是比武招親。竇毅讓人在家門上畫了兩隻孔雀，誰能在百步外射兩箭，每箭射中一隻孔雀的眼睛，就招

誰做女婿。結果是，前來應試的幾十人中，只有李淵兩箭都射中。

唐朝開國皇帝李淵，其父系血統是否出自鮮卑人暫且不論，以其母系而言，他至少存在一半的鮮卑族血統。唐代最偉大的君主李世民，其祖父、祖母、外祖父、外祖母四位當中，除了祖父的族屬難以確定之外，其他三位都肯定是鮮卑人，李世民的身上至少有四分之三的鮮卑族血統。李世民的妻子長孫氏也是鮮卑人，可以肯定，在李唐的前三位皇帝中，鮮卑族的血統在逐漸增強。

李氏至少到李世民時代，還保有許多北方民族的風俗，李世民的弟弟李元吉，小字就叫「三胡」。李世民的太子李承乾，畢生最大的願望是到蒙古草原上過著游牧人的生活，不知是不是因為在他的身上至多也只有八分之一漢族血統的緣故。

留在故鄉的人們

在西元1世紀開始的鮮卑人遷徙大潮中，仍舊有一小部分人抱著對故鄉的極度熱愛而留下來，在他們的祖先生息的地方，他們仍舊按照祖先的方式生活著。在東部鮮卑的宇文部被慕容部擊潰之後，一部分宇文部眾向北流浪，與這些留在故鄉的人們相融合，充實大興安嶺南麓鮮卑人的勢力，也使這裡的鮮卑人在社會文化方面有明顯的發展。進入唐朝以後，當中原地區的鮮卑人逐漸漢化而融入漢族之中的時候，活動在大興安嶺南麓的兩支鮮卑人的後裔逐漸興起，這就是契丹人和庫莫奚人。

如同他們的祖先與烏桓人一起行動和一起興起並且融為一體那樣，契丹人與庫莫奚人也是幾乎同時興起。在契丹人征服庫莫奚人之後，兩族經常一起行動並相互通婚，結果再難分彼此。在契丹人建立遼王朝的過程中，庫莫奚人發揮著極其特殊的作用。

契丹人的建國過程是極其曲折的，自唐初他們就已經擁有相當的實力，並開始向國家社會演進，但是由於他們的居住地西拉木倫河和老哈河流域與

中原地區相鄰，興起中的契丹人不斷地遭遇來自中原的打壓，一次次被擊潰，又一次次重組。直到唐王朝滅亡，中原地區進入五代十國的割據混戰時代之後，失去來自中原的壓力束縛的契丹人才迅速建立自己的國家。

在契丹人與中原勢力苦苦抗爭，努力建構自己的國家時，在大興安嶺北麓，另一支鮮卑人的後裔卻在默默地發展，這就是室韋人。至唐代中後期，室韋人已經在鮮卑人的故鄉發展為一個相當大的族群，擁有數十個分支部落，其中一支被稱為蒙兀室韋的小部落開始逐漸離開大興安嶺的林海，向蒙古草原遷徙，這就是後來震驚世界的蒙古人的祖先。

自鮮卑人興起以後，大興安嶺幾度輝煌，又幾度沉寂，可是山區中的生活卻幾乎是一成不變的。

當山區的居民走出深山以後，他們不論是西進成為蒙古草原上的牧人，還是南下成為遼西的農民，隨著經濟類型的改變以及與中原先進文化的接觸，他們都會迅速地迸發出令人不可思議的活力，不僅會將自身的文化發展到一個全新的高度，而且會成為中原的統治民族，建立王朝，甚至統一全國。

可是，進入中原地區的北方民族從來不會返回大興安嶺這片故土，無論他們在中原遇到何種艱難困苦，他們似乎全然忘記他們的故鄉，而故鄉似乎也完全忘記他們。當一個從山林中走出的民族最後消失於中原大地之後，大興安嶺周圍的歷史也就再次恢復沉寂。這個曾經輝煌過的民族在故鄉幾乎沒有留下任何痕跡，深山的周圍依然故我，不變的漁獵採集經濟，不變的部落社會，以及不變的不關心山外事情，默默無聞地生活的人們。當另一個族群走出群山的時候，我們發現，一切又都會從頭開始。由部落社會開始，由漁獵採集經濟開始，他們一點點地發展出較高的文明，而後又是同樣的歸宿——消失在中原大地。

歷史不僅僅具有規律性，甚至具有週期性，但令歷史學家們困惑的是，山區歷史的這種週期性原因何在？為什麼這裡的歷史要一而再、再而三地

「從頭開始」？當人與山的穩定平衡被打破之後，人為什麼能改變山外的歷史，卻不能改變山區的歷史？山民的身上到底蘊藏何種因素，使他們可以在人數處於劣勢的情況下一次又一次地征服山外的人們？

　　鮮卑人早已離我們遠去，可是他們留下的各種歷史之謎卻令我們困惑，令我們驚歎，令我們忍不住去探究這一段早已塵封的往事。似乎鮮卑人與大興安嶺一樣，對於大多數人來說，並不遙遠，但卻完全陌生，而當你走進它的時候，你又會為之震驚！

　　逝去的是草原夕陽裡馬背上的身影，留下的卻是熱愛故鄉的人們！

通古斯古國：謎一樣的古國

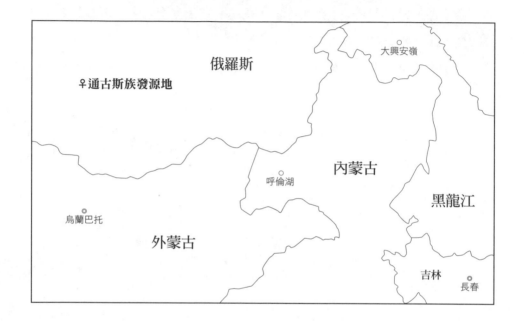

　　學術界普遍認為「通古斯」代表三種含義：通古斯民族、通古斯語系、通古斯地區。通古斯之名的起源與今天俄羅斯境內的通古斯河流域沒有關聯，通古斯也並非一個族群的名稱，20世紀初由西方學者命名為通古斯語族，後來與滿洲語族合併，並且稱為滿─通古斯語族。通古斯一詞的由來是雅庫特人對埃文基族（即鄂溫克族）的稱呼，後來為西方學者所用。時至今日，誰也說不清楚「通古斯」到底是一個什麼樣的民族、一個什麼樣的人類群體、一個涵蓋多大地方的區域。

　　相信很多人都聽過「通古斯」大爆炸，這又是什麼意思？「通古斯」這個奇怪的名字是因何而來的？「通古斯」這個國家又有怎樣的傳奇故事？

通古斯大爆炸

1908年6月30日，發生一次自從人類有記載以來最大的一次大爆炸。俄羅斯帝國西伯利亞森林的通古斯（Tunguska River）河畔，突然爆發出一聲巨響，巨大的蕈狀雲騰空而起，天空出現強烈的白光，氣溫瞬間灼熱烤人，爆炸中心區草木燒焦，七十公里外的人也被嚴重灼傷，還有人被巨大的聲響震聾耳朵。不僅附近的居民驚恐萬狀，而且還涉及其他國家。英國倫敦的許多電燈驟然熄滅，造成一片黑暗；歐洲許多國家的人們在夜空中看到白晝般的閃光；甚至遠在大洋彼岸的美國，人們也感覺到大地在抖動……

發生的時間是早上7：17分，位置在北緯北緯60度53分09秒、東經101度53分40秒，靠近通古斯河附近（今屬俄羅斯聯邦埃文基自治區），其破壞力後來估計相當於1,500萬至4,000萬噸TNT炸藥，並且讓超過2,150平方公里內的6,000萬棵樹倒下。

全世界的目光一下子被集中到通古斯河畔流域，在這個千萬年來一直默默無聞的地區，人們不禁要追究，到底發生什麼事情？數十年來，對於「通古斯大爆炸」原因一直是眾說紛紜。

有人認為這是隕石空中爆炸，推斷出這是一枚隕石在大概離地6～10公里的上空爆炸。隕石通常是從外太空進入地球，速度通常可達每秒10公里。其在通過大氣層時摩擦所產生的熱十分巨大，大部分的隕石在到達地面時就已經燃燒殆盡或爆炸。根據美國空軍國防支援計畫的資料顯示，「通古斯大爆炸」這種類型的爆炸非常罕見，大概300年才會發生一次。在科學界，這個觀點是比較被大家接受的說法。此外，還有許多人認為是核爆。據說，在通古斯爆炸時，在爆炸中心正下方的樹被脫去樹枝樹皮，而稍遠的樹則因為爆炸波而傾倒，這個現象也被在核武試爆中發現。20世紀60年代中期，蘇聯使用模型樹跟小型炸藥做實驗，尋找哪種爆炸方式可以產生像通古斯爆炸相似的蝴蝶形爆炸。實驗顯示，這個物體是以與地面夾角30度、與北方夾角約

115度接近地面，然後在空中爆炸。

除此之外，還有一些人認為通古斯大爆炸的原因還有隕石撞地和隕石爆炸氣化之說、彗星彗核爆炸之說、宇宙塵埃與地球相撞說、彗尾撞擊地球說、外星太空船發生核爆說、火星人飛船爆炸說、反物質隕石湮滅說、行星內核碎片撞地學說、易燃氣體爆炸及水分解說、宇宙間反物質彗星墜落說、外星飛碟解體說、流星引起地球電離層破壞說、反物質進入地球大氣引起爆炸的假說、碳球隕石撞地爆炸說、小行星墜落說、外星智慧文明利用宇宙鐳射探測地球生命說、外星雪人飛船入侵地球假說、白矮星的恆星超密度碎片隕落撞地假說、自然閃電引起甲烷氣體爆炸說、冰隕石墜落假說、銥含量極高行星撞地學說……這就使得通古斯大爆炸成為吸引無數科學家研究的20世紀最大不解之謎之一。

1973年，一些美國科學家對此提出新見解，他們認為爆炸是宇宙黑洞造成的。某個小型黑洞運行在冰島和紐芬蘭之間的太西洋上空時，引發這場爆炸。但是關於黑洞的性質和特點，人們所知甚少，「小型黑洞」是否存在還是疑問。因此，這種見解缺少足夠的證據。直到今天，通古斯大爆炸之謎仍未解開。

「通古斯」是什麼意思？

除了「通古斯大爆炸」撲朔迷離、令人不解之外，「通古斯」這個名詞也充滿許多神祕色彩。當然，如同「通古斯大爆炸」一樣，「通古斯」的含義現存在不同的解釋，較為認同的看法是指「蓄豬之民」和「東方的人」這兩種說法。

「通古斯大爆炸」因為發生在今天俄羅斯境內的通古斯河流域而得名，在地理學上，通古斯地區指亞洲東北部地區，範圍包括南起北緯40度，北至北極海，西至葉尼塞河，東迄太平洋地區。有人說「通古斯」是一個國家，但是歷史上從來沒有出現過一個以「通古斯」命名的政權，所以史學界不承

認曾經存在一個通古斯王國。

通古斯民族和滿語民族是一個古老的民族共同體，發源於古貝加爾湖附近，現在屬於這個語族的包括生活在中國境內的滿族（錫伯族）、鄂倫春族、赫哲族、鄂溫克族，以及生活在俄羅斯境內的奧羅奇人、烏底蓋人、烏爾奇人、雅庫特人、那乃人，人口大概在1,000萬，其中的主幹為現在居住在中國境內的滿族，有900多萬人。

數萬年以前，滿—通古斯語族的祖先居住生活在貝加爾湖南部的草原地區。在漫長的歷史演化過程中，他們在水草豐沃的貝加爾湖地區完成從舊石器時代到新石器時代的過渡。在新石器時代末期，滿—通古斯語族中的一部分人離開原生活地，來到東部黑龍江上中游和牡丹江、烏蘇里江流域，後來發展成為女真族和滿族。沒有遷徙的滿—通古斯語族則在當地繼續生活，後來被以突厥語族的外來民族逐漸融合。

源於同一祖先族群的滿—通古斯語族人在分支之後，在不同的環境中逐漸演變成南北兩支，即北通古斯族群和南通古斯族群。滿族（錫伯族）人是南通古斯人，赫哲人的體質特徵介於南北通古斯人之間，之外的通古斯人皆屬於北通古斯人。南北通古斯人雖然出自同一原始族群，但是在外表上還是有一定區別的，南通古斯人的外表具有長面、直鼻、眼距較近、眼瞼較小和上眼瞼無褶皺或不明顯褶皺的面部結構，比較接近蒙古族人等特點，北通古斯人具有臉形較寬、皮膚的顏色發藍等特徵。但是，南北通古斯人畢竟都屬於一個原始的族群，並且一直都存在通婚現象，所以各方的特徵都是相對的。

通古斯國到底有何特殊之處？

雖然史學家已經證明歷史上並不存在「通古斯國家」，但是通古斯人建立的國家還真是不少，有些甚至是赫赫有名。

早在有文字記載以前，通古斯人建立的國家就活躍在歷史舞台上，在不

同的歷史時期，留下不同的記錄。中國商周時期，通古斯人建立肅慎國家；春秋戰國時期，通古斯人建立挹婁國家；南北朝時期，通古斯人建立勿吉；隋唐時代，通古斯人建立靺鞨、渤海；從宋代開始，通古斯族演化出的一支女真開始入住中原，一直到滿族時期，清朝成為中國最後一個大一統王朝。

可以看出，歷史上通古斯人建立的國家和中國中原地區的政權存在同樣的延續關係，它們甚至比中原政權更有一脈相承的血緣繼承關係，由同一個古老民族演化出來的旁支血緣民族陸續建立國家。按照嚴格的政治上的國家定義，通古斯建立的第一個部落國家是渤海國。這是一個和唐代並存的地方民族政權，始建於西元698年，初稱「震國」，由北方的游牧民族靺鞨族建立。唐帝國時期，對周邊的民族政權奉行羈縻政策（中央王朝籠絡少數民族使之不生異心而實行的一種地方統治政策），西元705年，渤海國歸附於唐王朝。

十五年後，唐帝國正式為渤海國冊封，時人又謂之為北詔國，與唐帝國南面的南詔國相呼應。

渤海國的疆域，初限於靺鞨故地，至第十代宣王大仁秀時期，大致上在今東北大部、朝鮮半島北部及俄國沿日本海的部分地區等廣大地域。渤海國全盛時期，其疆域北至黑龍江中下游兩岸，韃靼海峽沿岸及庫頁島，東至日本海，西到吉林與內蒙古交界的白城、大安附近，南至朝鮮之咸興附近。

全國設有五京十五府，六十二州，一百三十餘縣，是當時東北地區幅員遼闊的強國。渤海居民以靺鞨人最多，還有漢人以及少量的突厥、契丹、室韋人，靺鞨中又以粟末靺鞨為主。

受到當時強大的唐帝國影響，渤海國全面效法唐朝的文明，依靠渤海人的聰明智慧和勤勞勇敢，繁育發達的民族經濟和燦爛的渤海文化，促進東北邊陲的進一步開發，豐富中華的歷史含量，創造「海東盛國」的輝煌。

渤海國共傳國15世，歷時229年。在中原文明的強有力影響下，渤海政權迅速完成封建化的過程，各項制度仿效唐朝，社會經濟有顯著的發展和進

步，農業已經成為最主要的生產部門，各項手工業的生產也達到較高的水準，湧現出一批新興城市，其中上京城形制模仿長安，在當時已經超過隆州府，成為東北最大的城市。渤海國的交通相當發達，與內地的「就市交易」及互市歲歲不絕，與日本的海上貿易也相當活躍。此外，文化教育也有很大發展，渤海國不斷派遣學生到長安太學「習識古今制度」，使用漢字，在五京周圍等發達區域，以中原教育為模式，自上而下地建立較為系統的教育體制。儒學、宗教、文學、音樂、歌舞、繪畫、雕塑以及科學技術，都取得一定的成就，湧現出一批著名的學者、文學家、藝術家、航海家。西元926年，契丹國興起後，渤海國被契丹所滅。

通古斯建立的另一個著名國家是金國。金國始建於西元1115年，是中國歷史上以女真為主體建立的王朝。女真族的祖先很早就生活在長白山和黑龍江流域。五代時期，女真之名始見於史籍，並受契丹所統治。女真完顏部為首的部落聯盟建立後，很快統一女真各部。此後，女真族的發展進入一個新的時期。

西元1114年9月，女真族領袖完顏阿骨打率部誓師於淶流河（今黑龍江與吉林省間拉林河）畔，向遼朝的契丹統治者宣戰。他在取得寧江大捷和出河店之戰勝利後，於西元1115年稱帝建國，國號大金。

金朝建國後，在護步達岡會戰中大敗遼軍，隨後展開以遼五京為戰略目標的滅遼之戰。攻取「五京」的前後步驟是：東京（今遼寧遼陽）、上京（今內蒙古巴林左旗南）、中京（今內蒙古寧城西大名城）、西京（今山西大同）、南京（今北京）。五京一被攻下，遼朝隨即滅亡。

金國先建都會寧府（今黑龍江阿城南白城鎮），後遷都燕京（今北京），再遷都至汴京（今河南開封）。金滅遼後，與北宋遂成敵國。金太宗完顏晟即位後，挾滅遼之威，很快席捲而南，於西元1127年滅亡北宋。以後金與南宋多次交兵，南攻與北伐，均無力改變南北對峙的局面。西元1234年，蒙古興起後，金國被蒙古滅亡。

有一個被世人忽略的事實，就是建立中國歷史上最後一個王朝的滿族，其實是通古斯人的後裔。也就是說，清朝是由「女真人」建立，是中國歷史上第二個也是最後一個由少數民族建立的政權，統治者為出身建州女真的愛新覺羅氏。

　　清朝初期，利用剃髮易服來抑制廣大漢族人民，尤其是上層人士的民族精神以保持滿族的統治地位。清統治者對內採取民族分治的民族政策，在文化上製造文字獄，壓制漢族的進步思想；對外實行海禁，閉關鎖國，拒絕外國的先進思想和技術。這些政策維護清朝的疆域擴張和社會穩定，但卻導致其統治時期內此起彼伏的民族問題和清朝末期的極度貧弱。清朝後期，它成為西方殖民國家侵略擴張的新對象。以英國為首的西方國家，先後發動多次侵華戰爭，清政府被迫與之簽訂許多不平等條約。為維護其統治，晚清政府推行「師夷長技以制夷」的「洋務運動」，奠定近代中國民族工業的基礎。西元1898年，光緒帝開始「戊戌變法」，但是受到保守勢力的阻撓，變法失敗。宣統三年（西元1911年）辛亥革命爆發後，各省紛紛宣布獨立。西元1912年，溥儀退位，清朝結束。隨著清朝的滅亡，通古斯這個古老民族的歷史也就結束了。

　　從遙遠的貝加爾湖地區一度入住中國，從西元前2000多年就開始建立國家，並且一直持續到近代，神奇的通古斯人在人類歷史上，上演一段段不朽的傳說。

第四篇

南蠻古國全知道：荒茫之地誕生的文明

九黎大聯盟，聯盟出三皇；
東夷穿梭夏商周，融為華夏族。
良渚玉放光，閩越何處藏？
南越王墓多豪華，故地見端詳。

九黎古國：生存在傳說中的古國

九黎分布於長江流域，約為今日之四川、湖南、湖北、江西各省

　　九黎，中國上古傳說中的一個族群，又稱「黎」。最早提及九黎的現存文獻是《國語》：「九黎亂德，民神雜糅，不可方物。」九黎在遠古時代居住在長江流域，也有人認為上古之時，長江和漢水之地皆是黎境。九黎有九個部落，每個部落有九個氏族，以蚩尤為首，總共八十一個兄弟，都是酋長，蚩尤是大酋長。他們信奉巫教，雜拜鬼神，並且編有刑法。後來，炎帝與黃帝結盟，與蚩尤在涿鹿（今河北涿鹿、懷來一帶）大戰，蚩尤以失敗告終。

九黎部落大聯盟

「九黎」，又稱「黎」，最早見於《國語》，是在中國古史傳說時代，活動在中華大地上的最早部落聯盟集團之一，也有史書稱為「九夷」。

在古沁州有一座綿延不絕的深山，叫九黎山，現在叫九連山。遠古時候，沁州還沒有人類的蹤跡時，南方強大的九黎族進入中原地區。他們大概是沁州的第一批居民。傳說這些九黎族人都是人面獸身、銅頭鐵額，能吃沙石。

經學者研究，九黎人信奉鳥、獸，把它們當作祖先，因而信仰和崇拜鳥、獸圖騰，良渚文化中玉器上的神祕圖案的下部分似乎也像鳥、獸，是良渚人崇拜的一種圖騰。九黎族之中，掌握文化的人稱為「巫」，能用銅製造兵器，有刑罰。這些文化對於後來的華夏族有深遠的影響。

九黎的勢力很大，是南蠻中最早進入中原地區的一支。據說，早在6,000多年以前，原本屬於東夷集團中的九個部落畎夷、於夷、方夷、黃夷、白夷、赤夷、玄夷、風夷、陽夷北渡黃河，挺進中原，形成最初的「九黎」集團。上古傳說三皇五帝中的天皇伏羲、地皇女媧、人皇神農，皆出自東夷九黎。九黎部落聯盟首領蚩尤，是一個非常有作戰經驗、勇猛無比的人。《史記》記載：蚩尤姜姓，炎帝之後；酉字對應於雞，易經中為巽，主號令群雄之意，故蚩尤古又記為蚩酉。

九黎人在蚩尤的帶領下過著原始人的狩獵生活，居住並發展於黃河中下游一帶，後來因為英勇善戰，逐漸發展成為東方一支龐大的勢力。經史學家考證，約在上古之時江漢一帶皆為黎境，足見九黎勢力之大。隨著勢力不斷壯大，九黎開始由南向北發展。與此同時，華夏族的黃帝和炎帝兩部落由西向東進取。兩股勢力相遇於中原，他們彼此為了爭奪「天子之位」，發生數十次戰爭。後來，炎帝與黃帝（軒轅氏）組成部落聯盟與蚩尤在涿鹿大戰，最終以九黎的失敗而告終。

九黎殘部經過長期奮鬥，一部分留在北方，建立黎國，後來滅於周朝（西伯勘黎）；一部分參加黃炎部落聯盟，逐漸融合於華夏族。這也是漢語中「黎民」一詞的來歷，「黎民」最早是指淪為華夏民族奴隸的九黎之民，後來因為這些黎民大部分融入華夏民族，所以黎民一詞開始泛指平民百姓，然而多是指生活在中層社會以下的貧苦人民。還有一部分九黎部落退回到南方的江漢流域，建立三苗部落聯盟。有人認為，戰國時的荊楚與今天的苗族，就是九黎和三苗的後裔。

雖然九黎部族最終滅亡，但是九黎文化對於後來的華夏文化有深遠的影響，主要表現在以下幾方面：

1.九黎人把掌握文化的人稱為「巫」，應該是最原始的宗教自由意識。

2.九黎人是中國最早進入農業時代的民族，對歷史的發展有重要的推動意義。

3.九黎人已經開始用銅製造兵器，在當時是最先進的武器，不能不說是一大進步。

4.九黎人創制刑法，是蠻荒時代少見的一個有初步法制意識的社會。

涿鹿之戰的神話

相傳「蚩尤兄弟八十一人，並獸身人面，銅頭鐵額，食沙石子，造立兵杖、刀、戟、大弩，威震天下」、「蚩尤作冶」、「以金作兵」，可見蚩尤是九個親屬部落結成的部落聯盟首領，他們勇武善戰，武器裝備也比較先進，這些傳說反映真實歷史的影子，今已從考古中得到證明。

當九黎部落逐漸強大並進入中原之時，居住在黃河和長江流域的炎帝族也自西方進入中部地區。當時，蚩尤的地位大致與華夏族首領炎、黃二帝相同。那個時候，蚩尤經常帶領他強大的部落，侵略騷擾其他部族。

傳說，在戰鬥中蚩尤的八十一個兄弟全部上陣。他們個個威猛無比，擅長製造刀、弓弩等各種各樣的兵器。在交戰初期，他們利用黃帝對地形和氣

候的不瞭解和不習慣，再加上自己良好的武器和勇猛的士兵，多次獲勝，因而留下「銅頭鐵額」、「威震天下」的英名。

有一次，蚩尤侵占炎帝的地方，炎帝起兵抵抗，從此兩個部落間的衝突不斷。但炎帝並不是蚩尤的對手，經常被蚩尤打得慘敗。後來，炎帝族聯合黃帝族及其他各部落首領與九黎族在涿鹿的田野上展開原始社會末期規模空前的部落大戰——涿鹿之戰。

涿鹿之戰的戰場在何處，至今仍然未有定論。《逸周書》中所謂的「中冀」，或為冀州中部，大概約在靠近今冀魯豫三省接界地帶的河北省境內。

涿鹿之戰不同於阪泉之戰，它是在兩個部族集團之間進行的，因而打得非常激烈，留下很多神話傳說。據傳，黃帝與蚩尤九戰九不勝，蚩尤作大霧瀰漫三天三夜，黃帝之臣風后在北斗星座的啟示下，發明指南車才衝出大霧。還傳說黃帝在困境中得到玄女的幫助，製作80面夔皮鼓，夔是東海中的神獸，「狀如牛，蒼身而無角」，「入水則必風雨，其光如日月，其聲如雷」，黃帝用其皮蒙鼓，用其骨做鼓槌，「聲聞五百里，以威天下」。黃帝與蚩尤的戰爭延續不少時日，最後的決戰於冀州之野進行。《山海經・大荒北經》中記述一個傳說：「有人衣青衣，名曰黃帝女魃。蚩尤作兵伐黃帝，黃帝乃令應龍攻之冀州之野。應龍蓄水，蚩尤請風伯雨師，縱大風雨。黃帝乃下天女曰魃，雨止，遂殺蚩尤。魃不得復上，所居不雨。」

反映戰鬥過程中，雙方先由巫師作法，希望借助自然力征服對方，黃帝呼喚有翼的應龍蓄水，以便淹沒蚩尤的軍隊，蚩尤也請風伯和雨師相助，一時風雨大作，黃帝的軍隊再次陷入困境。危急中，黃帝只得請下天女旱魃阻止風雨，天氣突然晴霽，蚩尤的軍隊驚詫萬分，黃帝乘機指揮大軍掩殺過去，取得最後的勝利。黃帝的勝利得來不易，而勝利以後，又遇到很多新的困難，不僅旱神女魃制止大風雨後神力大減，「不得復上」，應龍參戰以後，也「不得復上」，天上「無復作雨者」，使地上連續大旱數年。

近代環境考古告訴我們，距今5,000～4,000年是自然環境又一次變化時

期，不斷升高的氣溫，持續不斷的冰川融化與降雨均驟然停止。距今5,000年前後，從遼東半島到長江三角洲都留下海退的遺跡。距今4700年開始，又發生小的波動。涿鹿之戰中，那些被巫術呼喚來的暴風雨及其後的乾旱，正與氣候由平穩到發生波動的情況相合，可見這些神話不是全無根據的，確實濃縮對過去的回憶。

炎帝和黃帝則被人們尊為英雄，他們帶領百姓開墾農田，定居中原，奠定華夏民族的根基。現在我們都自稱為「炎黃子孫」，「炎」「黃」正是由此而來。

與三苗的恩怨

涿鹿大戰中，九黎戰敗，勢力大大敗落。

正如我們之前提到的，戰敗後的九黎化作幾支力量分散遷移，其中向南逃亡的蚩尤氏族分作兩支：一支自兗州、豫州南下，進入荊州地區。另一支則自兗州地區南下，在揚州地區定居，與南方太湖地區的居民隔江而居，成為揚州苗民。也許九黎人就是今天苗族的祖先，而且史書有記載說「三苗」，又稱為「有苗」或「苗民」。可見，九黎、三苗、苗族之間確實有一脈相承的關係。關於這段歷史，在《五帝本紀》可以找到一些記錄：「苗民，謂九黎之君也。九黎之君，於少昊氏衰而棄善道，上效蚩尤重刑。必變九黎，言苗民者：有苗，九黎之後，顓頊代少昊誅九黎，分流其子孫為三苗國。」

但是，到了堯、舜、禹時期，強大的「三苗」成為禹的心腹之患，禹對三苗進行大規模的征討，最終殲滅三苗。這段傳說也是有史可考的，據《韓詩外傳》卷三記載：「當舜之時，有苗不服，其不服者，衡山在南，岷江在北，左洞庭之波，右彭蠡之水。」可見經過堯、舜、禹的多次征伐，才一步步把三苗趕到西南蠻荒之地。

三苗兵敗後，有些被遷至三危，有些南逃雲貴湘黔成為今三苗，其西北

部的一部分則發展為荊蠻，建立楚國。後來楚國的大部分人，都融入華夏族群之中。

由此可見，華夏民族就是以炎黃聯盟為核心，先後融入「九黎」、「東夷」、「北狄」、「鮮卑」等眾多生活在華夏大地上的少數民族群體。

但是直到現在，研究者對三苗的來歷還是爭議很大，有些認為屬於華夏集團，有些認為屬於苗蠻集團，有些認為應該歸屬東夷集團。或許三苗的來歷誰也不能說得明白，但是既然承認黃帝和炎帝是我們的祖先，當然也應該承認蚩尤同樣是我們的祖先。

東夷古國：古老的東方帝國

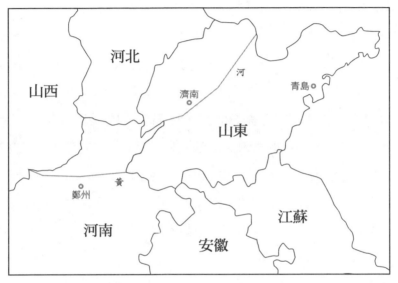

東夷分布於黃河流域下游，約為今日之山東、江蘇、安徽、河南各省

　　東夷是華夏人對東方民族的泛稱，非特定的一個民族。夷有諸夷、四夷、東夷、西夷、南夷、九夷等稱。隨著東夷與華夏的融合，漢朝之後，東夷後來變成對日本等東方國家的泛稱。夷字有多重含義，其主要意思是「平」。東漢許慎的《說文解字》記載：「夷，平也，從大從弓。」據說，東夷人最早發明弓箭，擅長射箭，因此有「東夷」為東邊的弓箭手的說法。但是商周時期在甲骨文和金文中，夷實際是屍或是人字，與弓無關，因此以夷字「從大從弓」認定夷字為弓箭手之說，可能是漢人牽強附會而來。

東夷的發展歷程

關於東夷的情況，《後漢書‧東夷傳》中有這樣的記載：「東方曰夷……東夷率皆土著……其人粗大強勇而謹厚……」從書中的描述看，我們大概可以猜出東夷人的性情特點。該書中還說：「夷有九種，曰畎夷、於夷、方夷、黃夷、白夷、赤夷、玄夷、風夷、陽夷。」

東夷，又稱人方、夷方，是先秦時代生活在黃、汜、淮水流域的各部族總稱，並非單指某一族群。後來，在中國中心主義的天下觀中，東夷又和北狄、西戎、南蠻並稱四夷，東夷成為華夏民族對東方民族的稱呼。

「東夷」這個稱謂，實際上是到了西周時期才出現的。在整個西周時期，東方諸夷都是周王朝的勁敵。文獻記載周對東方的戰爭，不同時期出現東夷、淮夷、南淮夷、南夷等不同的稱謂。這些稱謂，實際上反映周王朝不同時期對東方勁敵用不同的地理方位概括。西周前後兩三個世紀觀念上的變化，造成現在研究工作辨析的困難。學術界對西周時期東夷、淮夷、南淮夷到底指哪些地區的部落與方國，有不同的看法。

在原始社會的洪荒年代，東夷人與所有人一樣依賴自然而生存。對於無法解釋的自然現象，東夷人將之敬如神靈。太陽可以給人光明與溫暖，恆久綿長，原始人首先對太陽產生莊嚴的崇拜敬畏。同時，由於太陽從東邊升起，東方就被原始人視為神明之地，具有無盡的威嚴與神祕。部落眾多的東夷正是在這種對自然全心的敬畏與順從中發展自己的民族文化，他們多以鳥、鳳、龍、蛇為圖騰，少數以蜘蛛等為圖騰。

傳說，東夷族的首領太昊和少昊都被尊為「太陽神」，他們的名字「昊」就是天頂著紅日，其中可見東夷人對於自然的全心敬仰與對自然所擁有的無限權威的順服。泰山位於最早看到日出的東方，並且其高不可測，於是東夷人由太陽崇拜和東方崇拜，逐步演化為泰山崇拜，我們從中看出順理成章的民族崇拜遷移，對研究東夷具有很大的現實意義。

東夷人自給自足，人丁也十分興旺，大致分為太昊伏羲氏—女媧部落（風姓）和少昊金天氏部落，以及後期的黃帝部落、炎帝部落（姜姓）、蚩尤部落（姜姓）、后羿部落、夸父部落、有虞氏部落（姚姓），還有一些嬴姓部落。隨著剩餘勞動產品的出現，東夷人很早就進入階級社會，並且出現類似於古代社會的「國家」。

從嚴格意義上說，東夷文明是古代中國早期黃河下游地區文明的主要代表，在文化方面，東夷族創制原始的曆法和最古老的文字；在科技方面，東夷族發明煉銅技術，學會使用弓箭等工具，燒造出薄如紙、黑如漆、音如鏡的蛋殼陶。

這是與神話密切相關的年代，由於當時沒有嚴格的歷史記錄，人們將自己身邊的重大事件透過神話演繹進行口耳相傳。越來越多的考古發現，將我們原本熟知的神話時代逐步演變成歷史故事。當時，東方的部落文明大多比較溫順，民風淳樸善良，人們會自覺地遵守傳統的禮儀習俗，崇尚自然有序，萬物各得其所。所以又號稱「君子之國」、「不死之國」。這些都顯示東夷是一個休養生息、蒸蒸日上的民族。當然，東夷文明也誕生出許多史詩英雄，經年累月地逐漸演變為膾炙人口的神話傳說，例如：射去九日的后羿，就被認為是東夷領袖。

除了后羿之外，東夷的著名領袖還有以下幾人：蚩尤（姜姓），英勇善戰，威震天下，戰功顯赫。蚩尤還命人用銅製作大量的刀、戟、大弩等兵器，大大增強兵器的殺傷力，此舉在古代戰爭史上有劃時代的意義。在蚩尤統治時期，冶銅技術得到飛速發展，銅製工具如雨後春筍般大量湧現。蚩尤後來與黃帝的交戰，遭到慘敗。蚩尤死後葬在東平，後來逐漸被族人神化為齊地八神之一的「兵主武神」。

少昊，名摯，又名金天氏（嬴姓），因修太昊之法，故稱少昊。少昊氏有華夏族龍的崇拜，以鳳鳥等各種鳥類為圖騰。在少昊為領袖時期，少昊氏的居住中心在曲阜，其族人的足跡遍及山東各地。在少昊的領導下，其組織

非常嚴密，社會分工井然有序，社會化程度已經達到非常高的水準。少昊原本是華夏族派駐東夷的殖民代表，後來被東夷化並逐漸變成東夷的代表。

虞舜（姚姓），生於姚墟，今山東省諸城市。據傳，舜的品德高尚，深得族人的愛戴，成為部落首領後，舜親率東夷人大力發展農業、畜牧業、漁業和製陶業，為部落發展奠定殷實的基礎。因為舜對部落的治理有方，使得東夷族人口激增，社會發展較快，在各個方面都出現繁榮的景象：出現城邑，創造早期的城市文明；完善原始的天文曆法；創造以《大韶》為代表的音樂文化。

可以說，華夏文明的開拓與東夷先民和其他地區的文明相融合是密不可分的，這些早期質樸的文明正是後來輝煌永恆的華夏文明的雛形。在這些東夷部落中，黃帝部落和炎帝部落後期陸續西遷，進入山東西部、河南東部、古代黃河南部、淮河北部的中原地區，開創中原文明時代；屬於東夷集團麾下的九黎大部落聯盟，其興旺時期勢力也占據半個中國，主要分布在太湖流域。

後來，東夷的舜部落繼承華夏的堯部落對聯盟的領導，然後華夏的禹部落又奪回領導權。在大禹治水之後，禹部落愈加興盛。但是人性中的私心，使得禹終究沒有把天下之位傳給他的夥伴和搭檔——東夷族長皋陶，而是傳給他的兒子啟，由其建立中國第一個世襲王朝「夏」，是為中國歷史「家天下」的「第一腳印」。夏的統治並未得到天下人心的順服，這個時期，東夷部落間的鬥爭不斷，伯益和后羿等部落陸續開始攻擊夏帝國。

正是在這個基礎上，歷史上出演一幕東夷與夏、商、周之間錯綜複雜的關係延伸。

穿梭於夏商王朝

夏是最早建立國家的一支部落，在夏朝的400餘年中，曾經與東夷進行長達半個世紀的戰爭。

夏啟死後，其子太康即位。太康昏庸，不問政事，整天沉迷於打獵玩樂。傳說有一次，太康帶著隨從到洛水南岸去打獵，竟然百天未歸，被黃河下游東夷族部落的首領后羿逮到機會。野心勃勃的后羿早就覬覦夏王的權力，就趁機帶兵守住洛水北岸，截住太康的歸路，太康從此在洛水南面過著流亡生活。奪權後的后羿並沒有自立為王，因為害怕自己不能服眾，所以另立太康的兄弟仲康成為傀儡皇帝，自己則手握實權。在仲康死後，后羿就利用自己手中的權力，排擠仲康的兒子相，使相流浪在外，自己奪走夏朝的王位。

登上王位的后羿並沒有吸取太康的教訓，被榮耀沖昏頭的后羿重蹈太康的覆轍，驕奢淫逸，不理朝政，把國家大事全部交給自己的親信寒浞。但是寒浞也是心懷鬼胎之人，他背著后羿收買人心，並派人刺殺后羿。風光一時的后羿就這樣結束自己的生命，殘忍無道的寒浞還將后羿的肉體做成一道菜，讓后羿的兒子吃，其子不從，遂殺之。奪走帝位的寒浞，立即下令追殺流浪在外的相，以絕後患。相雖然被寒浞殺害，但是他留下一個兒子，名叫少康。少康從小就知道自己的身世，立志要為父報仇，在艱難的環境中長大的少康練就一身本領。成年後的少康在有虞氏那裡招兵買馬，開始組建自己的勢力，終於在忠於夏朝的大臣和部落的幫助下，反攻寒浞，奪回王位。

從太康到少康，夏朝歷經約百年的混戰才恢復過來，歷史上稱作「少康中興」。在短暫的繁榮背後，東夷族和夏朝之間的鬥爭還在繼續。少康的兒子帝抒在位時期，東夷許多出名的射手成為夏朝最大的威脅，他們的弓箭很厲害，幾乎箭無虛發，百發百中。帝抒就發明一種可以避箭的護身衣，叫做「甲」，東夷族的優勢再也顯示不出威力，難以與夏相抗衡，夏的勢力又向東發展。

到了夏朝晚期，夏與九夷等東夷各族的關係才有所改善。帝發元年，出現「諸夷賓於王門，諸夷人舞」的局面，一番天下太平的喜人景象。然而，歷史起伏的煙塵又是誰人可以預料？夏朝風調雨順的好景不長，出現一個亡

國之暴君，就是夏桀。

夏桀是夏朝第十七代帝王，在位五十餘年。根據傳說，桀體格健壯，力大無比，英勇無敵，可以把堅硬的獸角一手折斷，可以赤手空拳將猛獸置於死地，甚至還獨自一人深入潭中斬殺水怪，各種神奇的事蹟道出夏桀的魁梧雄風，如此英勇無比的君王如果是明君，一定可以讓百姓安居樂業，但是他卻是腐朽殘暴的昏君。《竹書紀年》記載，他「築傾宮、飾瑤台、作瓊室、立玉門」，還從各地搜尋美女，藏於後宮。他寵愛妃子妹喜，日夜與妹喜及宮女飲酒作樂，據說酒池修造得很大，可以航船。他的奢侈荒淫造成整個統治階層的腐朽糜爛，而百姓則是這一切的最終受害者，百姓生活苦不堪言，民怨沸騰。

夏桀認為他的統治永遠不會滅亡。他說：「天上有太陽，正如我有百姓一樣，太陽會滅亡嗎？太陽滅亡，我才會滅亡。」他還召集所屬各部首領開會，準備發動討伐其他部落的戰爭。夏桀日益失去人心，弄得眾叛親離。這個時候，商部落在其首領湯的領導下日益強大起來。商湯是一位了不起的國王，他實行仁政，勵精圖治，使商國人口日益增多，糧食充足，國勢強大。夏桀擔心商湯會危及自己，就藉故把他囚禁在夏台（夏台又稱鈞台，在今河南禹縣境內）。不久，商湯設計使夏桀釋放自己。

商湯看到夏王朝的腐敗統治，堅定他推翻夏桀取而代之的決心，因此加快滅夏的步伐。不久，商湯在名相伊尹的謀劃下，起兵伐桀。湯首先攻滅夏的屬國韋國和顧國，擊敗昆吾國，然後向夏都進攻，夏桀再也顧不得飲酒作樂，慌忙調集軍隊迎戰，雙方軍隊會戰於鳴條（今山西省安邑縣西）。兩軍交戰，夏軍將士原來就不願為桀賣命，乘機紛紛逃散。夏桀制止不住，只得倉皇逃入城內。夏桀慘敗逃走，商軍在後緊追，夏桀帶著妹喜和珍寶，渡江逃到南巢，後來又被湯追上俘獲，放逐在此。

至此，長達近500年的夏王朝在民心喪失中分崩離析。鳴條之戰以後，夏朝殘部流落到東夷地區，有一部分夏人逐漸融合於東夷和百越。其實，商

族人也是從東夷中分化出來，後來加入華夏雛形形成部落。他們從燕山地區南下，興起於河濟之間，最終取代夏朝，成為最後一個東夷部落建立的王朝——商王朝。雖然與夏人一樣，均是東西兩大系部落融合的複合型共同體，但是商人與東夷的同源關係，其間錯綜複雜的關係網絡，對以後商朝與東夷之間關係的影響極為深刻，極大程度上左右商朝發展的方向。

建立政權後的商湯並沒有起義的時候說得那樣愛好和平，在對待東夷百姓方面也讓東夷人失望，其後果必然是商朝將重蹈夏朝的覆轍，為百姓所不容，東夷與商朝最終兵戎相見。透過有記錄的歷史，我們得見商對東夷的征伐時間延續較長，規模也較大，遠涉淮河流域，都說明這是一場長期而艱苦的戰爭，後人依然可以從這些簡單記載歷史的文字背後看到當時的烽火硝煙……我們來釐清一下這些歷史的脈絡。

商末，江淮之間的夷人又逐漸強盛。武乙時期，則有威脅商朝後方之勢。帝乙時期，商與東夷部落又進行多次戰爭，但是商最終未能解除後患。

商朝的最後一個皇帝帝辛，就是後世說的商紂王，最終打敗東夷。文獻記載：「帝乙死，應立長子啟，因啟母賤不能立，而立少子辛為帝。帝辛自幼聰敏過人。」《荀子‧非相篇》說帝辛：「長巨姣美，天下之傑也；筋力越勁，百人之敵也。」《史記‧殷本記》也說：「帝紂資辨捷疾，聞見甚敏，材力過人，手格猛獸。」

帝辛繼位後，重視農桑，社會生產力發展，國力強盛。在位期間，他繼續對東夷用兵，打退東夷向中原的擴張，把商朝的勢力擴展到江淮一帶。特別是討伐徐夷的勝利，把商朝的國土擴大到山東、安徽、江蘇、浙江、福建沿海。帝辛對東南夷的用兵，保衛商朝的安全。帝辛統一東南以後，把中原先進的生產技術和文化向東南傳播，推動社會進步和經濟發展，促進民族融合。

東夷與齊魯兩國的戰爭

但是帝辛在位後期，居功自傲，耗鉅資建鹿台，造酒池，懸肉為林，修建豪華的宮殿園林，過著窮奢極欲的生活，使國庫空虛。他剛愎自用，聽不進正確的意見，在上層形成反對派，使用炮烙等酷刑，鎮壓人民，殺比干，囚箕子，年年征戰，失去人心。他在討伐東夷之時，沒有注意對西方族的防範，連年用兵，國力衰竭，對俘獲的大批俘虜又無法消化，為國家造成負擔。

越來越不得人心的紂王，最終被周武王聯合八百諸侯及西土各族打敗。西周用武力占領並洗劫中原的人口和財富，封紂王之子武庚為侯，又以周武王之弟管、蔡、霍三叔為「三監」，各據商中心地區的一部以監視武庚。

照理說，周武王根本不必擔心武庚可以掀起多大的風浪，作為一個戰敗國的後裔，武庚根本沒有與西周集團相對抗的能力。周武王行事的背後根源，來自於他真正擔心的是同樣虎視眈眈的東夷。這個強大的部落隨時都可能聯合武庚，起來反抗西周。所以周武王回到鎬京，「自夜不寐」，非常憂慮，因為商遺裔和東夷的勢力仍然很強大。周武王的擔心並非多餘，很快就變成事實，東夷果然與商遺裔聯合起來反對西周。

武王去世後，其弟周公輔佐其子周成王，引得「三監」心懷不滿。國家內部的衝突，經常會擴大而演變為國家的滅頂之災，武庚乘機與東夷之大國奄、薄姑等聯合起兵反周。面對這種局勢，周公果斷出兵，大舉東征，打敗奄和薄姑兩國，就地建立兩個周王室在東方最主要的封國——齊國和魯國，並且任命「興周800年」的姜尚和「吐哺天下歸心」的周公旦分別為齊、魯的國君。姜尚是炎帝的後代，東海人，是東夷的沒落貴族，曾經輔佐周武王，也是西周的外姓諸侯；周公旦是西岐的貴族血統，與周圍的東夷小國的關係貌合神離，有時候甚至是敵對關係。因為這兩國的建立都不太順利，姜尚在營丘立國之初，「萊侯來伐，與之爭營丘。營丘邊萊。萊人，夷也」。經過激烈的戰鬥，齊才得以立國，而且直到春秋時期，有時候萊夷也與齊發

生戰爭，魯國遭到東夷部落的進攻更是常事。當時，周公之子伯禽代替父親來到魯國，受到東夷的威脅。於是，伯禽命令他的士眾準備好武器和糧草，振作士氣，勇往直前，經過多次的戰爭，魯才得以立國。成王親政以後，征伐東夷的戰事影響很大，使得東夷不再具備抗周的實力，周的統治才得以鞏固。這個時期，東夷與周保持相對的安定，出現「40餘年不用兵刑」的局面。回顧這段歷史，我們可以看出這些歷史的破碎性，不同部落之間混戰，鐵血疆場，最終都達到一段時間的平靜。

到周穆王（約為西元前976～前922年）時期，東夷勢力的中心轉移到淮河流域。於是，歷史上也以淮夷概稱東夷，東夷之中徐戎部落最為強大，徐戎甚至自己稱王。因為徐偃王「行仁義」，深得東夷之眾。此時的東夷各方面都遠遠超越於中原之上，文明水準已經達到較高的程度，與中原諸侯的文明程度幾乎不相上下。後來周穆王與楚國夾擊徐戎，徐偃王被殺。但是直到春秋時期，徐戎仍然不失為東夷大國。

到西周晚期，由於各種因素的影響與歷史發展的必然命脈，東夷的中心開始向南移。因為其中心轉到淮河以南，被稱為南淮夷。東夷的勢力往淮河中上游發展，威脅周王朝的南國江漢諸姬及蔣、蔡等諸侯。這段時間到春秋戰國時期的中國歷史紛爭不斷，諸侯國間的戰爭不斷，長年混戰使百姓生活顛沛不安，國家為了提早結束戰亂而實行不同程度的改革，齊國精兵簡政，果斷地拋棄繁瑣的西周禮儀，吸取東夷優良的習俗，並且陸續兼併周邊的東夷小國，迅速崛起。魯國卻嚴格地堅守西周的禮樂文化，背負沉重的制度框架使國家顯得落後，再加上與周邊東夷國家的戰爭頻繁，長年累月的多方面拖累，是對國家實力的瓦解，魯國國力日漸衰敗，最終被楚國所滅。這些戰爭最終劃分各族的版圖，並且影響其後歷史的發展，可謂一脈相承。

可以說，與東夷各部落的關係，一直是西周的頭等大事，在整個西周時期，東方勁敵都是周王朝的心頭大患。文獻記載周對東方的戰爭，不同時期出現東夷、淮夷、南淮夷、南夷等不同稱謂，可以見得西周的統治一直以來

並非風平浪靜。

這個時期，從小處看，是各國諸侯混戰；從大處看，是多文明文化的融合過程，也是東夷逐漸融入到華夏民族的重要階段，對中華文明後來的發展具有重要的歷史意義。

融合於華夏民族

東夷一詞在不同時期指的是不同的部族，三皇五帝時代「夷」指的是非炎帝姜氏和黃帝軒轅氏（衍生氏族為姬、季、公孫、有熊）的氏族，商朝則把非成湯後裔的氏族都稱為夷，周朝所稱的東夷也並非異族，而是居住在如今山東、江淮一帶，不肯臣服於姬氏的徐氏、陶氏、姚氏等氏族。東夷與周的關係就相當於蒙古瓦剌和兀良哈等部落與黃金家族鞑靼部的關係，只有姓氏的差異而無血統的差異。周宣王時期，征服徐氏和陶氏等十數個氏族之後，東夷才從不服王化的華夏氏族轉變為東北的高麗和女真等外族。

也就是說，在先秦時期，統治者會把不是他們的族類和後裔以及不願意臣服他們的人稱為夷。由此看來，周宣王之前的所謂「東夷」和華夏民族的關係是非常密切的，到了戰國末期甚至可以說，它們已經成為華夏民族的一部分。

自從東夷首領華胥氏與西鄰原始華夏族通婚融合以來，東夷混入越來越多的原始華夏的因數。原始東夷創造先進的海岱文化，例如：他們發明帶羽毛的弓箭，創造東夷文字，製作青銅器與冶鐵，製造舟車，發展農業與治水，為近鄰民族華夏文化的發展和推進產生關鍵性和決定性的作用。

在夏代400餘年中，夏與東夷的鬥爭非常劇烈。夏人在夏朝滅亡以後，有一部分東遷，移居於淮河流域、太湖流域乃至杭州灣一帶，有一部分夏人東漸而化於東夷和百越，應該是事實。還有一支從東夷中分化出來加入華夏雛形，就是商族。他們從燕山地區南下，興起於河濟之間，終於造成代夏而建立中國第二個王朝的基礎。商人出自黃河流域東西兩大系部落集團中的東

系，雖然與夏人一樣是東西兩大系部落融合的複合型共同體，但是其與東夷的同源關係，卻對商朝與東夷的關係影響極為深刻。西周初期，奄（今曲阜）與薄姑（今山東博興縣）是東夷中社會發展水準最接近夏、商的方國，而泰山以東至海，以南至淮的各部落與方國，即夏商時期的九夷或夷方。西周初期滅掉奄和薄姑，在當地分封齊、魯兩國。

齊與魯對周圍東夷部落的政策有明顯的區別：齊太公治齊「因其俗，簡其禮」，魯公伯禽治魯「變其俗，革其禮」。齊所採取的政策，促進華夏文化與東夷文化的融合，不僅使其在春秋時期首先稱霸，而且齊國的文化對整個華夏文化的影響也不可低估。齊國周圍的東夷部落較快地與之融為一體，西元前567年齊國滅萊，於是山東半島各東夷小國均被齊國兼併。魯國的伯禽強調變革當地土著居民的禮俗，雖然魯國以推行周禮著稱，但是當地土著東夷的習俗仍然頑強地保留。魯國在東夷文化起源發展的中心地區，以華夏族文化為主導，發展出對後世有很大影響的孔孟儒家學說。

齊國與魯國在對待東夷部落的政策上區別明顯，根源正是在於兩國的意識形態與文化截然不同。近幾年，臨淄齊國故城與曲阜魯國故城相繼進行發掘，正是對這個差異的證實。兩國故城挖掘出的遺物都表現齊魯兩國在西周和春秋時期，彼此文化面貌、喪葬習俗、城市布局等方面所存在的顯著差異。最明顯的一點是，齊國的商文化色彩濃厚，而魯國則保持周文化傳統。這些源頭極小的文化差異，將被時間不斷地擴充內涵，並逐漸變成茁壯的河流，最終洶湧地影響一個國度的未來走向。

到春秋時期，在魯國附近，還存在太昊的後裔任、宿、須句、顓臾等風姓小國，在今山東境內還有少昊後裔莒、邾、譚、費等國。它們與諸夏通婚和會盟，由於國力微小，它們不具備獨立地與大國抗衡的能力。在與楚國的爭霸中，它們主要是依附齊、魯，被認為是諸夏的同盟。從出土文物來看，現在山東境內的春秋東夷各國，社會與文化發展水準也很接近中原各諸侯，只是因為他們保留一些東夷禮俗，當時仍然被認為是東夷，實際上已經與諸

夏融合。淮河中、下游地區，少昊集團的後裔嬴姓與堰姓諸國，例如：徐、江、葛、黃、淮夷、鐘離、英、六、舒鳩，在春秋時期，他們主要傾向於「即事諸夏」，與諸夏通婚，參與會盟，出土器物有明顯的特點，凡是有銘文的都是周代通行的文字。

到戰國時期，文化上的差異經過不同部落間的戰爭和聯絡多有融合。在春秋戰國那個諸侯爭霸和互相兼併的年代，東夷各國先後被楚、吳、魯、越所兼併，他們的文化對齊、魯、楚及吳越產生或多或少的影響，最終隨著政治上逐步統一過程，文化與民族得到交匯融合，夷夏間的差別逐漸消失。當秦統一六國時，「其淮泗夷皆散為民戶」，就連三代東夷的苗裔也融合於華夏民族之中，成為華夏的一部分。由此我們看到一條歷史文化發展的脈絡，不同文化之間的互相影響，交流變幻成人類文化發展的一條主線。

經過齊魯兩國800年的統治，為新的齊魯文化的形成奠定堅實的基礎。這個時候的齊魯文化已經發生質的跨越，從開始小規模的東夷部落文化升級為更加發達和完善的文明，以孔子儒家學派的誕生為象徵，繼承東夷文明的實用、自然、寬容的精髓，在這個基礎上融合關中文明強調階級、秩序、尊卑的思想，象徵東夷文明在華夏大地上開始正式的生根發芽茁壯成長，並且將最終走向成熟。孔子提煉出齊魯文化的精髓，練就出自己學術的核心，即「仁」與「禮」，這兩大核心論點融合整個黃河流域文明中兼容並蓄的主題，在日後幾千年漫長的時光中不斷演變的中華文明，都是從此發展而來的，更壯大成為統御整個中國君主時代的思想基礎。

秦朝以後，東夷的概念被用來指非華夏的域外文明，泛指東方的民族和國家，與先秦東夷在地區與民族等方面，都有明顯的區別。一直到漢朝，東夷的華夏化才徹底完成，東夷在向華夏族完全貢獻自己的科技智慧後，在血緣和語言上被華夏族漢化，終於成為漢族的一份子。

良渚古國：無限風光背後的記憶

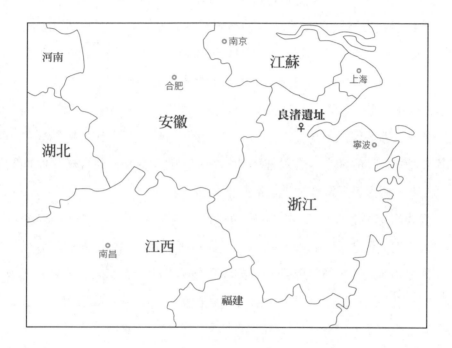

　　北面接著魚米之鄉的湖州，南面依著人間天堂的杭州，東有一望無際的沃野，西是連綿起伏的山丘，這裡就是著名的良渚古城的遺址。「良渚」是杭州西北郊的一個鎮名，「良」就是「佳、美、好」的意思，「渚」，譯為「水中的小塊陸地」。由此可見，這個名為良渚的小鎮，正是江南水鄉中最好的一塊「風水寶地」。這裡不僅有秀美的景色，更隱藏一段輝煌的歷史和燦爛的文明。

良渚人屬於哪個部族？

良渚文化分布範圍寬廣，影響面北至魯、豫，西進兩湖，南抵閩、粵、台，中心地區則在太湖流域。良渚鎮、湖州錢山漾、上海馬橋、江蘇吳江龍南、張家港鹿苑鄉，都是著名的良渚文化遺址。

這處遺址發現於1936年，是新石器時代晚期人類聚居的地方。出土的石器有鐮、鏃、矛、穿孔斧、穿孔刀，磨製精緻，特別是石犁和耘田器的使用，顯示當時已經進入犁耕階段。出土的陶器，以泥質灰胎磨光黑皮陶最具特色，採用輪製，器形規則，圈足器居多，用鏤孔、竹節紋、弦紋裝飾，也有彩繪。玉器發現很多，有璧、琮、璜、環、珠，大部分出土於墓葬中。與良渚遺址同類型的遺址，在長江下游的蘇南，直至錢塘江以北的平原地區，分布較廣，考古學界統稱為「良渚文化」。

根據對有關遺址出土文物的碳14測定，其年代距今約4,700～5300年，先後延續達千年之久。1986～1987年，從良渚墓葬中出土大量的陪葬品，其中玉器占90％以上，象徵財富的玉器和象徵神權的玉琮和象徵軍權的玉鉞，為研究階級的起源提供珍貴的資料，而且使世界上許多大博物館對舊藏玉器重新鑑定和命名，使一些原本被誤認為是「漢玉」（實際上是良渚玉器）的歷史推前兩千多年。1994年，又發現超巨型建築基址，面積超過30萬平方公尺，確認是人工堆積的大土台，土層最厚處達10.2公尺，其工程之浩大，世所罕見。考古學界認為，「良渚文化是中華文明的一個源頭」。

後來，備受關注的良渚文化遺址得到科學地挖掘，對於這些遺址，有專家學者將良渚遺址分為三類：中心遺址、次中心遺址和普通遺址。良渚文化的中心遺址之一就是反山，在杭州市區的西北方向。杭州至南京公路，經良渚、長命到瓶窯路邊的一片不大的土地上，有一座高約5公尺、東西長約90公尺，南北寬約30公尺的土墩，當地人稱為「反山」。反山是一座良渚大墓，有學者大膽推測，反山大墓正是古良渚國的「皇陵」。1971年，考古隊

員開始在此進行考古發掘，但是剛開始的幾天一無所獲，到了第四天的時候，考古隊員們在此發掘出一件玉琮。玉琮是大型的玉製禮器，在一般的墓葬裡很難見到它的蹤影，因此考古學家斷定反山遺址的重要地位。隨著發掘的深入進行，考古人員在5個月內總共發掘出11座大墓，各種陪葬品達到1,200多件，其價值之高、意義之大，震驚世人。

良渚考古文化證明史前某支人類群體活動的遺存，考古學家們稱良渚文化社會群體活動遺存的創造者為良渚人，良渚文化是由良渚人創造的。可是，關於良渚人是來自於哪個部族，在考古界還是眾說紛紜。

有些考古學者認為，與良渚文化時期在時間與空間上吻合的部族有蚩尤、防風氏、羽民國等部族。從這個意義上說，良渚人是可以屬於蚩尤、防風氏、羽民國等其中一個部族。

可是，由於史料和文物的不足，想要證明良渚人到底是上述哪一個部族，還要經過一番極為艱難的考證。

因此，有人提出另一個考證良渚人部族問題的方法——從良渚玉器圖案來考證。在良渚文化玉器上，有一個類似於一尊英武的戰神的圖案反覆出現在各種玉器上。有學者推斷，這個類似於戰神的圖案指的是蚩尤。前文中提到，蚩尤非常英勇好戰，為了擴大勢力範圍，不斷地與其他部族發生地盤爭奪戰，屢戰屢勝，被尊為戰神。可惜的是，不可一世的蚩尤在與中原南下的黃帝部族發生戰爭時，被更為強大的黃帝部族打敗，從此一蹶不振。

良渚文化中，石鉞非常發達，顯示良渚人也英勇強悍，蚩尤戰爭節節勝利之時，也正是良渚文化非常發達之時；蚩尤最終被黃帝打敗的時候，又正是良渚文化衰敗的時候。傳說中，蚩尤其他的幾個部落聯盟同屬東夷集團，居於山東和長江三角洲一帶，而蚩尤部族中有一支首領叫九黎的大部落聯盟，它的分布範圍包括良渚文化的所有地域，因此強悍的良渚人應該就是九黎族中的一支。九黎族中有一支叫羽人或羽民，他們信奉鳥、獸，把它們當作祖先，因而信仰崇拜鳥、獸圖騰，而良渚文化中玉器上的神祕圖案的下半

部分似乎也像鳥、獸，也是良渚人崇拜的一種圖騰，所以良渚人很有可能就是羽人或羽民。

良渚人用什麼工具來加工玉料？

良渚文化的瑤山遺址是一個看起來毫不起眼的地方，良渚人在此修建祭壇祭祀神靈，因此為後人留下大量的考古資料。此處共埋葬13座墓葬，發掘出陪葬器物700餘件，有陶器、石器、玉器、漆器。其中，玉器共600餘件，種類繁多，雕琢技法高超，令人歎為觀止。因此，還有一些學者提出「玉器時代」的說法。

既然此地出土如此之多的玉器，此地或附近區域一定有豐富的玉礦。在良渚文化範圍內，人們曾經有很長一段時間沒有發現玉礦。因此，有人認為良渚的玉料是從盛產玉的地區，甚至是新疆輾轉運來的。可是，在那個相對閉塞的時代，從遙遠的新疆運輸玉料是不是有些牽強？為此，有專家執著地認為，在良渚文化區域必定存放著被人們遺忘的古代玉石礦藏。

皇天不負苦心人，考古人員終於在1982年，在江蘇省溧陽小梅嶺發現透閃石軟玉礦藏。經取樣鑑定，此礦玉石質地細膩，色澤呈白色和青綠色，呈蠟狀光澤，與良渚文化玉器所用玉料相似。這個發現使考古學術界非常興奮，專家們普遍認為：「良渚文化的玉料來源可以確定是就地取材，而非遠地轉運。」

從出土的玉器中，考古學家發現良渚文化的玉器製造業，承襲馬家濱文化的工藝傳統，並吸取北方大汶口文化和東方薛家崗文化各氏族的經驗，進而使玉器製作技術達到當時最先進的水準。反山墓地出土的玉器有璧、環、琮、鉞、璜、鐲、帶鉤、柱狀器、錐形佩飾、鑲插飾件、圓牌形飾件、各種冠飾、杖端飾，還有由鳥、魚、龜、蟬和多種瓣狀飾件組成的穿綴飾件，由管、珠、墜組成的串掛飾品，以及各類玉珠組成的鑲嵌飾件。

值得注意的是，出自同一座墓的玉器，玉質和玉色往往比較一致，尤

其是成組成套的玉器更為相近，選料有時候是用同一塊玉料分割加工而成。反山墓地出土的玉器中有近百件雕刻著花紋圖案，工藝採用陰紋線刻和減地法淺浮雕、半圓雕以至通體透雕等多種技法。圖案的刻工非常精細，有些圖案在1公釐寬度的紋道內竟然刻有四五根細線，可見當時使用的刻刀相當鋒銳，工匠的技術也是相當熟練。大至璧琮，小至珠粒，均精雕細琢，打磨拋光，顯示出良渚文化先進的玉器製造水準。玉器的圖案經常以捲雲紋為地，主要紋飾是神人獸面紋，構圖嚴謹和諧，富有神祕感。

瑤山氏族墓地出土的玉器與反山所出土的大多相像，但十幾座墓葬中均未出土玉璧，顯示兩個相鄰氏族在習俗上的區別。瑤山的一座墓中出土玉匕和玉匙，是良渚文化首次見到的珍貴餐具。

良渚文化中的玉器，以其數量多、品質高而超越同時期其他地區玉器製造業，充分顯示玉器製作已經成為專業化程度很高的手工行業，從一個方面反映出長江下游三角區四、五千年以前的物質生產水準是比較發達的，為吳越經濟區早期國家的出現準備條件。

根據玉器出土的情況，可以看出當時石器製作技術同樣高超。製造石器的工匠們已經完全掌握選擇和切割石料、琢打成坯、鑽孔、磨光等一套技術。

瞭解玉料的來源以及工藝之後，一個新的問題出現了。玉器的質地十分堅硬，即使是在當今社會，一些金屬工具也無法良好地切割玉料，在沒有發明金屬工具的良渚時代，良渚人是怎樣切割玉料的？專家學者們依據出土玉器上遺留下來的加工痕跡和棄留的邊角玉料，推測當時玉料的切割可能有三種方法。

第一種是線切割法。這種方法是用馬尾和馬鬃繩充當「鋸條」，不斷地加砂和水，來回往復地拉動「鋸條」，摩擦拉鋸，慢慢地就可以把玉料剖成兩面平整的玉片。但是，這種方法有明顯的不足，線切割法耗時耗力，可是在良渚文化遺址上又出土如此多的玉器，這些玉器都是用這種方法來切割的

嗎？

第二種是片切割法。這是根據良渚玉器上出現的呈「V」字形的切割痕來推測的。就是用石片或木片等摩擦切割加工玉器的一種方法。

第三種是砣切割法。砣切割法就是在一個水平軸上安裝一個圓盤，然後將纏在圓盤上的帶子連接在腳踏板上，製玉工匠用腳交替地踏踩腳踏板，旋轉帶動圓盤轉動，藉由摩擦來加工玉器。

良渚文化遺址中的許多玉器上都有孔，有大的，有小的，有深的，有淺的，例如：玉琮、玉璧、玉錐形器。在沒有金屬工具的時期，良渚先民又是如何在玉器上鑽孔？

考古學術界一直爭論至今。有人說，除了傳統的細石器以外，別無他物可以刻畫出那麼繁縟的圖案；有人認為良渚文化玉器紋飾是用獸牙刻畫出來的，良渚墓葬中也曾經有獸牙的出土；還有人認為良渚玉器大部分採用焚燒加熱的辦法，使玉器表面的硬度降低後再進行加工。日本著名學者林巳奈夫則認為良渚玉器上的刻畫紋飾的刻刀是鑽石。

鑽石的硬度足以用來雕刻玉器，可是目前並不清楚史前的先民是否已經對鑽石有所認識，同時太湖流域也沒有發現鑽石，況且鑽石鑽具又是用什麼工具或方法製成的？這些都成為解決良渚人用什麼工具加工玉料的難題。相信在科學昌明和考古發達的今天，人們一定會找到答案的！

良渚文化神祕失蹤

良渚先民用勤勞的雙手和智慧的心靈創造輝煌，把良渚文化引向文明時代。然而，這個在當時可以稱為相當發達的古文化，經歷1,300多年以後，像一顆絢麗多彩的流星，在令人目眩神迷之後，突然神祕地「失蹤」，給世人留下一個千古之謎。為此，人們多方收集資料和證據，希望可以解開這個千古之謎。

關於良渚文化消失之謎，學術界眾說紛紜，但是卻始終無法得出一致的

結論。關於良渚人與良渚文化的失蹤，有以下幾種說法：

一、海侵摧毀良渚社會

在西元前3000年（距今五千年）前後，全球性氣候變遷，良渚文化晚期，氣候變暖，氣溫升高，冰川融化，海平面上升，太湖平原除了少數高地和丘陵以外，全部沒入汪洋之中，造成一次大規模的海侵。這次海侵對於良渚文化來說是毀滅性的，經歷千餘年發展起來的良渚文化毀於一旦。大部分的聚落被洪水淹沒，設施被摧毀，良渚先民賴以生存的農耕之地更是長年淹沒在水中，良渚人就這樣沒有家園，沒有生存之地，或遷移或死亡，輝煌一時的良渚文化也就這樣被海侵摧毀，所以今天我們在良渚文化遺址上還普遍發現有水災痕跡——淤泥、泥炭和沼澤層。可能一些良渚文化遺址，如今還深深地被埋在太湖湖底！

二、洪澇災害擊敗良渚人

良渚文化晚期，太湖地區氣候由寒冷變得溫暖濕潤，平均溫度比現在高2℃，年降水量多200～300公釐，雨量明顯增多，加之當時的海平面高山以前2公尺左右，留於內陸的水宣洩不暢，勢必會造成很大的水患。因此當山洪爆發，江河水漲，洪水氾濫，陸地被淹，黃河和長江的下游，尤其是長江三角洲之地，一片汪洋，人們只能向高處躲避或逃奔外地。原有的發達的良渚文化的各種設施，頃刻間被摧毀，而其農耕地更是長年淹沒，再也無法以農業為生。

特大洪水災難延續若干年，良渚人已經無法生存，倖存的人們在一段時間之內，只能勉強維持生活，於是他們只有背井離鄉，被迫大規模地舉族遷徙，長途跋涉，輾轉漂流去尋求和創造第二家園。

因此，良渚文化在太湖地區突然消失，出現數百年的空缺。南下的一支到達粵北（今廣東省北部）後融入石峽文化，而其主體則渡江北上到達中原，與中原的龍山文化先民發生一場生存空間的生死搏鬥。良渚人的部族雖然是一個強悍的部族，可是到達中原以後，都受到當地部落的強烈反對，在

這種情況下不可避免地發生戰爭。然而，良渚人由於人力、物力、財力等因素，最終在中原部族的聯合抵抗下被打敗，未能在中原取得一塊立足之地重建本族文化，最後不得不被勝利者同化和融合，因此才會有如此多的良渚文化元素出現在龍山文化之中。

三、戰爭導致良渚社會的衰竭

良渚社會時期，在黃河和長江流域地區，類似的部落方國為數不少。隨著各古國政治的加強，擁有王權、軍權、神權於一體的統治者，對內實行血腥的統治，對外為了聚斂更多的財富，擴大地盤和人口，與周鄰部落古國之間發生激烈的掠奪性戰爭。良渚部族本來在當時是最發達和強悍的一支，但是由於貴族首領的日漸奢靡，普遍追求享樂型的社會生活，非生產性的勞動支出占有相當大的社會比重，社會基層越來越不堪重負，經濟基礎與法律制度越來越不適應，導致社會問題激烈，內訌和各立山頭的局面產生，危機四伏。整個社會越來越缺乏控制力，國力日益削弱，這種情況下，在頻繁的戰爭中也逐漸失去取勝的優勢，無法抵擋外敵的入侵，內憂外患，最終良渚文化走向滅亡。

顯然良渚人在那個時代遭受來自自然或是人類自己造成的滅頂之災，但是良渚文化並沒有真正地消失。考古學家從考古發掘中得出這樣的結論：受到海侵和洪澇災害或是戰爭重創的良渚人，除了大部分遷移以外，還有部分殘存。幾百年以後，氣候轉為乾涼，積水消退，另一支部族馬橋文化的人們逐漸來此定居。他們的生活似乎過得一年比一年好，氣溫在不知不覺中降低，氣候的涼爽與乾燥使河水也逐漸向下退去，原先被淹沒在水中的土地露出來，沼澤也明顯減少。

馬橋文化的人們從殘存的良渚人那裡吸收良渚文化的成分，並且想把它發揚光大，但是受到其他文化的入侵，先後又相容並蓄地吸收其他的外來文化，使得良渚文化沒有在馬橋文化的人們手上得到充分發展，因而馬橋時期的陶器製作欠精，造型比較簡樸；玉器不僅品種少，而且品質差，雕工粗劣

簡陋，社會生產力程度遠遠不及良渚文化，所以良渚文化並沒有突然地神祕失蹤，馬橋文化先民正是它的主要繼承者。

閩越古國：隱藏眾多不為人知的祕密

在進行更大規模的考古發掘以後，一座在長達兩千多年的時間裡掩埋在歷史塵埃下的古王城驚現於世。這座古城占地10,000多平方公尺，規模宏偉。隨著發掘工作的進展，一個新的王國進入專家們的視線。《史記》記載的「閩中故地」，《漢書》記載的「閩越君東海王府」，在層層的黃土之下得到印證，也留下更多的懸疑。閩越國是一個什麼樣的國家？國王是誰？建都在何處？它又是如何走向滅亡？

閩越人傳承幾千年的奇特習俗

閩越族是中國上古時代的少數民族之一，中國南方百越族群中的一支，自古居住在浙江南部、福建到台灣的土地上，也是中華民族的來源之一。先秦時期，閩越族邁入青銅時代門檻。

特殊的地理位置，往往決定一個民族其與眾不同的生存方式和生活習俗。閩越人除了具有棕紅色的頭髮、深邃的眼睛等體貌特徵以外，還有一些駭人聽聞的風俗習慣。

其一是斷髮。「斷髮」，是剪斷頭髮之意，它與「椎髻」、「披髮」類似，都是古代閩越人流行的髮式。古代的中原地區有一種說法：「身體髮膚，受之父母。不敢毀傷，孝之始也。」所以中原無論男女，終生留長髮。斷髮的行為在儒家思想統治的中原人看來，簡直是不可理喻的一種行為。但是對於閩越人來說，斷髮是一種很正常的行為。

其二是紋身。和現代的紋身有相似之處，就是在身體上刻畫出圖案並塗上顏色，這種行為也是中原人不允許的。《淮南子·泰族訓》記載：「夫刻肌膚，鑷皮革，被創流血，至難矣；然越為之，以求榮也。」閩越人為什麼喜歡紋身？他們又經常在身體上紋一些什麼樣的圖案？

據考證，閩南人的紋身與他們的民族圖騰相關。原始人類都相信每一個部落的起源都與特定環境的特定物類相關，例如：某種動物和植物，或是日月星辰，因而他們會將這些東西作為自己民族的象徵或是庇護者，加以崇拜和保護。中原人所崇拜的圖騰為龍，所以在歷代君王的服裝、配飾、宮殿中都可以很容易地找到龍的形象。同樣的道理，南越人所崇拜的圖騰為蛇，因此紋身的形象就是各式各樣的蛇的形象。

最初，閩越人紋上蛟龍的圖案，使自己與蛟龍相似，是為了避免蛟龍的侵害。由於盡量將自己裝成像蛟龍的樣子，他們逐漸相信蛟龍就是自己的保護神，是自己的祖先，這樣就產生圖騰觀念，承認蛟龍是自己的圖騰。從此

紋身帶上神祕的色彩，人們沿襲這種習俗已經不再是為了矇蔽蛟龍，主要是借助這種圖騰威靈的保佑庇護。直到最後，圖騰的意義逐漸淡薄，但是紋身的習俗卻保留下來。

其三是拔牙。閩越人拔牙不是因為蛀牙，這是一種有意識地採用人工方法，拔除（或打、或敲）某些健康牙齒的行為，在《山海經》、《淮南子》中都有記載。在文獻中，這種風俗又被稱作「鑿齒」、「打牙」。在《博物志》中說：「既長，拔去上齒牙各一，以其身飾。」意思是說，閩越人把拔齒作為成年儀式中的一道程序。《黔書》中說：「女子將嫁，必折其二齒，恐妨害夫家也。」也就是說，閩越女子出嫁之前，必須拔掉兩顆牙（大概是犬齒），以免妨害夫家。《雲南志略》則說：「男子十四五，則左右擊去兩齒，然後婚娶。」這顯然屬於婚姻拔牙。在廣東珠江三角洲，環珠江口的貝丘、沙丘遺址，目前已經發現數十例與拔牙相關的考古遺跡。這些拔牙遺跡的人類體質特徵相同，所拔牙齒位基本相同，而且年代均在距今4,000年以內的先秦時期。

此外，閩越人之中還有一種漆牙的習俗，稱為「黑齒」。對於「鑿齒」的習俗，學術界比較普遍的有數種說法：一是認為是青春期和成年禮或結婚所需的一種儀式；二是認為其表示一種美的觀念，具有裝飾意義；三是認為這是為了表示崇信的一種行為或紀念性的行為。但是不論哪種說法更能接近古人「鑿齒」的深意，有一點不可忽略，即這種看似奇怪的習俗是古代嶺南先民豐富多彩的生活中的一部分。

閩越人除了有這些怪異的習俗之外，在建築上閩越人也有和中原人不同風格的建築，「干欄」建築就是閩越人習居的主要建築形式。「干欄」又稱為「交欄」、「閣欄」、「葛欄」，在木柱（或竹柱）底架上建築的高出地面的房屋。由於當時閩越地區地面潮濕，草木茂密，所以滋生出許多的蛇蟲猛獸，這些蛇蟲猛獸經常會在深夜人們熟睡的時候，對閩越的百姓進行進攻和侵擾，造成極大的損失。為了避免濕氣的影響和蛇蟲野獸的侵襲，聰明的

閩越人就居住在樹上，營建鳥巢式的住所。由於這種「巢居」為日常生活帶來極大的不便，所以後來閩越人到地面上營建住所，但是為了隔絕潮濕和防止猛獸進攻，閩越人想出保持房屋的高度，將房屋架空的特點。就這樣，逐步演變成這種「干欄」式的建築。

閩越一共有多少王？

中國歷史上的戰國時期（西元前475～前221年）中期，那個由越王勾踐恢復、位於今浙江省紹興一帶的越國，再次遭到滅國之災。西元前334年，越王勾踐七世孫無疆與楚威王作戰，失敗被殺，越國遂被楚國所滅。越國王族於是航海入閩，越國國民則徙居越遷山（今福建省長樂縣）。失去家園的閩越人在福建北部定居下來後，與當地原住民族逐漸融合成閩越人，建立閩越國，無諸成為第一任閩越王，閩後來也就演變成今天福建省的簡稱。

西元前221年，秦在統一六國以後，派軍隊向福建進軍。第二年，在閩越人活動的區域設置「閩中郡」。當時秦王朝認為閩中遠離中原，是「荒服之國」，地處偏遠，山高路險，而且閩越人強悍，難於統治。因此，「閩中郡」雖為秦王朝的四十郡之一，建制卻不相同，秦王朝未派守尉令長到閩中，只是廢去閩越王的王位，改用「君長」的名號讓其繼續統治該地。因此，秦只是名義上建立閩中郡，實際上並未在閩中實施統治。但是，為了加強對閩中的控制，秦王朝一方面把大量閩越族人遷移到現在的浙江省北部和安徽、江西等省境內，另一方面又把中原的罪犯流放到閩中。這個政策一方面造成各個不同民族的互相融合，另一方面也造成閩越族原本的文化和漢文化的互相交流。

西元前209年，陳勝和吳廣領導的起義爆發，各地人民紛紛響應。無諸率領閩越兵從閩中北上，回應中原的起義，打擊秦王朝政權。西元前206年，秦滅，楚漢戰爭爆發，無諸再次北上中原，幫助劉邦擊敗項羽，為漢王朝的建立做出貢獻。西元前202年，因為無諸幫助劉邦戰勝項羽，劉邦封無

諸為閩越王，統治閩中，仙遊一帶正是屬於其勢力範圍內。

秦朝成立後，秦始皇立閩中郡，對各地的王侯「皆廢為君長」。閩越稱王由來已久，歷經數百年，除了無諸之外，一定還會有其他閩越王，可是他們是誰？

和無諸一起率領閩越將士與各路諸侯共同反秦助漢的還有一位閩越首領——搖。搖的地位僅次於無諸，當無諸為閩越王時，搖稱「閩君」、「閩越君」，其領地在今浙江溫州、台州、處州一帶。據《史記》記載，漢惠帝三年，漢朝中央政府重新褒獎閩越的戰功，並且特地指出閩君搖的功勞特別多，立搖為東海王，都東甌，世俗號為東甌王，東甌在今浙江溫州。《漢書》中記載：「夏五月，立閩越君為東海王。」立東甌王以後，閩越國的國土僅剩下福建全境和江西的鉛山縣，勢力受到削弱。

其實，漢代初期在冊立閩越王時，只立無諸為王而不管搖，到了漢惠帝時期，才重新算起幾十年以前的舊功，並不代表漢朝「論功行賞」，而是證明漢朝懼怕閩越勢力壯大，採取類似漢武帝時期「推恩令」一樣的措施，利用兩次分封，削弱閩越的力量。

在此之後，閩越的勢力又得到一次休養生息的機會，再後來閩越逐漸勢力強大，一舉合併東甌國地。此後閩越王郢繼續率兵進攻南越國，南越國岌岌可危，只好求救於漢朝政府。漢武帝得知此事後，立即派兵攻打閩越，郢的弟弟餘善審時度勢，認為閩越的國力無法跟漢朝對抗，於是發動政變，除掉閩越王郢，向漢朝求和。

餘善原本以為在這次戰爭中自己立下大功，漢武帝一定會大大地封賞自己，可是英明睿智的漢武帝認為餘善弒兄奪權，勢力過於強大，不利於中央政府控制，於是立無諸的孫子丑為王，並且改稱為越繇王。但是，餘善的威望遠勝過丑，在閩越更富有號召力，在下層百姓中也深受愛戴，越繇王丑對此無可奈何。

在這種形勢下，漢廷扶持的越繇王丑和閩越百姓支持的餘善形成對抗，

形勢對力求避戰的漢廷不利。無奈之下，漢武帝接受大臣的建議，乾脆下詔封餘善為東越王，與越繇王分庭抗禮。這樣才勉強解決這場潛在的危機。

可是後來，東越的勢力越來越強大，越繇王逐步淪為東越王餘善的附庸。餘善或許是不滿當年漢武帝沒有對其進行嘉獎的緣故，勵精圖治而廢寢忘食地操勞國事，終於把東越國治理成一個兵強馬壯和經濟富裕的國家。

由於東越國的國勢日益強盛，餘善也逐漸不可一世，對中原的命令也是公然違抗，逐漸成為漢武帝的心頭之患。西元前112年，漢軍平定南越之後，趁軍隊陳兵南方之際，漢朝「樓船將軍請誅閩越」，雙方發生激戰。由於閩越內部問題重重，越繇王與人合謀誘殺東越王餘善，隨後投降漢朝，閩越國從此消失在歷史的舞台上。

在閩越國的歷史上還有一些國王，只是由於歷史的久遠和史料的不足，造成這段歷史的模糊。或許在今後的日子中，歷史工作者們還有新的發現，到那個時候，閩越國到底有多少國王、閩越國到底有怎樣的歷史，這些問題都會逐一揭開……

無諸築台與建都之謎

劉邦復封無諸為閩越王後，作為劉邦分封的第一批少數民族諸侯王，無諸選擇在南台江邊的惠澤山建造一座高台，作為冊封儀式的場所。此台後來被人們稱為越王台，後人為了紀念無諸，又在台旁修築閩越王廟，百姓們稱此廟為「大廟」，於是惠澤山又稱為大廟山，成為閩越國的最重要遺跡之一。山上有一碑，摹刻著宋代著名書法家米芾的筆跡：「全閩第一江山」。充分展現這個古蹟的歷史蘊涵。

受封之後，無諸開始按照西漢諸侯國制度營造都城，當時福州四面環水，陸地面積狹小，無諸選擇今冶山一帶建城，於是該城就被稱為冶城，因為冶城又在屏山北面，所以屏山又稱越王山。1990年以後，這一帶陸續出土刻有「萬歲未央」等字樣的瓦當和瓦筒等文物，也可以證明這個地方是閩越

王城舊址。

冶城依當時諸侯王例「大者不過三百雉」，即方圓不能超過九百丈的標準設計。按照一丈大概等於3公尺，這座城方圓只有2,700公尺，還不如一個村落大。冶城之南是水漫區，冶城又是一座土城，城裡主要居住的是王室貴族、官吏士兵，百姓則四處散居。

在秦朝勢力進入閩越地區之前，無諸已經是一國之王，應該建立自己的王所。但是無論史籍還是考古發掘中，都沒有發現此前閩越王的國都設在哪裡？

1988年，考古隊在城村遺址東門外北側發掘出一個建築面積為2,600平方公尺的祭壇遺址。它以一個南北長約70公尺、南寬32公尺、北寬22公尺的台基為主體，高出台外地面3～7公尺，並且有明顯的兩層寬達數公尺的大台地。台成三階，正合「土基三尺、土階三等曰壇」之說。根據考證，這座祭壇的興衰與閩越的興衰同步，閩越君王在這座宗壇上舉行祭祀大典，而祭祀大典一般都在國都附近舉行，是否證明閩越的都城就在此地？

隋唐之際，訓詁學家顏師古在《漢書》注中：「閩中郡即今之建安是也。」武夷山城村古城遺址中，大量文物帶有濃郁的秦風格，結合武夷山「秦始皇二年，武夷君大會鄉人於慢亭」等各種傳說來看，似乎為閩越前期都城在此增加支撐。

至於無諸被正式冊封為閩越王後，在福州建都城冶城的具體位置，後世也有爭議。《福建通志・城池志》載：「在冶山前麓」，即今屏山北面；《三山志》載：「在今府治北二百五十步」處，即今鼓屏路湖東路口；《榕城考古錄》載：「冶城在福州城隍廟至諸古嶺一帶。」

自楚國滅亡越國，越國王族逃到閩越地區開始，到西元前110年漢武帝滅掉閩越，閩越前後經歷200餘年的歷史。其中，漢初閩越復國後近百年間，閩越國力十分強盛。閩越的王城地點，大致上已經有位置，但是各個王族的陵墓埋葬在哪裡，卻始終是一個未解之謎。

南越古國：與中原王朝抗衡的國度

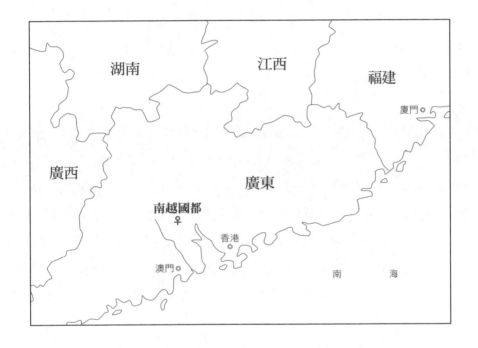

1983年6月，一個沉睡兩千餘年的古墓——古南越國王墓，終於呈現在世人眼前。墓主身披金縷玉衣，腰懸十字劍，胸前的龍鈕金印刻著四個剛勁的小篆「文帝行璽」。金印顯示墓主的身分，竟然是南越國武帝趙佗的孫子。史書中的記載得到驗證，中國的秦漢史和南方地區的歷史過程因此被改寫。

與中原王朝抗衡

西元前221年，秦始皇統一六國之後，開始著手平定嶺南地區的百越之地。西元前219年，秦始皇任命屠睢為主將、趙佗為副將，率領50萬大軍平定嶺南，屠睢因為濫殺無辜，引起當地人的頑強反抗，被當地人殺死。秦始皇重新任命任囂為主將，經過四年的努力，終於在西元前214年完成平定嶺南的大業。秦始皇接著在嶺南設立南海郡、桂林郡、象郡三郡，任囂被委任為南海郡尉。南海郡下設博羅、龍川、番禺、揭陽四縣，趙佗被委任為龍川縣令。

西元前209年，由於秦二世的暴政激起陳勝和吳廣等人的起義，接著就是劉邦和項羽之間的楚漢之爭，中原陷入一片混亂狀態。西元前208年，南海郡尉任囂病重，他臨死前把時任龍川縣令的趙佗召來，向他闡述依靠南海郡傍山靠海、有險可據的有利地形來建立國家，以抵抗中原各起義軍隊的侵犯，並且立即向趙佗頒布任命文書，讓趙佗代行南海郡尉的職務。不久，任囂病亡，趙佗向南嶺各關口的軍隊傳達據險防守的指令，防止中原的起義軍隊進犯，並且藉機殺掉秦朝安置在南海郡的官吏們，換上自己的親信。西元前206年，秦朝滅亡。西元前203年，趙佗起兵兼併桂林郡和象郡，在嶺南地區建立南越國，自稱「南越武王」。越南人稱作趙朝，亦稱前趙朝。

西元前202年，經過多年征戰，劉邦建立西漢政權，並且平定中原包括項羽在內的其餘軍事勢力。此時的中原，已經兵亂多年，百姓生活勞頓困苦，所以劉邦沒有用軍事剿滅的方式來對付南越國。西元前196年，漢高祖劉邦派遣大夫陸賈出使南越，勸趙佗歸漢。在陸賈的勸說下，趙佗接受漢高祖賜給的南越王印綬，臣服漢朝，使南越國成為漢朝的一個藩屬國。此後，南越國和漢朝互派使者，互相通市，劉邦成功地利用和平方式使得趙佗歸順，使其沒有成為漢朝南邊的敵對勢力。

西元前195年，漢高祖劉邦去世，劉邦的妻子呂后掌控朝政，開始和趙

佗交惡，她發布和南越交界的地區禁止向南越國出售鐵器和其他物品的禁令。趙佗考慮到呂后可能會通過長沙國國境來吞併南越國，於是宣布脫離漢朝，自稱「南越武帝」，並且出兵攻打長沙國，在打敗長沙國的邊境數縣以後撤回。呂后隨即派遣大將隆慮侯周灶前去攻打趙佗，但是由於中原的士兵不適應南越一帶炎熱和潮濕的氣候，紛紛得病，連南嶺都沒有越過。一年之後，呂后死去，漢朝的軍隊停止進攻。這個時候，趙佗憑藉他的軍隊揚威於南越一帶，並且使用財物結納的方式，使得閩越、西甌和雒越都紛紛歸屬南越，領地範圍擴張至頂峰。趙佗也開始以皇帝的身分發號施令，與漢朝對立起來。

西元前179年，呂后死後，漢文帝劉恆即位，他派人重修趙佗先人的墓地，設置守墓人並且按時祭祀，也給趙佗的堂兄弟們賞賜官職和財物。接著漢文帝在丞相陳平的推薦下，任命漢高祖時期曾經多次出使南越的陸賈為太中大夫，令其再次出使南越說服趙佗歸漢。陸賈到了南越後，向趙佗曉以利害關係，趙佗被再次說服，決定去除帝號歸復漢朝，仍稱「南越王」。一直到漢景帝時代，趙佗都向漢朝稱臣，每年在春秋兩季派人到長安朝見漢朝皇帝，像諸侯王一樣接受漢朝皇帝的命令。但是在南越國內，趙佗仍然繼續使用皇帝的名號。

趙佗去世後，王位傳於他的孫子趙胡，又名趙眜。趙眜統治南越12年，一直對漢朝俯首稱臣，南越國也得以和漢朝通商互市而友好相處。趙眜死後，他曾經在漢朝做人質的兒子趙嬰齊繼位。趙嬰齊沒有去長安之前，曾經在南越娶當地女子為妻，並且生下長子趙建德，趙嬰齊去長安後，又娶了邯鄲摎家的女兒做妻子，生下兒子叫趙興。趙嬰齊繼承南越王位後，立妻子摎氏為王后，趙興為太子，漢武帝批准他的請求，此舉捨長立幼，為將來的南越國之亂種下禍根。

趙興繼承王位後，其母親摎氏當上太后，漢武帝派安國少季出使南越，前去告諭趙興和摎太后，讓他們比照內地諸侯進京朝拜天子，同時命辯士諫

大夫終軍、勇士魏臣等輔助安國少季出使。此時的趙興還很年輕，樛太后是中原人，丞相呂嘉曾經輔助三位南越王，宗族在南越當官的有70多人，南越國的實權掌握在他手中。據《史記》記載，樛太后在沒有嫁給趙嬰齊時，曾經與安國少季私通，安國少季來南越後，他們舊情復燃，重溫舊夢。而且這對男女對於此事似乎毫不避諱，在人們的心中造成極壞的影響，一時之間，人們議論紛紛。剛開始，這二人還不以為意，可是後來面對輿論，他們就有些著急。於是，趙興和樛太后安排一個酒宴，宴請漢朝使者安國少季和呂嘉，想借漢使之力來殺死呂嘉等人。在宴席中，安國少季猶豫不決，最終不敢動手，呂嘉見形勢不妙隨即起身出宮逃走。

呂嘉回去後，把他弟弟的兵士分出一部分安排到自己的住處加強防衛，託病不再去見趙興和使者，並暗中與大臣們密謀，準備發動叛亂。

漢武帝得到南越國政權危機四伏的消息，責怪安國少季等使者的膽怯無能，同時又認為趙興和樛太后已經歸附漢朝，唯獨呂嘉作亂，不值得興師動眾，於是漢武帝於西元前112年，派遣韓千秋和樛太后的弟弟樛樂率兵2,000人前往南越。當韓千秋和樛樂進入南越之後，呂嘉等人終於發動叛亂。呂嘉首先製造輿論，聲稱趙興太年輕，樛太后是中原人，又與漢朝使者有姦情，一心想歸屬漢朝，沒有顧及南越國的社稷，只顧及漢朝皇帝的恩寵。隨後呂嘉乘機和他弟弟領兵攻入王宮，殺害趙興、樛太后和漢朝的使者。

呂嘉殺死趙興之後，立趙嬰齊和南越籍妻子所生的長子趙建德為新的南越王，並派人告知蒼梧秦王趙光及南越國屬下各郡縣官員。這個時候，韓千秋的軍隊進入南越境內，攻下幾座邊境城鎮。隨後，南越人佯裝不抵抗，並供給飲食，讓韓千秋的軍隊順利前進，在走到距離番禺40里的地方，南越突發奇兵，進攻韓千秋的軍隊，把他們全部消滅。呂嘉又命人把漢朝使者的符節用木匣裝好，並附上一封假裝向漢朝謝罪的信，置於漢越邊境上，同時派兵在南越邊境的各個要塞嚴加防守。漢武帝得知後，非常震怒，他一方面撫恤死難者的親屬，另一方面下達出兵南越的詔書。

西元前112年秋，漢武帝調遣犯罪之人和江淮以南的水兵共10萬人，兵分五路進攻南越。這場戰爭十分激烈，但是因為實力相差懸殊，僅一年的時間，南越就滅亡了。漢武帝在平定南越後，將原來的南越國屬地設置九個郡，直接歸屬漢朝。就這樣，由趙佗創立的南越國經過93年、五代南越王之後，終於被漢朝消滅。

南越王墓到底有多麼豪華？

南越王墓是迄今嶺南地區發現的規模最大、保存完好、陪葬品最豐富的一座漢墓，也是中國考古發現的最早的彩繪石室墓，對瞭解和研究秦漢時期嶺南地區的經濟、政治、文化的發展以及漢、越民族的融合，具有非常重要的價值。

據史書記載，西元前111年漢朝軍隊平南越時，放火焚燒南越國都城趙佗城。此後，南越國首都遺址蕩然無存，南越國的歷史也從此在考古學上成為空白，史學家研究南越國就只有依靠史料記載，根本無從考證真偽。

20世紀70年代，有關南越國的考古遺址不斷發現。1983年，震驚世界的南越國王墓出土。南越王墓位於廣州解放北路象崗山上，是南越國第二代王趙眛的陵墓，距今已經有兩千多年的歷史。趙眛在位期間稱南越文帝，死後諡號「南越文王」。這個時期，南越國名為漢朝藩屬，實則保持獨立王國的地位。

趙眛墓位於象崗山腹心深處，墓室埋藏在崗頂之下20公尺深的地方，用500多塊紅砂岩大石築成，分前後兩部分，中設2道石門，前部3室，後部4室。墓主趙眛的遺骸置於墓室後部正中，以一棺入殮。墓主身著玉衣，兩側共置有10把鐵劍，並且有「文帝行璽」金印等印鑑9枚和大批精美的玉雕飾品陪葬。室內外還發現幾具殉人殘骸，應該是趙眛的姬妾隸役。墓中出土的文物品類繁多，共1,000多件，其中以雕鏤精美的各種玉器和具有漢、楚、越文化特色的青銅器最為珍貴。

南越王墓出土的實用屏風器形碩大，結構奇巧，是中國考古首次發現的最早和最大的漆木屏風。中間的屏門可以向外開啟，兩側可以展開呈90度。屏風上部裝飾有青銅鎏金朱雀和雙面獸頂飾，上插羽毛；下部有鎏金人操蛇托座，獨具嶺南特色。屏風上繪有紅、黑兩色的捲雲紋圖案，絢麗多彩。在當時製作如此精美的屏風非常不易，由此可見南越王生前的生活之奢華。

　　南越王墓出土的紅絲縷玉衣由2,291塊玉片用絲線穿繫和麻布黏貼編綴而成，是中國迄今所見的年代最早的一套形制完備的絲縷玉衣，又是從未見於文獻和考古發現的新品種。它比世人熟知的河北中山靖王劉勝的金縷玉衣還要早10年左右，是南越國統治者崇玉觀念和厚葬習俗的反映。

　　南越王墓中出土的銀盒和金花泡在造型紋飾和製造工藝上，具有西亞金銀器的特點；5支原支大象牙為非洲象牙；銅薰爐和乳香來自東南亞。這是嶺南地區發現的最早的一批舶來品，是兩千多年以前廣州作為中國古代「海上絲綢之路」起點的重要物證。

　　南越王墓中出土的藍色透明平板玻璃，鑲嵌在長方形銅框牌飾中，這是迄今中國考古發現的最早的平板玻璃，對研究中國古代玻璃製造業的發展有重要意義。平板玻璃作為一種裝飾品使用，其珍貴程度可想而知。同一時期，西羅馬帝國已經掌握用吹製法製造各種實用玻璃器皿。在出土的船紋銅提筒上有四組船紋，船上有揚起的風帆、戴羽冠的武士、裸體的俘虜、滿載的戰利品，以及古代越族部落象徵權力的銅鼓，船的周圍以及船底還繪有海龜、海魚和海鳥，反映的是一支大型古南越人船隊在戰爭結束後凱旋的場景。這是目前考古發現的規模最大和最完備的海船圖形，對「海上絲綢之路」的研究具有相當重要的意義。

汲古閣 07

中國歷史上，那些
消失的古國

作者	張超
美術構成	騾賴耙工作室
封面設計	斐類設計工作室
發行人	羅清維
企劃執行	張緯倫、林義傑
責任行政	陳淑貞

企劃出版	海鷹文化
出版登記	行政院新聞局局版北市業字第780號
發行部	台北市信義區林口街54-4號1樓
電話	02-2727-3008
傳真	02-2727-0603
E-mail	seadove.book@msa.hinet.net

總經銷	知遠文化事業有限公司
地址	新北市深坑區北深路三段155巷25號5樓
電話	02-2664-8800
傳真	02-2664-8801
網址	www.booknews.com.tw

香港總經銷	和平圖書有限公司
地址	香港柴灣嘉業街12號百樂門大廈17樓
電話	（852）2804-6687
傳真	（852）2804-6409

CVS總代理	美璟文化有限公司
電話	02-2723-9968
E-mail	net@uth.com.tw

出版日期	2021年12月01日　二版一刷
定價	320元
郵政劃撥	18989626　戶名：海鴿文化出版圖書有限公司

國家圖書館出版品預行編目（CIP）資料

中國歷史上，那些消失的古國 ／ 張超作.
-- 二版. -- 臺北市 ： 海鴿文化，2021.12
面 ； 公分. --（汲古閣；7）
ISBN 978-986-392-399-2（平裝）

1. 人文地理　2. 中國

685　　　　　　　　　　　　　　　110018420